Pour le meilleur
et sans le pire

Evelyne SULLEROT

Pour le meilleur et sans le pire

FAYARD

Avertissement

En janvier 1984, j'ai eu l'honneur de présenter devant le Conseil économique et social un rapport intitulé : « Le statut matrimonial et ses conséquences juridiques, fiscales et sociales. » Je tiens à remercier ici la section des Activités éducatives, sanitaires et sociales du Conseil économique et social, et tout particulièrement son administrateur et sa secrétaire qui m'avaient aidée à réunir la documentation nécessaire à l'élaboration de ce rapport.

Le présent ouvrage est différent : s'il utilise pour la plupart les données statistiques, juridiques, fiscales et sociales rassemblées pour le rapport, il en ajoute d'autres, et surtout les intègre dans une réflexion historique et sociologique nouvelle pour en dégager le sens.

M'exprimant ici en mon nom, j'ai pu conduire de façon plus personnelle réflexions, critiques et propositions de changements. En outre, ce livre est destiné à un large public, puisque aussi bien les évolutions qu'il étudie et les renseignements qu'il apporte intéressent tous les couples, et toutes les personnes seules également...

Evelyne Sullerot

CHAPITRE PREMIER

L'enjeu

Décrivant la société américaine des années 1960, David Riesman intitulait son essai *La foule solitaire.* L'expression est demeurée justement célèbre, cependant que ceux qui ne l'ont jamais entendu citer la vivent et l'éprouvent dans l'entassement anonyme des transports en commun par exemple, lorsque les corps se touchent et les regards s'ignorent, lorsque chaque secousse jette les uns contre les autres des individus muets, étrangers les uns aux autres, lorsque chacun se sent d'autant plus seul qu'il étouffe du nombre des autres solitaires.

Comme le sable est formé de grains inertes et indépendants, que l'on peut tasser ou éparpiller, ainsi une foule peut être composée d'individus solitaires. Mais une *société* ne peut pas être un agglomérat de grains de sable indépendants les uns des autres. Une société ne peut être « solitaire ». Il ne peut exister de société d'individus juxtaposés. Organisme vivant, une société ne peut se constituer et se reproduire, se continuer ou se modifier – vivre donc – que par les rapports qu'ont entre eux les êtres qui la composent, de même qu'un tissu biologique ne se maintient vivant que par les échanges entre ses cellules et par le renouvellement constant de ses cellules solidaires.

Solidaires, les citoyens sont instamment appelés à l'être afin d'instaurer une société plus juste, moins inégalitaire.

Les plus favorisés doivent contribuer, bon gré, mal gré, afin que soient aidés les moins favorisés. D'où une redistribution d'une partie de la richesse à travers un réseau d'obligations et de droits, de prélèvements et de prestations, de retenues et d'assurances. Ainsi sont liés entre eux les Français, par ce qu'ils doivent donner et ce qu'ils escomptent recevoir.

Mais, sous peine de mort, une société doit permettre ou encourager le fonctionnement d'autres solidarités, privées celles-là, qui lient hommes et femmes et parents et enfants, solidarités qui relient entre eux les sexes et entre elles les générations. Pauvre ou riche, primitive ou évoluée, une société, comme tout tissu vivant, doit d'abord, pour survivre, se reproduire.

La formation des couples, la nature des liens unissant les couples, la vie économique, sociale, personnelle, affective et morale des couples forment la trame de ce tissu. La naissance des enfants, leur éducation, le partage avec eux des ressources matérielles, culturelles et morales forment la chaîne de ce tissu, qui permet la continuité, fût-ce dans le changement.

Bien d'autres regroupements des individus, bien d'autres liens nés de mêmes origines régionales, d'idées communes, d'activités partagées, dessinent sur ce tissu social les motifs les plus divers qui font l'originalité d'une société par rapport à son propre passé comme par rapport aux autres sociétés contemporaines.

Les couples, trame de la société civile

Cependant, par-dessous, il y a toujours la trame : les rapprochements homme/femme et la formation des couples. Il y a toujours la chaîne : les enfants qui naissent d'un couple, et qui ont chacun un père et une mère.

Au croisement – le mot vient tout seul – de la trame et de la chaîne est le lieu essentiel qui fonde la famille la plus restreinte, la famille « nucléaire », le noyau familial. Ce croisement, les sociétés se sont sans cesse employées à le codifier, d'une manière ou d'une autre, par le droit ou par l'état de fait. Cette « codification » a pour but de permettre au couple d'exister comme entité sociale, de définir les droits et devoirs réciproques de l'homme et de la femme formant couple, d'assurer en outre, dans cet espace privé, l'insertion des enfants du couple.

Jusqu'ici, en France, c'est le mariage qui a été, avec des variantes dans ses modalités, la forme d'union sociale des couples. Ce sont les couples mariés qui ont formé la trame de notre société civile. Par le mariage, l'homme et la femme deviennent devant la société des « conjoints ». Ils se doivent mutuellement aide et assistance. Chacun est responsable des dettes de l'autre. Ils forment un « ménage » et, même s'ils gagnent chacun leur vie, une unité de consommation. Entre les époux, les « nœuds » du mariage instaurent une solidarité si forte qu'elle va au-delà de la période d'union : en cas de rupture, la séparation des époux sera réglée par les dispositions spéciales du divorce. Si la mort touche l'un des époux, le survivant aura un statut spécial de veuf ou veuve et des droits en rapport avec ce statut.

Jusqu'ici, en France, l'écrasante majorité des enfants sont nés de ces couples mariés, et c'est ainsi que se sont constituées des familles, petites ou grandes. Ces familles aussi sont reconnues comme des entités sociales. Légalement comme biologiquement, les liens qui, en leur sein, unissent leurs membres sont particulièrement résistants : en droit comme en fait, on demeure père ou mère, fils ou fille, frère ou sœur en dépit des désaccords possibles et des séparations, et même au-delà de la mort.

Bien entendu, à côté de ces couples de droit dûment mariés, à côté de ces enfants légitimes de familles « régulières », il y a toujours eu des couples « irréguliers » comme on disait naguère, il y a toujours eu des mères célibataires abandonnées, des enfants non reconnus. Depuis un siècle, il y a eu également des couples divorcés. Il y a toujours eu des familles « naturelles » – père, mère, enfants – constituées hors institution.

Mais ces situations étaient doublement marginales : d'une part car elles demeuraient fort peu nombreuses en comparaison des autres, donc très minoritaires. D'autre part parce que, ne respectant pas la norme reconnue qui servait de base aux lois et aux dispositions diverses réglant la vie en société, elles étaient, sinon carrément réprouvées et écartées, du moins tenues pour singulières, aux frontières de la société civile.

Une société moins rude aux marginaux du mariage

Cependant, les sociétés prospères sont, sur le chapitre des mœurs, plus indulgentes que les sociétés pauvres. Depuis le début des années 1960, la France s'est enrichie et libéralisée tout ensemble. Elle s'est faite de moins en moins rude aux marginaux du mariage et de la famille légale.

Les lois, ici, ont accompagné les mœurs, et certaines dispositions les ont même précédées, en ce sens que le législateur et l'administration ont montré leur sollicitude pour ces marginaux, en même temps que les esprits « évolués », mais avant une partie de l'opinion publique :

– Ils ont débaptisé la « fille-mère » et ont considéré la « mère célibataire » et sa difficile situation, et ils ont cherché à l'aider.

– Ils ont éliminé les discriminations dont souffraient les enfants naturels par rapport aux enfants légitimes. Le qualificatif d'*illégitime* est lui-même devenu illégitime.

– Ils ont permis à une personne non mariée d'adopter un enfant. Ils ont assimilé totalement l'adoption à une naissance sur le plan légal.

– Ils ont reconnu ici les droits d'une concubine. Ils ont accordé là des droits et des aides à la divorcée.

Peu à peu, notre société plus riche se voulant plus juste en est venue à considérer ces marginaux du mariage et de la famille comme des défavorisés de la fortune et à tenter de compenser, comme faire se peut – c'est-à-dire par l'octroi d'une prestation, d'une allocation, d'une pension – l'absence du conjoint légitime, l'absence du père légitime, l'absence du soutien de famille. Les marginaux du mariage et de la naissance ont été aidés par l'État en compensation des assurances et sécurités privées qu'ils n'avaient pas.

L'opinion française n'a pas protesté devant ces mesures de justice sociale d'un nouveau genre et devant ces assouplissements des dispositions juridiques qui visaient à pratiquer une neutralité de l'État devant les choix de vie privée et à aider les « pauvres en famille » ou les rescapés solitaires du mariage. L'opinion sentait, ou savait, que ces situations n'avaient pas été délibérément voulues, mais subies. Elle comprenait que l'ont soutînt ces victimes.

Les gens, peu à peu, ont cessé de considérer comme suspects les divorcés ou les concubins, ou les parents naturels. Ils ont accepté de mieux en mieux leur existence tout près d'eux, dans leur propre famille. Puis ils sont devenus et sont aujourd'hui, pour une large part du moins, indifférents aux statuts matrimoniaux et familiaux des autres, de ceux et celles qu'ils côtoient dans le travail ou en vacances. Ils se sont mis à pratiquer un nouveau code moral : la tolérance s'agissant des situations privées : « Ça les regarde. »

C'est qu'avec les lois et l'opinion, les mœurs avaient beaucoup changé. Ce fut d'abord diffus, un climat, des discours, 1968 et la suite, des générations d'enfants de la paix, des générations d'enfants de la prospérité, de la société de consommation, qui disposèrent de la contraception puis de l'interruption volontaire de grossesse, qui découvrirent combien vaste est le champ des libertés, et combien timides les molles résistances de leurs parents effarouchés – ou de leurs parents eux-mêmes tentés de desserrer leurs bandelettes et de découvrir des plaisirs bien personnels dans leurs propres recherches de libertés. S'il n'y avait pas de sanctions...

S'il n'y avait pas de sanctions, ni privée ni publique, si

même il existait des aides équivalentes pour les non-mariés ou les divorcés, si même il existait des aides supplémentaires pour ces cas marginaux –, on pouvait sans danger prendre des libertés avec les institutions que sont le mariage et la famille légale. On pouvait les ignorer, faire comme si elles n'existaient pas. On pouvait en récuser le caractère traditionnel dépassé et les hypocrisies. On pouvait refuser la panoplie du mari ou de l'épouse, du père et de la mère classiques et les rôles à jouer dans l'institution Mariage and C°. On pouvait se chercher soi-même, individu autonome, homme ou femme, et « se réaliser », comme il fut répété à l'envi, dans sa sexualité, dans sa vie affective, dans sa vie professionnelle. Se réaliser pouvait impliquer des changements, ou bien un couple « authentique », pur de tout engagement social et de toute compromission. Il n'était plus besoin de forcer sa nature pour durer dans un rôle, au sein d'une constellation sociale légalement reconnue.

Le tissu de la société craque

En dix années, à partir de 1972, avec une rapidité surprenante, on voit alors le tissu de notre société civile se défaire : les nœuds craquent, les fils ne sont plus croisés solidement, les mailles filent. Soudainement, de moins en moins de mariages, de plus en plus d'unions libres, de plus en plus de divorces, de plus en plus de foyers monoparentaux, de plus en plus d'enfants naturels, de plus en plus de solitaires. Le bouleversement est sans précédent – il faudra le répéter à chaque chapitre de ce livre – par sa nature, son ampleur et sa rapidité.

Les « marginaux du mariage » ne sont plus marginaux : ces « cohabitants », ou concubins, ces parents célibataires, ces divorcés ne sont plus réprouvés et ne sont plus rares. Ils forment déjà de fortes minorités, toujours croissantes : les enquêtes statistiques régulières et les recensements sont là pour le prouver.

Tout le monde sait que la fécondité des couples a chuté et demeure trop faible pour assurer le remplacement des générations. La population française augmente donc peu, uniquement du reste du fait des victoires contre la mort et de l'allongement de la vie, et du fait du nombre des immigrés et de leur fertilité.

Au sein de cette population stable en nombre d'individus, on compte cependant bien plus de « ménages » que voici seulement dix ans. Les célibataires domiciliés seuls – même s'ils ont une liaison – les époux séparés des couples divorcés, les familles éclatées s'ajoutant aux veufs et veuves âgés forment de plus en plus d'unités de vie de plus en plus petites. C'est ce qu'a révélé le recensement de 1982. Constatation effarante : à Paris, un « ménage » sur deux est composé d'une personne seule.

Peut-on vraiment parler de « ménage », s'agissant d'une personne seule ? Si on use de ce terme, c'est par une survivance significative des temps bien proches encore où on ne pouvait imaginer les maisonnées autrement que peuplées de couples, de parents. Jadis, pour évaluer une population, on dénombrait les « feux » et on estimait à quatre à six personnes la population moyenne de chaque « feu ». On a continué, au XIXe siècle, d'opérer les recensements logement après logement, maisonnée après maisonnée, cellule de vie après cellule de vie. On procède toujours ainsi, par un balayage topographique. L'unité de base de l'observation d'une population, la « boîte noire » des recensements, c'est donc le « ménage », ceux qui habitent ensemble sous le même toit, dans le même logement. La prolifération récente des ménages composés d'une seule personne donne une image saisissante de l'atomisation progressive de notre société en individus déconnectés les uns des autres pour la vie quotidienne, comme la prolifération des ménages monoparentaux – un parent seulement avec l'enfant ou les enfants – donne une idée saisissante de l'éclatement des familles qui, naguère encore, vivaient ensemble au même foyer.

Le ménage, boîte noire des transferts économiques

Ménages, foyers, familles ne sont pas seulement des unités sociologiques servant à la description d'une population. Ce ne sont pas seulement les cellules de base où s'élaborent les personnalités, où s'exprime l'amour, où se vit l'intimité, où se jouent également des conflits souvent gardés secrets. Ce sont aussi des unités de base pour des transferts économiques d'un volume et d'une importance considérables.

Quand chaque année l'État réclame aux particuliers de l'argent sous forme d'impôts, ce n'est pas à chaque individu qu'est demandée sa contribution, mais à chaque « foyer fiscal ». Le « foyer fiscal » est bien la boîte noire, cette fois, du prélèvement sur le revenu des personnes physiques. Et lorsque dans des moments difficiles, comme en 1983, l'État cherche à dégager des ressources exceptionnelles, les deux tiers de ces « emprunts » seront faits auprès des ménages, foyer fiscal par foyer fiscal. Les définitions du foyer fiscal, le système du quotient familial, le nombre des « parts » attribuées à chaque foyer lors de sa déclaration de revenus – tout cela a été en son temps fondé sur le mariage et la famille mariée, avec cas d'exceptions à la règle.

Quand, pour assurer les risques et procéder à une redistribution partielle de la richesse nationale, l'État verse de l'argent aux particuliers sous forme d'assurance maladie, d'allocations, de prestations, de pensions diverses, il est toujours tenu compte de la situation matrimoniale (sauf pour les indemnités de chômage). La Sécurité Sociale, dans ses modalités de recouvrement comme dans ses modalités de distribution de l'argent, est largement construite sur les ménages et ouverte sur les familles : l'assuré et ses ayants droit.

Canevas de la société permettant son existence et sa reproduction, les couples en tant que ménages ou foyers sont donc également les unités de base des prélèvements et les bénéficiaires, dans de nombreux cas, des redistributions. Des sommes énormes émanent de ces unités sociales par le canal des impôts et des cotisations et vont vers les caisses de l'État ou des organismes étatiques. Des sommes énormes retournent vers elles, selon certaines modalités, privilégiant telle ou telle situation. Les définitions qui président aux prélèvements obligatoires sur les foyers, comme celles qui règlent les prestations et assurances vers les familles et membres de la famille, sont donc de la plus grande importance.

Or les unes et les autres ont été faites à partir de ce qui était la norme, c'est-à-dire à partir du couple marié s'assurant mutuellement assistance « pour le meilleur et pour le pire » et prenant conjointement la responsabilité d'élever les enfants de son union. Tandis que les dispositions fiscales, parce qu'elles n'ont pas évolué avec les mœurs, en sont arrivées paradoxalement à souvent pénaliser le mariage en comparaison du concubinage qui leur échappe (voir chapitre VIII), les dispositions juridiques et sociales, de leur côté, ont cherché à rendre moins difficiles en droit et en fait les situations hors normes. L'État, se voulant neutre au regard des formes de vie privée des citoyens, a cherché à rendre moins précaires la situation et les ressources de qui n'a pas d'époux légitime ou de parents mariés. Il s'agissait, bien sûr, de pallier des carences involontaires. En sorte que des situations qu'au nom de la morale bourgeoise on appelait naguère « irrégulières » se sont vues soit assimilées à des situations « régulières », soit octroyer des ressources particulières au nom de la solidarité nationale (voir chapitre IX).

C'était faire un pari sur la stabilité des mœurs. C'était compter que l'écrasante majorité des couples continuerait à se marier sagement et à tenir durablement les engagements privés des ménages mariés. Ainsi, on pourrait aider les « autres cas ».

Les marginaux volontaires et l'aide publique

Mais les « autres cas » se sont multipliés et continuent de se multiplier. Les uns apparaissent surtout comme des victimes imprudentes de la libéralisation des mœurs : ils ne l'ont pas « fait exprès », et attendent de l'État d'être aidés, sinon pris en charge tout à fait. Les autres ont délibérément choisi de ne pas se marier, d'avoir un enfant hors mariage, de divorcer pour convenance personnelle, etc. Eux aussi attendent de l'État d'être assurés et aidés. C'est peu de dire qu'il est souvent bien difficile de débrouiller dans quelle catégorie on doit ranger tel ou telle.

Et puis l'effet d'entraînement joue. Voici que se multiplient les couples et les familles hors normes qui estiment « avoir droit » à une aide de l'État, voire, pour certains, à être entièrement assistés. En somme, de plus en plus souvent, les différents rôles dévolus dans la société au mariage, c'est-à-dire abriter l'amour, permettre aux enfants de venir au monde avec père et mère, assurer la sécurité affective et matérielle de la famille dans la durée par la contribution conjuguée des parents – ces rôles aujourd'hui semblent considérés par les individus formant les couples comme quelque peu dissociables. Pour l'amour et le plaisir, pour la ferveur et le bonheur, pour « le meilleur », pour le choix du partenaire, l'installation à deux ou la naissance de bébé – c'est affaire privée, cela ne regarde pas l'État. Il n'y a pas lieu d'en faire cérémonie, de choisir des « témoins », de réciter des promesses, de « faire part » à la société et de célébrer ainsi sa participation à ladite société dans un rôle nouveau. Mais pour la sécurité, pour les mauvais jours, pour « le pire », pour les moments de solitude et la charge trop lourde de l'enfant – c'est de la société que l'on attend de plus en plus souvent et de plus en plus systématiquement assurance et assistance.

Les jeunes couples dédaignent la caution bourgeoise du livret de famille, du discours du maire, de l'échange des anneaux, de la bénédiction du curé et des cadeaux des cousins. Mais ces mœurs libérées et ces solutions, qu'on dit joliment « alternatives » pour les opposer aux « traditionnelles », sont-elles des aventures singulières à gros risques ? Péguy considérait naguère les pères de famille (il oubliait les mères...) comme « les aventuriers du monde moderne ». De son temps, sans « Sécu » et sans « alloc's » d'aucune sorte, ils l'étaient. Les individualistes d'aujourd'hui dédaignent la mentalité « père de famille ». Mais ils prennent moins de risques.

Les individualistes d'aujourd'hui, de bonne foi, estiment plus sincère, moins hypocrite, plus authentique de ne pas s'engager pour l'avenir, de ne pas signer de papiers, de ne pas répondre de soi-même pour demain et après-demain. Les individualistes en recherche de ferveur partagée, qui sont résolus, par « honnêteté » vis-à-vis d'eux-mêmes, pensent-ils, à se séparer du moment où, ferveur retombée, il leur semble que le couple ne les porte plus mais leur pèse et entame leur « personne », – ces individualistes-là ne sont pas des aventuriers modernes. Avec la pilule et souvent de petits chèques de Papa ou Maman, ils se mettent en ménage sans fonder un foyer. Certes, ils ne se « casent » pas comme les jeunes filles il n'y a pas si longtemps, ils ne « font pas une fin » comme souvent les hommes de naguère après leur « vie de garçon ». Mais ils sont attentifs à demander à la mairie un certificat de concubinage si cela leur confère un avantage, ou à réclamer les priorités et les tarifs particuliers ouverts à leurs enfants naturels.

Des individus sans engagements

« Individus sans appartenance », juge le psychanalyste Mendel. « Chacun pour soi », « décalés » refusant le jeu social, diagnostiquent d'autres analystes sociaux. Individus sans engagements, en tout cas. Ils vivent dans des sociétés de projets, toutes tournées vers l'avenir, ils travaillent peut-être dans des entreprises et des services où l'on calcule les chances du lendemain et où l'on planifie le futur –, mais eux-mêmes se refusent à envisager leur avenir et surtout à s'engager vis-à-vis d'autrui. Toujours prêts à se retirer sur soi-même si « ça ne marche pas », fort désemparés et tristes parfois, non pas tant par égoïsme que par peur, appliquant au refus de l'engagement tout un vocabulaire qui en souligne le non-conformisme (« les situations à deux quelles qu'elles soient », ou les « solutions alternatives au mariage ») et la sincérité.

« Pur égoïsme », jugent certains censeurs. Individualisme, plutôt, qui ne cherche pas à écraser autrui ni à amasser pour soi. Éthique du Moi, du Moi-Mon-Corps, auquel on doit des soins, de l'exercice, des aises par un respect de soi-même presque contraignant. Du Moi-Mes-Désirs auquel on doit écoute attentive, efforts de « ressourcement » et recherche d'authenticité. Individualisme mode de vie, qui est à deux doigts de s'ériger en doctrine : ce serait l'avatar, considéré comme de veine progressiste, des énormes aspirations marxistes si fort déçues, des utopies maoïstes effilochées, des tentations communautaires situationnistes et post-soixante-huit, aujourd'hui tout à fait ringardes. Individualisme doctrine à morale prégnante, tolérant, qui n'exige rien des autres individus en tant que personnes, et accepte la réalisation par chacun de son originalité et de son autonomie.

Mais ces individus tolérants comptent sur la société, même pour la sécurité de leur vie privée. Ils estiment légitime de réclamer et cumuler des aides venant de la collectivité. Prenant somme toute peu de risques, ils se trouvent, eux et leurs enfants, sans en être bien conscients le plus souvent, très dépendants de l'État.

Dépendants de l'État, peut-être du Tout-État

A terme, quelle société pourrait former la juxtaposition de ces libertés individualistes et de ces formes « alternatives » de la famille, toujours changeantes et susceptibles d'être assistées ? Une société qui ne se reproduira pas, tout bonnement, car elle n'aura pas assez d'enfants. Une société qui fera faillite aussi peut-être, car le taux de ses prélèvements obligatoires deviendra trop élevé pour faire face à des risques qui devraient relever de la responsabilité privée. Mais d'autres dangers encore menaceraient une telle société. Avant même que ces « progressistes » ne se fassent moucher par leurs enfants qui risquent fort de juger sévèrement leurs parents et de transgresser tous leurs principes, ils pourraient former une masse d'individus exposés, vulnérables parce qu'attendant de l'État l'aide qu'ils eussent pu attendre d'eux-mêmes, de leurs conjoints et des solidarités familiales. Sauraient-ils défendre contre un ennemi leur société sans engagements? Sauraient-ils défendre contre l'État leur précieuse liberté, déshabitués qu'ils seraient de prendre en charge la responsabilité des êtres qui leur sont les plus proches? Comment, sans appartenance et sans engagements, sauraient-ils, le cas échéant, résister à l'instauration du Tout-État, c'est-à-dire d'une société totalitaire? S'ils étaient seuls de leur espèce demain, ils pourraient bien se retrouver avec quelque Big Brother pour époux, pour père, et pour père de leurs enfants.

Ce qui ne signifie nullement que la désaffection pour le mariage et l'affaiblissement des liens familiaux susciteraient, produiraient le totalitarisme. Un tel raisonnement de causalité simpliste serait d'une affligeante absurdité, sans parler de son aspect de pessimisme prophétique bien aventureux. Tous ceux qui n'ont pas la mémoire courte auraient beau jeu de rappeler combien de régimes absolutistes ont sacralisé la famille pour mieux écraser, par son intermédiaire, les libertés individuelles.

Famille, vieux totalitarismes et nouveaux totalitarismes

Monarques de droit divin condamnant à mort les filles-mères et embastillant les fils rebelles; ultras de tous les temps punissant les amants et rejetant les bâtards; vichyssois mêlant un traditionalisme absurde à leurs basses œuvres policières; franquistes célébrant la famille pour mieux traquer la liberté des mœurs et des consciences et tenir serré le garrot... L'ordre moral, le sabre, le goupillon, la femme soumise à son mari, la puissance paternelle, la hiérarchie apprise dès le berceau pour mieux assurer le pouvoir d'en-haut et l'obéissance d'en-bas : souvenirs bien réels par lesquels se justifient encore la durable détestation d'un certain vocabulaire (Travail-Famille-Patrie...) et une certaine révolte libertaire contre l'institution familiale.

Il ne faut pas se méprendre cependant. Nos « institutions » familiales d'aujourd'hui n'encadrent plus hiérarchie, soumission ni oppression. Elles permettent l'amour, la protection du faible contre le fort (l'enfant, tout d'abord; mais aussi le plus démuni du couple, celui qui aime le plus, le moins malin); elles cherchent à assurer la sécurité affective par la durée; elles permettent l'exercice de responsabilités privées; elles préservent donc des espaces de *liberté.*

Ces espaces de liberté, ces engagements privés, ces responsabilités qui ne regardent pas l'État, les nouveaux totalitarismes ne peuvent les supporter. Ils n'instaurent pas la toute-puissance d'un monarque ou d'un dictateur seulement; ils installent la toute-puissance de l'État exprimant une doctrine. Les êtres forment des « masses », chacun n'étant relié aux autres que par son appartenance au même État. Le droit privé n'est plus guère alors qu'un droit fantôme. L'État se réserve le droit de séparer arbitrairement les couples en expédiant femme et mari à des centaines de kilomètres l'un de l'autre. Que peuvent faire les époux soviétiques ou chinois ainsi écartelés ? Ils ne dépendent nullement l'un de l'autre mais seulement de l'État. L'État décidera s'ils ont le droit d'utiliser la pilule, ou leur interdira d'avorter, ou au contraire d'avoir plus d'un enfant. Caricature extrême, mais d'autant plus significative que dans le Sud-Est asiatique la famille est fortement soudée, le régime instauré en 1975 par les Khmers rouges s'est empressé de diviser les ménages, parquant les femmes dans des camps de travail, traînant les maris sur des chantiers lointains, regroupant les enfants dans de monstrueux orphelinats, espionnant l'amour et les prédilections familiales de manière plus atroce encore que n'avait pu l'imaginer Orwell.

A l'inverse, durant les années pleines de ruines, de stupeur et de honte qui ont suivi en Allemagne l'effondrement du nazisme, c'est la famille, ce sont les liens familiaux et les valeurs familiales qui, survivant au désastre, reprenant vie et vigueur, ont fait la société allemande des années 1945-50, alors que l'État et l'administration existaient à peine en pointillé [1]. Les « haras aryens » de Hitler n'étaient plus qu'un cauchemar. Les familles et la démocratie ont ressuscité ensemble.

Non, les rapports des couples avec l'État ne sont pas chose simple ni de portée négligeable.

Les individualistes, les « alternatifs » d'aujourd'hui ne rêvent nullement de société totalitaire : ils la vomissent, lisent « *Libé* » et chérissent tant leur liberté qu'ils ne veulent pas se lier ni être liés, de peur de s'aliéner. Mais ils sont les enfants surprotégés d'une société du « droit à », c'est ce qui les rend vulnérables. Ce n'est pas leur faute. Ce n'est finalement, comme on va le voir, « la faute à personne ». Mais quand on met côte à côte les dispositions juridiques, fiscales et sociales qui s'appliquent au mariage, au concubinage, au divorce, à la filiation, etc., on prend conscience de l'absurdité de la situation créée : ceux qui prennent et tiennent leurs responsabilités privées se trouvent handicapés par rapport aux autres. L'État leur prend plus et leur donne moins. Et le tissu de la société s'effiloche – très vite.

1. H. SCHELSKY, in *La famille en Allemagne,* Paris, C.N.R.S., 1955.

CHAPITRE II

Les faits à travers les chiffres

Le noyau familial, la famille nucléaire : père, mère, enfant(s), ne parvient plus à se constituer ou éclate rapidement dans des cas de plus en plus nombreux. Avant de se demander pourquoi et de rechercher des causes; avant de décrire le cadre institutionnel qui voit se produire le phénomène, le permet et peut-être l'encourage; avant de tenter d'évaluer ses conséquences innombrables; avant de supputer les tendances contraires qui vont peut-être se dessiner, se fortifier et arrêter cette fission en chaîne – il faut mesurer l'ampleur, la rapidité, les caractéristiques du bouleversement qui affecte les unions en France.

Tous les chiffres bougent en même temps

Les chiffres qui vont être donnés ici – doit-on le rappeler ? – ne donnent pas la photographie provisoire d'attitudes ou d'opinions exprimées. Ils décomptent des actes d'état civil importants : nombre de mariages, nombre de divorces, proportion d'enfants naturels reconnus ou non reconnus par leurs deux parents, etc.

Ce qui ne peut manquer de frapper, c'est que, soudain, tous ces nombres bougent en même temps, révélant une secousse sans précédent qui semble provoquer une sorte d'éboulement de la société civile dont les Français n'ont pas vraiment pris conscience. Est-ce seulement un accident important ? Un moment particulier de l'histoire des familles ? Est-ce une mutation ? Entrons-nous dans une ère nouvelle ? Pour lors, nous ne pouvons qu'observer que les tendances amorcées voici dix ou douze ans ne s'essoufflent pas. Elles se poursuivent, voire s'accentuent. Aussi est-ce le moment de s'interroger sur ce faisceau de données convergeant en pleine vitesse acquise.

Le mariage était une donnée stable

Pendant très longtemps, le mariage a été, en France, une donnée d'une grande stabilité. Au point qu'Adolphe Quételet, mathématicien et statisticien du XIXe siècle et l'un de nos premiers démographes, affirmait que « le mariage suit une marche si régulière que les nombres annuels se reproduisent avec une constance plus grande que les phénomènes naturels [1] ». C'est-à-dire que les chiffres du nombre des mariages chaque année variaient beaucoup moins que ceux des quintaux de pommes récoltées ou que ceux du nombre des journées de gelée.

C'est vrai que la stabilité de l'intensité du mariage a été remarquable. Pour la faire apparaître, doit-on cependant prendre pour données de base le nombre annuel des mariages comme le dit Quételet ? La récolte, quoi qu'il en pense, a pu être affectée par le climat social : ainsi le déclenchement d'une guerre ou la fin d'une guerre ont des retentissements importants sur la nuptialité. Avant 1914, on comptait à peu près 7,5 mariages pour 1 000 habitants chaque année – ce 7,5 ‰ étant appelé « taux de nuptialité ». En 1915, les jeunes hommes étant au front par centaines des milliers, ou morts ou blessés, le taux de nuptialité tombe à 2,1 ‰. En 1919, les poilus sont de retour, la paix est là, et l'on grimpe d'un coup à un taux

1. Cité par Louis ROUSSEL, in *Le mariage dans la société française*, P.U.F., 1975.

de 16 ‰, tant l'année connut de mariages. Mêmes oscillations lors de la Deuxième Guerre mondiale : en 1940 on tombe à 4 ‰ et en 1946, les prisonniers étant tous de retour, on remonte à 12,8 ‰.

Il est vrai que les sautes conjoncturelles du nombre des mariages par an, donc des taux de nuptialité, lors des guerres napoléoniennes, lors de la guerre de 1870-71, lors des deux guerres mondiales, n'empêchent pas *une stabilité remarquable sur la longue durée.* En 1800, le nombre de mariages pour 1 000 habitants était de 7,5 ‰. En 1970, plus d'un siècle et demi plus tard, on retrouve le même taux.

Les accidents de la courbe dus aux guerres frappent également par leur brièveté : aussitôt les empêchements aux mariages levés, les couples convolent en masse, comme si la société aspirait à rattraper son tricot interrompu et à vite nouer les mailles qui n'avaient pu l'être. Les mariages non conclus par la force des choses sont récupérés par la volonté des jeunes gens avec une célérité surprenante. Durant la dernière guerre, la retenue dans des camps de prisonniers en Allemagne de centaines de milliers de jeunes célibataires s'était traduite par un déficit de 300 000 mariages : dès 1946, c'est-à-dire un an à dix-huit mois après le retour des prisonniers, ils étaient « rattrapés » et on repartait au rythme habituel. De même, le déficit dû à la mobilisation du contingent lors de la guerre d'Algérie a été comblé très vite.

Toutefois une telle mesure – le nombre de mariages annuels ramené au nombre d'habitants – est une mesure beaucoup trop sensible à la structure par âge. On pourrait se marier tout autant, le taux apparaîtrait plus bas dans une population où de nombreux enfants et adolescents mourraient avant d'atteindre l'âge du mariage, ou bien dans une population, telle la nôtre, qui compte des proportions importantes de vieillards peu susceptibles de convoler. Il est donc préférable, pour mesurer l'intensité de la nuptialité, de ne pas la ramener à la population totale, mais de tenir compte surtout de la population

« mariable », c'est-à-dire aux âges où le mariage est le plus fréquent.

Pour le passé de la France, c'est ce qu'ont calculé Chasteland et Pressat [2] en recherchant dans chaque génération depuis 1812 quelle était la proportion de femmes et d'hommes demeurés célibataires encore à 50 ans. Cette proportion atteint un maximum pour les générations nées vers 1835-1840, avec 13 % pour les hommes et 13,5 % pour les femmes – ce qui signifie que 87 % des Français alors s'étaient mariés avant l'âge de 50 ans. Par la suite, la proportion des célibataires définitifs diminue très lentement, et, dans les générations nées autour de 1930, on ne compte plus que 8,6 % de célibataires hommes et 7,4 % de célibataires femmes à 50 ans – ce qui signifie que la proportion des personnes ayant contracté mariage avant 50 ans est passée à 92 %.

C'est dire l'intensité du mariage en France, puisque, fort élevée dès le début du XIXe siècle, elle a été très légèrement en croissant pendant le siècle suivant.

Pour les générations nées après 1930 qui ont à peine ou qui n'ont pas encore atteint 50 ans, on ne peut continuer d'utiliser le même indice. On en a donc construit un, appelé *indice synthétique de nuptialité des célibataires* : pour chaque année, on prend en compte les taux de nuptialité des célibataires par âge; on additionne ces taux, et on obtient l'équivalent formel de la fréquence des premiers mariages dans les générations.

Depuis 1972, une chute drastique

Jusqu'en 1972, cet indice conserve les mêmes valeurs élevées : ainsi en 1972 l'indice synthétique de nuptialité était de 0,92 pour les hommes et 0,95 pour les femmes (soit une probabilité de 8 % et 5 % respectivement de célibataires à 50 ans parmi eux).

2. J.C. Chasteland et R. Pressat, « La nuptialité des générations françaises depuis un siècle », in *Population*, n° 2, 1962, pp. 215-240.

Subitement, à partir de 1972, les courbes décrochent et les indices flanchent. Le nombre des mariages par année avait augmenté depuis 1965, car les générations qui arrivaient alors à l'âge du mariage, étaient des générations nombreuses, celles du *baby boom* d'après la guerre : de 350 000 mariages en 1964 on est passé à 394 000 en 1970 et à *416 000 en 1972.*

Après 1972, *alors que les générations de jeunes en âge de se marier demeurent aussi nombreuses et qu'on aurait donc pu attendre chaque année un nombre aussi élevé d'unions,* on assiste à une chute brutale :

1980 : 334 400
1981 : 315 100
1982 : 312 000
1983 : 300 000

Il faut remonter à 1956, année de l'envoi du contingent en Algérie, pour trouver un nombre inférieur à celui de 1983.

En taux de nuptialité (nombre de mariages pour 1 000 habitants) la chute est aussi nette. Les 7,5 ‰ moyens depuis le début XIXe sont bien oubliés. En 1979, on est à 6,4 ‰. En 1983 on est tombé à 5,5 ‰. On n'avait enregistré de taux aussi bas que la seule année 1944, alors que les centaines de milliers de prisonniers n'étaient pas encore revenus et que les bombardements et les combats de la Libération avaient désorganisé les communications et la vie sur tout le territoire.

Mais la chute est plus spectaculaire encore lorsqu'elle est exprimée par l'indice synthétique de nuptialité. De 0,92 pour les hommes et 0,95 pour les femmes en 1972, on passe à 0,82 et 0,86 en 1978; puis à 0,68 et 0,71 en 1980; enfin à 0,63 et 0,65 en 1982, compte tenu, cette fois, de l'importance relative des générations en âge de se marier.

Si la situation devait se stabiliser au point atteint en 1982, cela signifierait qu'au lieu de 8 % de célibataires définitifs, on devrait compter en trouver 37 % parmi les hommes et 35 % parmi les femmes. Ce sont là des valeurs

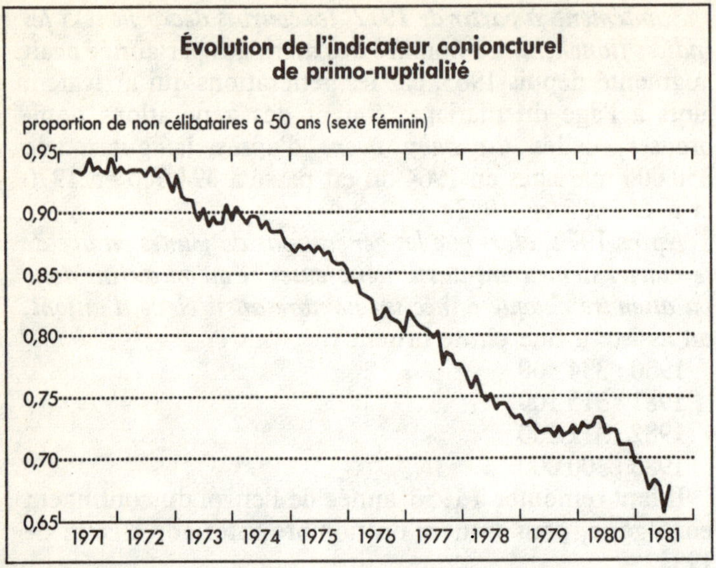

(source : I.N.E.D.)

qui n'ont jamais été observées jusqu'ici. Plus du tiers des personnes ne se mariant jamais! On entre vraiment dans le « jamais vu » démographique et sociologique.

Est-ce un accident rattrapable?

Bien entendu, il convient d'être prudent car ces indices sont des « observations du moment » qui rendent compte de la situation en 1980, 1981, 1982, 1983. On ne peut les transformer en prédictions assurées. Il faut laisser l'avenir ouvert. La tendance peut s'inverser dans deux ans, dans cinq ans. Mais il faut tout de même souligner qu'on ne voit pas de signes précurseurs d'une inversion de tendance, et qu'il faudrait qu'elle soit extrêmement forte et durable pour rétablir la situation antérieure.

Les premières années de cette baisse des mariages, on a pu penser qu'il s'agissait d'une modification de calendrier de la formation des familles; que les jeunes gens désormais retardaient quelque peu l'âge de l'union officielle.

La réprobation envers les relations sexuelles avant le mariage s'est considérablement atténuée. La contraception, bien maîtrisée par les jeunes, les leur permet sans danger de grossesse. Le temps des études s'allonge, pour les jeunes filles comme pour les jeunes gens. Plus encore peut-être le temps nécessaire pour trouver, non plus un petit job temporaire, mais un travail stable. Les parents ne poussent plus leurs enfants à se marier. Ceux-ci peuvent donc simplement reculer de quelques années le moment de « s'établir ».

Effectivement, on a enregistré une élévation de l'âge moyen au mariage, mais elle est légère : pour les femmes, cet âge moyen est passé de 22,47 ans en 1973 à 23,13 ans en 1981...

Si cela avait été là la cause de la baisse des mariages constatée depuis 1972, on aurait dû voir les courbes remonter deux ou trois ans plus tard, lorsque les unions remises se seraient finalement conclues. Rien de tel ne s'est produit. Voici douze ans maintenant que dure cette baisse, et qu'elle se creuse.

La faiblesse des indices de nuptialité est devenue telle et les cumuls des mariages non conclus sont si importants qu'il n'est guère possible de parler d'accident provisoire. Le stock de mariages non conclus par rapport à ce que l'on pouvait attendre si les habitudes antérieures s'étaient poursuivies dépasse les 900 000. Il faudrait donc un retournement complet de situation, une fièvre matrimoniale sans précédent, des queues dans les mairies, des services d'état civil pris d'assaut trois ans durant sans relâche par des foules de candidats à l'hymen pour rattraper un tel retard...

Une telle épidémie de mariages ne semble pas pour demain. D'ores et déjà, la perspective d'une proportion de 36 % de célibataires définitifs est devenue plausible, sinon assurée. Bien entendu, un tel mouvement, sans précédent, susceptible de conduire une telle proportion d'adultes à échapper au mariage rencontrera un jour des freins, connaîtra des limites, ne serait-ce que parce qu'il est probable qu'il provoquera quelque réaction en sens inverse – dont nous analyserons, plus avant, ce que l'on pourrait appeler les prémisses.

Mais aujourd'hui il y a tout lieu de penser que la désaffection envers le mariage et le choix du célibat n'a pas encore touché tous ses adeptes potentiels. Nos démographes[3] ont ainsi calculé qu'ils pourraient en France représenter 36 % de la population si les tendances manifestées en 1982 se poursuivaient. Or, en Suède, la même année, les mêmes calculs donnaient 48 % de célibataires définitifs – un adulte sur deux, quasiment, ne se mariant jamais. C'est dire que la France, si elle suit le « modèle » scandinave, suédois ou danois, n'a pás fini sa mutation, au terme de laquelle elle aura peut-être dépouillé ses habitudes séculaires des engagements conjugaux pris par les couples devant la société.

« Ancien modèle » et « nouveau modèle » du célibat

En outre, en France, ceux et celles qui ont opté pour ce nouveau style de vie et ne se marient pas *se recrutent parmi les groupes qui, en règle générale, jouent le rôle d'une avant-garde et se trouvent par la suite imités par des catégories voisines* : il s'agit en effet d'hommes et de femmes de niveau socioprofessionnel élevé ou assez élevé, de niveau d'éducation également bon, habitant Paris surtout, ou la région parisienne, ou les très grandes villes.

Il y a les plus grandes chances pour que les modes qu'ils initient se propagent ensuite, avec des délais plus ou moins importants, auprès des couches plus moyennes et des habitants de villes moins importantes.

Déjà en 1981, une étude de l'I.N.S.E.E. montrait très bien que les personnes encore célibataires dans la couche d'âge 30-35 ans n'étaient pas réparties au hasard dans la

3. L. ROUSSEL et H. LE BRAS, « Retard ou refus du mariage » in *Population*, n° 6, 1982.

population. Qui sont ces jeunes adultes non mariés à 30 ans passés? Parmi eux, on distingue très bien deux « modèles » sociologiques très différents : le premier, que j'appellerai « ancien modèle », touche de moins en moins de personnes; le deuxième, que j'appellerai « nouveau modèle », connaît des adeptes nettement plus nombreux et se répand rapidement.

Les célibataires après 30 ans « ancien modèle », ce sont des hommes principalement, de milieu rural, agriculteurs ou salariés agricoles, qui ne trouvent pas aisément d'épouse prête à vivre à la ferme avec peu de distractions, un travail continu et un niveau de vie en régression. Ce sont les paysans qui organisent des « foires aux célibataires » dans les Pyrénées, ou qui font venir, par petites annonces, de jeunes femmes de l'île Maurice. Ce sont des célibataires malgré eux. Ayant peu à offrir, ils ont eu peu de chances de trouver femme, selon le « vieux modèle » qui voulait que, parmi les hommes, se marier était un peu un privilège dont étaient privés les plus humbles.

Mais ce célibat masculin pauvre de « vieux modèle » est justement en régression : en 1975, on comptait 31 % de célibataires parmi les salariés agricoles masculins de 30 à 35 ans. En 1981, ils n'étaient plus que 28 %. Ces célibataires « vieux modèle » ne représentent pas grand monde en valeur absolue, et, en valeur relative, ils sont désormais bien peu de chose à côté des célibataires « nouveau modèle ».

Ceux-ci se trouvent avant tout à Paris : la proportion des célibataires dans la couche d'âge 30 à 35 ans y est passée, entre 1975 et 1981, de 32 à 38 % pour les hommes, et de 32 à 37 % pour les femmes. Soit un accroissement de plus d'un point par an, pour former, déjà en 1981, une très forte minorité des jeunes adultes ordinairement mariés à cet âge. Après les Parisiens et Parisiennes, on trouve, dans l'ordre : les habitants de l'agglomération parisienne, les habitants des villes de plus de 100 000 habitants, puis les habitants des petites villes – tous en augmentation, mais dans des proportions décroissantes.

En outre, les célibataires de 30 à 35 ans en 1981 étaient, pour les femmes, surtout des salariées de bon niveau d'instruction, cadres supérieurs et cadres moyens, et des femmes exerçant une profession libérale. Pour les hommes, la proportion et l'accroissement étaient les plus forts parmi les professions libérales et cadres supérieurs également, puis parmi les cadres moyens, mais aussi chez les employés, alors que le célibat était stable chez les ouvriers et en régression dans le personnel de service et chez les salariés agricoles.

A l'avant-garde de ce mouvement, le groupe porteur du « nouveau modèle » est bien, sociologiquement, le plus susceptible de lancer des modes. Dans le cas qui nous occupe, il apparaît suivi, exactement dans l'ordre habituel de propagation des nouveaux modes de vie, par les groupes socioprofessionnels que touche la contagion et qui sont et seront tentés de l'imiter, les uns après les autres. Enfin, au bout du peloton, les moins dans la course, ceux qui en sont encore à lutter lentement contre les survivances du « vieux modèle » qui les tenait à l'écart. Les salariés agricoles de montagne grignotent lentement du terrain; ils éloignent d'eux la vieille malédiction du célibat forcé qui touchait autrefois également les domestiques; ils sont plus nombreux à parvenir à la fin de leur poursuite, ils vont arriver à tous convoler ou presque... mais, à ce moment-là, ces messieurs-dames de la société dominante, ceux qui donnent le ton, les professeurs, les médecins, les ingénieurs, etc. ne se marieront plus du tout.

C'est là l'image presque parfaite de la course à la « modernité » qui empêche toujours les derniers, quoi qu'ils fassent, de rattraper les premiers, même dans une société dite « de masse », et qui échelonne impitoyablement les groupes sociaux dans l'« aggiornamento ». Jusqu'au moment où – cela peut arriver – le serpent se mange la queue et les premiers se retrouvent mêlés aux derniers, car leur « modernité » ne tenait pas la route et la société s'en est déprise.

Les unions de fait : cohabitants, etc.

Bien entendu, dans le « nouveau modèle », célibataire, donc non marié, ne veut pas dire « vivant seul ». Bien au contraire, la plupart de ces célibataires ont des partenaires sexuels réguliers avec lesquels, dans de très nombreux cas, ils vivent en union de fait, souvent comme des personnes mariées.

Comment évaluer quantitativement l'importance de ce phénomène et son accélération au cours de ces dix dernières années ? Tout le monde lance des chiffres. Mais une telle évaluation est rendue extrêmement difficile, sinon impossible, d'une part par la nature sinon clandestine du moins non officiellement déclarée de ces unions qui ne peuvent être enregistrées nulle part, d'autre part par le flou des définitions.

Un couple de droit, c'est un couple marié, et il est aisé de vérifier si quelqu'un est marié, et de comptabiliser les mariages. Mais qu'est-ce qu'un couple de fait ? On se l'est toujours demandé, dans la mesure où les sociétés ont toujours cherché à codifier les unions. Une des définitions les plus pittoresques que l'on trouve parmi des centaines d'autres a peut-être été celle des Danois du Moyen Age : un couple était reconnu former un couple quand la femme avait passé auprès de l'homme « trois hivers » (en pays froid, l'hiver, c'est le sérieux, alors que l'on passe sur ce qui peut se produire au cours de très claires nuits d'été...) et quand l'homme « lui avait confié les clés ». On jugeait ainsi qu'il était possible de partager sa couche avec une toquade, mais que partager les clés de la réserve, du coffre, de l'armoire à linge, c'était tout de même autre chose.

En France, aujourd'hui, on se demande quelles codifications appliquer à ces couples de fait qu'on ne sait définir que par la négative : « non mariés ». Pour de subtiles raisons culturelles, on ne parle pas alors de « liaison ». Est-ce parce qu'une liaison peut unir une personne mariée par ailleurs à une personne qui ne l'est pas ou plus, ou qui l'est encore de son côté ? Non pas. C'est plutôt parce que le « fait » que le mot « liaison » évoque n'est qu'amoureux, sexuel et sentimental, ce qui n'est pas suffisant pour constituer socialement un couple de fait.

On va donc chercher plutôt des dénominations peu précises mais qui ont en commun de souligner le partage de la vie matérielle ou d'une partie de la vie matérielle : *ma compagne, mon compagnon*, disaient, voici peu, les tenants de « l'union libre » qui signalaient ainsi, d'une manière un tantinet « Front popu », qu'ils partageaient ensemble le pain, comme les ouvriers travaillant sur le même chantier. *Ma copine* et *mon copain* ont pris la relève dans le langage parlé (toujours le partage du pain étymologique...) – mais n'ont pas convaincu les sociologues et les administrations qui doivent décider qui est « couple de fait ». Les juristes, gens précis et peu sensibles de l'oreille, appellent toujours *concubin* et *concubine* ceux qui vivent ensemble – étymologiquement, ceux qui partagent la même chambre, en latin *cubiculum*. Ces termes malsonnants désignent tout aussi bien des célibataires, des divorcés, des veufs ou même des gens encore mariés par ailleurs mais vivant avec une autre personne que leur conjoint légal. Les couples de fait ainsi désignés se font du reste couramment faire des « certificats de concubinage » sans barguigner si cela leur est utile.

Il sera traité plus loin et en détail des problèmes posés par l'administration de la preuve qu'il existe un couple de fait, et des conséquences que ces reconnaissances entraînent. Pour s'en tenir au vocabulaire, il faudrait y ajouter l'expression *vie maritale*, préférée dorénavant pour des raisons d'euphonie au vilain *concubinage* par les administrations qui acceptent de reconnaître le couple de fait. En ce cas, on ne sait comment se nomment les partenaires vivant cette *vie maritale*. Elle peut accepter de se laisser désigner par le mot *femme* sans trop d'inconvénient à cause de l'ambiguïté même du terme; lui ne peut quand même pas s'affubler du nom de *mari.*

Les sociologues ont proposé *cohabitants* et *cohabitation.* C'est d'une parfaite neutralité et n'implique aucun jugement moral. C'est d'autre part formuler le constat que les enquêtes et les recensements conduisent à faire : ces personnes habitent ensemble, partagent le même logement, voilà le fait. L'expression s'est répandue dans les études, et nous aurons à reparler de la *cohabitation juvénile.* Mais, dans la vie de tous les jours, on ne présente pas son *cohabitant* ou sa *cohabitante,* et les administrations n'ont pas adopté ce vocable.

Impossibilité d'en chiffrer le nombre exact

Il est par conséquent extrêmement difficile, voire impossible, de dénombrer les unions de fait et de suivre très précisément l'accroissement de ce mode de vie. Les chiffres les plus fantaisistes ont paru dans la presse ou dans différents « guides juridiques » de l'union libre. Même lors des recensements, les unions de fait ne peuvent être appréhendées. Le titulaire du logement recensé peut fort bien refuser de mentionner l'identité de la personne avec qui il ou elle semble pourtant vivre, comme il ou elle peut se contenter de la faire figurer sous le code très vague de « ami(e) ». Bien entendu, les unions de fait échappent tout à fait aux déclarations fiscales.

D'après les données recueillies lors du recensement de 1982, 809 000 couples ont déclaré vivre en union libre, soit près de deux fois plus qu'en 1975 (445 000). La progression, durant ces sept années, est surtout sensible parmi les jeunes : le nombre des couples en union libre dont l'homme a moins de 35 ans a presque triplé, passant de 165 000 à 456 000. Les trois quarts de ces ménages de fait sont composés de deux célibataires (leur nombre a quadruplé de 1975 à 1982), le quart restant impliquant, pour l'un au moins des membres du couple, des divorcés, des veufs ou des mariés par ailleurs.

Cependant les statisticiens de l'I.N.S.E.E. attirent

eux-mêmes l'attention sur la fragilité des données sur lesquelles ils sont amenés à travailler pour suivre ce phénomène. P.A. Audirac comme Michel Villac, dans une autre étude publiée en 1983, notent qu'une partie des « couples de fait » a pu être classée « ménages sans famille » tandis qu'une autre a pu être classée « familles monoparentales », si auprès d'un parent non marié avec enfant apparaissait un (ou une) « ami(e) ». Il faut renoncer à évaluer quantitativement de manière précise un phénomène formé de centaines de milliers de situations inclassables parfois, fluctuantes souvent, qui, volontairement, désirent échapper aux identifications qui figent et codifient.

Toutefois, avec les moyens d'appréhension du phénomène dont ils disposent, tout insatisfaisants qu'ils soient, les statisticiens de l'I.N.S.E.E. parviennent à cerner, sinon l'ampleur exacte du phénomène, surtout s'il y a des enfants, du moins sa physionomie et sa dynamique, quand il n'y a pas d'enfants. Ainsi, on s'aperçoit qu'il s'agit d'un phénomène qui concerne les jeunes mais s'étend de plus en plus aux couches d'âge moyen, et d'un phénomène urbain. Paris bat le record national aves 30,3 % d'unions libres pour 100 couples, contre seulement 7,4 % dans les communes rurales. « *Dans l'agglomération parisienne les non mariés sont majoritaires parmi les couples où l'homme a moins de 25 ans et ils pourraient l'être rapidement dans les couples sans enfant où l'homme a moins de 35 ans*[4]. » Le dépouillement du recensement de 1982 a confirmé ces hypothèses.

C'est parmi les étudiants et les jeunes n'ayant jamais travaillé que les couples non mariés sont les plus fréquents –, ce qui sous-entend l'aide de leurs parents. En 1981 ils représentaient 62 % des couples de cette catégorie, proportion exactement double de celle observée six ans plus tôt (31 % en 1975). Ensuite on les trouve surtout parmi les catégories suivantes : professions libérales et

4. A. FOUQUET et A.-C. MORIN, *Données sociales, 1984,* p. 411, I.N.S.E.E.

cadres supérieurs (sauf officiers de l'armée), cadres moyens et employés. Les agriculteurs étaient en 1981 les moins touchés par le phénomène (9 % seulement)[5], et les artisans et commerçants assez peu (23 %).

On retrouve, dans cette énumération décroissante, le même ordre dans le « peloton » des cohabitants déclarés que nous avons signalé pour les célibataires « nouveau modèle ». Dans tous les cas, sauf celui des étudiants, la femme du « couple cohabitant » est elle-même active. Comme l'observent les statisticiens de l'I.N.S.E.E., le phénomène s'étend des classes jeunes aux classes adultes jeunes, et il va toucher de plus en plus les adultes de plus de 35 ans dans la mesure où, de plus en plus nombreux, ceux-ci divorcent après quelques années de mariage, ne cherchent pas à se remarier, et adoptent alors la « cohabitation », qui n'est plus « juvénile », avec leur partenaire suivant.

L'évolution du divorce complète donc celle de la diminution rapide des mariages et de l'augmentation rapide des couples en union libre.

Montée en flèche des divorces

On se marie de moins en moins, on cohabite de plus en plus. En outre, les mariages qui tout de même se concluent apparaissent beaucoup plus fragiles et sont bien plus souvent rompus que voici seulement quinze ans.

La France, jusqu'en 1972 à peu près (on notera qu'il s'agit de la même année qui a vu s'amorcer la chute des mariages), était un pays à taux de divorces relativement faible. Depuis longtemps, les ruptures d'unions étaient beaucoup plus fréquentes aux États-Unis et en Europe de l'Est. Pour ce qui concerne l'Europe occidentale, il faudrait distinguer entre les pays qui la composent. Ainsi les pays nordiques, Finlande comprise, ont connu une

5. Les agriculteurs et salariés agricoles sont fréquemment célibataires par force, mais alors vivent seuls et non en concubinage.

hausse forte des divorces entre 1930 et 1950. L'Angleterre, par certains traits, s'apparente à ce groupe encore que ses taux de divorces soient demeurés bien plus discrets (7 % en 1950 contre 19 % au Danemark). Pendant ces mêmes années, la montée du divorce est beaucoup plus lente dans le reste de l'Europe, France comprise.

Dans les pays belligérants, l'immédiat après-guerre connaît une brusque flambée de divorces qui va rapidement s'éteindre. Le cas est particulièrement frappant en France. Il faut se rappeler que, sous le régime de Vichy, le divorce a été pratiquement interdit. De plus, des centaines de milliers de couples mariés avaient été, quatre ans durant, séparés par la captivité en Allemagne des prisonniers. On comprend que 1945 et 1946 aient été des années records, durant lesquelles s'est opéré le « rattrapage » de divorces rendus impossibles pendant quatre ans. Mais le plus surprenant est le retour, tout de suite après, à des niveaux modestes.

Dans toute l'Europe nordique et occidentale, 1950-1965 vont être des années de stabilité du divorce, voire même de légère régression (Danemark). Puis, à partir de 1965, les divorces se mettent à augmenter, mais surtout dans l'Europe du Nord et en Suisse. En Suède, dès 1975, on atteint la proportion de un mariage rompu sur deux (indice de divortialité de 50 %).

En France, pendant les années 1950-1970, environ *un mariage sur dix aboutissait à un divorce* : en 1950 l'indice de divortialité était de 10,84 % et en 1970 de 11,54 %. Niveau bas, grande stabilité, comme dans les pays voisins que sont la Belgique et le Luxembourg (*voir graphique*).

Puis, à partir de 1972, la divortialité augmente très vite. Il est important de noter que cette vive accélération s'est produite *avant* que n'intervienne la libéralisation du divorce et la possibilité de divorcer « par consentement mutuel » ouverte par la loi de 1975. On ne peut donc accuser la loi d'avoir provoqué ce changement-là. La loi n'a fait que s'adapter à une nette poussée des mœurs. La forte augmentation des divorces a commencé alors que le

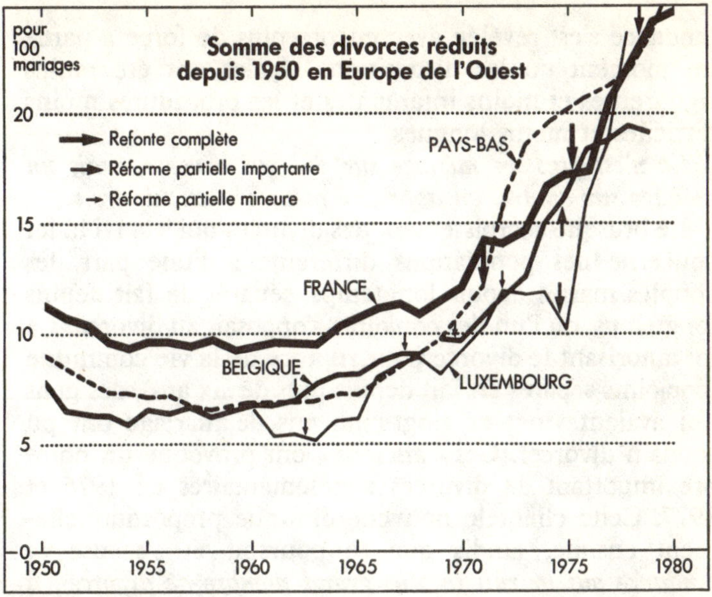

(source : I.N.E.D.)

divorce-sanction était encore la règle. Il est évident cependant que, pendant les années qui ont précédé le changement de législation, des pratiques judiciaires se sont développées qui ont consisté à contourner la loi ou à en modifier l'esprit et la pratique, afin de rendre possibles des divorces que la loi ne prévoyait pas. Il en va toujours ainsi quand la loi n'est plus en accord avec les mœurs. C'est ce qu'on a pu appeler « le grand mensonge » juridique, qui témoigne de la pression des mœurs. Ainsi la loi de 1920 punissant si durement les avortements n'était-elle pratiquement plus appliquée ou notoirement contournée quand on a élaboré et voté la Loi Veil.

Cependant, juste après le vote de la loi libéralisant le divorce en France, on a pu observer une forte accentuation de la hausse entamée. L'indice de divortialité qui augmentait d'un point de plus par an saute à deux points de plus par an : 17,6 % en 1976 à 20 % en 1977; puis à 22,4 % en 1978; puis à 24,2 % en 1979, etc. La loi, semble-t-il, a entériné une tendance irrépressible, et cette tendance s'est révélée avec encore plus de force à partir du moment où les dispositions légales ont été moins rigoureuses et moins infamantes et les procédures moins difficiles et moins longues.

Ce n'est plus un ménage sur dix qui divorce, mais un ménage sur quatre, on approche même de un sur trois.

Le brusque accroissement des divorces qui a suivi la loi concerne des populations différentes : d'une part des couples mariés depuis longtemps, séparés de fait depuis longtemps, où l'un des conjoints s'opposait au divorce. La loi autorisant le divorce pour rupture de la vie commune (conjoints séparés en fait depuis plus de six ans), des gens qui avaient vingt et vingt-cinq ans de mariage ont pu soudain divorcer. Ces « anciens » ont provoqué un nombre important de divorces supplémentaires en 1976 et 1977. Cette clientèle nouvelle diminue proportionnellement ensuite, tandis que se poursuit et s'accuse *la tendance qui fournit le plus grand nombre de divorces, à savoir la fragilité des unions à leurs débuts.* « La tendance à la hausse des ruptures en début de mariage, tendance pratiquement ininterrompue depuis une quinzaine d'années, témoigne de la profondeur des changements [6]. »

Une des conséquences de la banalisation du divorce est *l'augmentation importante du nombre des personnes ayant le statut de divorcé(e) : ce nombre a plus que doublé en 20 ans.* En 1960, on dénombrait 638 000 divorcés (273 000 hommes et 365 000 femmes). En 1970, ils étaient 913 000 (dont 380 000 hommes et 533 000 femmes). En 1981, ils étaient 1 462 000 (dont 612 000 hommes et 850 000 femmes).

Où divorce-t-on le plus ? Qui divorce le plus ?

On ne divorce pas partout en France avec la même fréquence. Malgré une augmentation rapide constatée

6. A. BOIGEOL, J. COMMAILLE et B. MUÑOZ-PEREZ, « Le divorce » in *Données sociales 1984,* I.N.S.E.E., p. 430.

dans les départements où les taux de divortialité étaient les plus faibles, les écarts se sont maintenus : on divorce peu en Vendée, dans les départements Sud du Massif central ou en Bretagne. *A Paris,* en revanche, *les ruptures d'union atteignent presque un mariage sur deux.* Les taux de divorce sont également élevés dans la région parisienne, les Alpes-Maritimes, les Bouches-du-Rhône, le Vaucluse, le Rhône, la Haute-Garonne, etc. On pourrait presque dire que divorce et urbanisation vont de pair.

On ne divorce pas autant dans telle ou telle couche socioprofessionnelle. Ainsi, contrairement peut-être à ce que croit l'opinion, ceux qui divorcent le plus ne sont pas les plus favorisés : ce sont les « personnels de service » (employés de maison, etc.), suivis par les employés. Puis viennent les cadres moyens et les ouvriers. Puis les cadres supérieurs, etc. Les agriculteurs exploitants sont ceux qui divorcent le moins. En somme, on pourrait dire que les catégories qui divorcent le plus facilement sont celles qui comptent la plus forte proportion de femmes en emploi, qui ont peu d'enfants, peu de biens en dehors de leurs salaires, qui sont volontiers mobiles et non pas enracinées dans leur communauté d'origine, qui vivent souvent en ville et n'ont guère de convictions religieuses. Ce sont de nouvelles couches sociales, encore populaires, aspirant cependant à un stade supérieur, n'ayant plus ou pas encore de traditions et, de ce fait, sensibles aux nouveaux modes de vie.

En outre, de manière extrêmement nette, la demande de divorce est à forte dominante féminine : la moitié des divorces sont demandés par les femmes, un tiers par les deux conjoints – le plus souvent à l'initiative de la femme –, et deux sur dix par les hommes. Dans tous les cas de figure, la femme est plus « demanderesse » lorsqu'elle a une activité professionnelle, mais la stratégie du divorce est tout de même d'initiative féminine, même quand l'épouse ne travaille pas.

Ainsi, comme on peut le remarquer aisément, les jeunes adultes qui ne se marient pas – les « cohabitants » –

d'une part; les jeunes adultes qui rompent leur union après moins de dix ans de mariage – les « divorçants » – d'autre part, ont en commun deux caractéristiques sociologiques : les uns et les autres habitent Paris ou les grandes villes; dans les deux cas, les femmes ont une activité professionnelle.

Mais, pour le reste, on pourrait plutôt souligner que « cohabitants » et « divorçants » forment deux populations différentes. Parmi les premiers, surtout des étudiants, des enseignants, des cadres supérieurs et des cadres moyens. Parmi les seconds, des serveuses, des infirmiers, des vendeuses, des employés, des ouvriers, des agents de maîtrise, même si l'on y compte aussi, en beaucoup plus faible proportion, des cadres supérieurs. Photographiées aux mêmes âges et aux mêmes dates, ces deux populations apparaissent presque complémentaires. Ce qui ne veut pas dire qu'elles forment deux modèles différents qui perdureraient côte à côte, mais sans doute qu'elles vivent deux temps différents d'une seule et même évolution qui ébranle les structures conjugales et familiales des couches socioprofessionnelles les unes après les autres, dans l'ordre de leur perméabilité aux nouveaux modes de vie privée.

Les divorcés se remarient de moins en moins

Voici seulement quinze ou vingt ans, la plupart des divorcés se remariaient. Particulièrement lorsqu'ils étaient jeunes : on peut même penser que bon nombre d'entre eux divorçaient dans le but d'épouser quelqu'un d'autre. Entre 1960 et 1970, plus de 80 % des divorcés de moins de 30 ans se remariaient moins de deux ans et demi après le divorce.

Dans les âges jeunes, l'état de divorcé(e) apparaissait un peu comme un état transitoire entre deux mariages. C'est pourquoi les divorcés étaient beaucoup plus rares. Les seuls à demeurer divorcés étaient les plus âgés.

Depuis 1970, la fréquence des remariages de divorcés a chuté dans des proportions considérables. Si le nombre des divorcés non remariés est passé de 764 000 au recensement de 1962 à 1 460 000 au recensement de 1982, le nombre des divorcés remariés n'est aujourd'hui guère élevé : 69 500 en 1982. En revanche, les divorcés qui « ne veulent pas remettre ça » s'installent de plus en plus souvent dans la cohabitation. Plus les années passent, plus on est en droit d'écarter l'hypothèse de retards, d'ajournements, plus on en tenté de dire, avec Louis Roussel, qu'on assiste également chez ceux qui ont été mariés et ont rompu leur union à « une désaffection durable à l'égard du mariage [7] ». C'est ce que laissent penser les évolutions similaires qu'on peut constater en Suisse, en Suède, aux Pays-Bas.

Dans la population des 25 à 40 ans, les divorcées avec jeunes enfants forment, d'année en année, une population plus considérable : elles font l'objet d'une sollicitude de la société, leur situation étant considérée, bien souvent à juste titre, comme difficile, plus difficile que celle des femmes mariées. Elles ont droit, comme nous le verrons plus avant, à certaines priorités, à certaines allocations particulières, à certains droits.

Pourtant, on ne peut s'empêcher de penser que si la situation de divorcée était à ce point vulnérable et pénible, les femmes dans ce cas chercheraient à se remarier le plus vite possible, comme hier. Elles sauteraient d'un mariage dans l'autre. Or ce n'est pas du tout ce qu'elles font, pas davantage en France du reste qu'en Angleterre ou aux États-Unis. Elles demandent le divorce, nous l'avons vu, et elles demeurent divorcées. De population marginale, elles deviennent une minorité assez importante pour qu'on puisse à leur sujet se demander si « de la fréquence statistique à la normalité sociale, la différence est bien considérable » ? En outre, comme les divorcés, les femmes divorcées vivent de plus en plus souvent en union libre, tout en conservant leur

7. Louis ROUSSEL, « Le remariage des divorcés », in *Population*, nos 4-5, 1981.

statut de divorcées qui leur vaut certains avantages.

Au moment de la préparation de la loi sur le divorce de 1975, certains, considérant le nombre croissant de jeunes qui commençaient à vivre en « cohabitation », jugeaient que si les générations en âge de se marier ne sautaient pas le pas, c'était parce que les terribles difficultés qu'on rencontrait alors pour rompre un mariage mal engagé les effrayaient. En conséquence, poursuivaient les généreux partisans de la libéralisation du divorce, c'est pour le plus grand bien du mariage qu'il faut permettre des divorces moins malaisés et moins dramatiques. Ainsi, le mariage fera moins peur. C'était un raisonnement d'une grande ouverture d'esprit, mais il faut convenir que les faits n'ont pas donné raison à ceux, pourtant bien sympathiques, qui l'avançaient.

L'union libre gagne sur tous les tableaux

En fait, un seul statut a profité de toutes les évolutions, réformes et libéralisations récentes –, c'est l'union libre. Cette affirmation ne comporte aucun jugement de valeur. Est-ce mieux ? Est-ce plus mal ? Tout dépend du point de vue auquel on se place. Il est évidemment bien préférable, du point de vue de la liberté et de l'authenticité des sentiments des membres des jeunes couples, qu'ils soient unis par leur seul choix et bonheur du moment, plutôt que prisonniers de « nœuds » impossibles ou presque à dénouer, et pressés de toutes parts par leurs familles et leurs communautés de continuer à vivre ensemble. Mais du point de vue statistique, la leçon est claire : plus on a libéralisé les formes du divorce, moins les jeunes se sont mariés. Peut-être cette fuite devant le mariage aurait-elle été plus nette encore si le divorce était demeuré, comme avant 1975, ce terrible divorce-sanction qui laissait brisés et ruinés beaucoup de ceux qui y passaient...

En tout cas, c'est une vraie mutation sociologique que révèlent ces chiffres. Le terme n'est pas exagéré. Le désir d'un engagement personnel devant la société, pour le meilleur et pour le pire, avec un être aimé; l'aspiration à la durée et la stabilité; la recherche de la sécurité affective et matérielle à deux; le désir de « fonder » une famille tout en « entrant » et en s'ancrant dans les familles des ascendants des deux côtés, tout cela, que représente le mariage, ne fait plus recette, ou fait de moins en moins recette.

Ce qui le combat et gagne chaque jour sur lui, c'est un mode de vie qui n'est justement pas un statut – l'union libre – qui laisse à chacun son nom, son individualité sociale, qui ne réclame aucun engagement, aucune promesse, aucune responsabilité, aucune implication de durée ou de fidélité.

Le vaste continent formé par les célibataires et les divorcés réunit aujourd'hui 10 931 500 personnes de 15 à 50 ans, et 1 066 350 personnes de 50 à 65 ans. Selon qu'il s'agit de payer ses impôts ou de toucher la Sécurité Sociale, les mêmes apparaissent comme « célibataires » ou « divorcés » ou comme couples, sans qu'il soit possible de mieux s'y reconnaître.

De plus en plus d'enfants hors mariage

Vers la fin des années 1960, pour parler dans les colloques et les séminaires ou à la radiotélévision de la cohabitation juvénile qui commençait à se répandre, on usait d'un terme aujourd'hui désuet et un peu oublié : on disait « le mariage à l'essai ».

C'est vrai, la plupart des jeunes gens qui à l'époque s'installaient ensemble finissaient par se marier, tout particulièrement quand ils attendaient un enfant ou quand ils décidaient d'avoir un enfant. Mais cette expression était aussi un euphémisme révélateur de l'état d'esprit de ceux qui l'employaient. Pendant ces années-là, le discours des spécialistes de la jeunesse (et Dieu sait si les spécialistes de la jeunesse furent nombreux et s'exprimèrent abondamment aux alentours et après Mai 1968!) cherchait à être progressiste sinon permissif. Il fallait avoir l'esprit large, et tout juger, en un sens, « mieux qu'avant », ne serait-ce que pour ne pas se trouver dépassé. On disait donc que les mœurs nouvelles avaient seulement, et heureusement, modifié la période des fiançailles : au lieu de sortir avec un chaperon comme jadis; au lieu de s'embrasser sur les bancs publics et derrière les portes comme naguère; au lieu même de prendre un peu d'avance dans la chambre de la jeune fille quand les parents n'étaient pas là, dans l'ardeur des dernières semaines avant la cérémonie – les jeunes gens, grâce à la pilule et à la tolérance d'une nouvelle société des Lumières, vivaient carrément ensemble ailleurs que chez Papa-Maman, ou dans la chambre de bonne, avec leur consentement. Pour l'esprit progressiste, ils « essayaient ». L'important n'était pas ce qu'ils vivaient dans l'instant, mais ce à quoi, ce faisant, ils se préparaient. C'était, affirmaient les uns, la meilleure des assurances pour un bon mariage qui durerait. Si l'essai n'était pas concluant, on se séparait sans histoire, échappant aux marécages des mariages ratés. Si cela marchait, on s'épousait dès qu'on avait envie de fonder une famille, et avec de bien meilleures chances de réussite.

C'était le discours optimiste et libéral de l'époque. Il n'était pas question d'imaginer que ces jeunes gens pussent ne pas songer aux lendemains nuptiaux, ni aux lendemains du tout, pour ne vivre que dans le présent, sans projets. Il était encore moins question d'avoir un enfant « hors mariage ». Même ceux qui, lors de leur « mariage à l'essai », n'avaient pas fait exprès du tout de mettre en route un enfant se retrouvaient mariés rapidement. On « régularisait ». Afin que l'enfant « naisse dans un foyer normal », « ait une famille ».

L'« union libre » devenait plus courante chez les jeunes gens, qui savaient de moins en moins nettement si elle était ou non prélude au mariage. Mais la « parenté libre », non. Elle n'avait pas cours. Quand on voulait un enfant, quand on attendait un enfant, on allait à la mairie.

Puis, peu à peu, ensuite plus brutalement, tout a changé.

Je voudrais retracer cette histoire récente, en la découpant en « phases » qui m'apparaissent significatives. Je ne m'appuierai pour ce faire que sur des données absolument incontestables : les chiffres de l'état civil. Quand on les recherche et les analyse sans le moindre a priori idéologique, le déroulement des faits apparaît tout seul.

Quatre phases en vingt-cinq ans ont changé les mœurs

Première phase : 1960-1965. Il naît en moyenne annuelle 850 000 enfants dont seulement 5,9 % ne sont pas légitimes. On les appelle encore « illégitimes »; on les nommera « naturels » plus tard, après les réformes du Code civil. Ces 50 000 naissances illégitimes annuelles sont le fait surtout de mères très jeunes, souvent âgées de moins de 20 ans, mais aussi de mères de plus de 35 ans, de milieu défavorisé – employées de maison, manœuvres, O.S. Une forte proportion (8 sur 10) de ces enfants ne sont reconnus que par la mère.

Pendant la même période, si l'on considère seulement les enfants premiers-nés (enfants de rang 1), et que l'on compte le nombre de mois qui séparent la date de leur naissance de la date du mariage de leurs parents, on observe que 65 000 à peu près par an sont nés moins de 7 mois après le mariage de leurs parents : on les regroupe dans les statistiques sous l'expression un peu pédante de « *conceptions prénuptiales* ». En clair, ils ont été mis en route avant le mariage. Impossible de savoir si leurs parents avaient fermement l'intention de se marier et ont pris un peu d'avance, ou s'il s'agissait de maladresses, d'accidents imprévus qu'on « réparait », un peu forcés. Ces conceptions prénuptiales de 1960 à 1965 ne se produisaient pas avec la même fréquence dans tous les milieux sociaux. Elles intéressaient particulièrement les jeunes couples étudiants ou ayant fait des études supérieures, issus de milieux favorisés, cadres supérieurs et professions libérales.

Deuxième phase : 1965-1972. Les générations du *baby-boom* d'après-guerre arrivent à l'âge du mariage et de la fécondité. Donc, comme nous l'avons vu, davantage de mariages par an, davantage de naissances par an également, même si le taux de fécondité par femme fléchit.

Le nombre de naissances hors mariage passe de 50 000 par an à 62 000 en 1971. En pourcentage du total des naissances annuelles, on passe de 5,9 % à 7 %. Taux bien modéré, surtout en comparaison de ceux observés à la même période dans le Nord de l'Europe. En augmentation, mais légère. La plupart de ces naissances hors mariage continuent d'être des naissances plus ou moins clandestines qui touchent de jeunes célibataires de milieu défavorisé et sont, bien entendu, involontaires même si elles sont courageusement assumées par beaucoup.

Ce qui bouge davantage que les naissances hors mariage, ce sont les conceptions prénuptiales. Entre 1965 et 1972, elles ne cessent d'augmenter : de 65 000 elles passent à 86 000 par an en moyenne jusqu'en 1970 ; à 104 000 en 1971; à 108 000 en 1972. Une fois de plus, nous retrouvons cette date de 1972. C'est en 1972 qu'on atteint le sommet de la courbe des conceptions prénuptiales. Cette année-là, si l'on considère l'ensemble des enfants premiers-nés dont les mères sont mariées, on s'aperçoit que près de 30 % sont nés moins de 7 mois après le mariage de leurs parents. Dans les mairies, en 1971 et 1972, plus d'une mariée sur quatre, près d'une mariée sur trois, était enceinte. Ces couples-là sont employés, ouvriers, aussi bien qu'étudiants. Ils ne maîtrisent pas très bien la contraception. Une grossesse s'est déclarée. Ils régularisent. Relations sexuelles avant le mariage ou vie commune avant le mariage, ce « modèle » a gagné les gros bataillons, mais le mariage a toujours le dernier mot quand l'enfant s'annonce. Ce modèle va-t-il encore s'étendre après 1972? Non, car les « leaders » qui lancent les modes de vie s'en détournent.

Troisième phase : 1972-1978. Soudain, le nombre des mariages annuels chute. Il va demeurer, ces dix années durant, d'environ 25 % au-dessous de ce qu'on était statistiquement en droit d'attendre au vu des effectifs des générations en âge de convoler.

Le nombre des naissances chute également, avec un étiage en 1976 de 725 000, soit 184 000 de moins que cinq ans plus tôt. Les conceptions prénuptiales diminuent. De 30 % des premiers-nés, elles n'intéressent plus, en 1978, que 16 %. Cela signifie que si la cohabitation s'est répandue, et encore plus les relations sexuelles hors mariage, les jeunes gens maîtrisent mieux la contraception et se font moins souvent surprendre. Du reste, en 1975, l'interruption volontaire de grossesse est devenue légale.

Mais peut-être est-il déjà possible de distinguer des signes indiquant que certains *refusent le mariage même quand ils ont un enfant.* En effet, le chiffre annuel des naissances hors mariage, légèrement accru, se maintient jusqu'en 1978 autour de 66 000 par an. Comme il s'exprime à partir d'un nombre total de naissances en diminution, le pourcentage représenté par les naissances hors mariage s'élève un peu, et passe de 7 % à 8,7 % en 1977. Rarement en France on avait frôlé les 9 % de naissances hors mariage : seulement durant les années 1895-1905. Bien sûr, pendant les conflits, les proportions avaient été provisoirement plus considérables. Mais, depuis 1950, il faut se rappeler qu'on tournait autour de 5,8 % à 6 %. Trois points de plus, c'est déjà quelque chose, surtout que la contraception s'est très largement répandue et que l'I.V.G. devient possible.

Normalement, la diffusion très importante de pratiques anticonceptionnelles, pour la première fois très sûres, et le recours possible à l'avortement auraient dû agir comme un puissant réducteur des naissances hors mariage. Puisqu'on sait éviter et qu'on peut interrompre les grossesses indésirées, pourquoi donc les naissances hors mariage, au lieu de diminuer, augmentent-elles ? Ce n'est rien, pas grand-chose, seulement les bavures de l'ajustement entre les mœurs beaucoup plus libres et une maîtrise des moyens pas encore excellente, ont commenté les esprits libéraux bien intentionnés. Ils ont refusé d'interpréter l'augmentation relative des naissances hors mariage comme un signe précurseur qu'un nouveau « modèle » commençait à se répandre, « modèle » qui conduirait les jeunes gens à avoir volontairement un enfant hors mariage.

A cette époque, un tiers des enfants suédois naissaient hors mariage. La France allait-elle suivre le modèle suédois ? On s'est interrogé, vers 1976-1977, dans plusieurs séminaires. Les uns ont répondu qu'ils ne pouvaient se prononcer, les autres, assez carrément, ont répondu par la négative : ils croyaient achevée la mutation française et pensaient que le modèle français demeurerait à terme plus mesuré que les fantaisies scandinaves. Ceux qui s'aventuraient à prédire le contraire étaient volontiers considérés comme des pessimistes, et pessimistes parce que réactionnaires.

Cependant, qu'on soit favorable à cette évolution ou qu'on la déplore, on ne peut changer les chiffres. Et un signe évident aurait dû éveiller l'attention car il permettait de distinguer un grand changement et le passage à une autre « phase » : nous avons vu qu'auparavant 20 % seulement des enfants nés hors mariage étaient reconnus par le père. Or, soudain, à partir de 1972, cette proportion s'élève très brusquement et ne cesse de progresser [8]. A côté des filles-mères abandonnées et des « reconnaissances de complaisance », à côté de ces accidents, voilà qu'on commençait à voir des couples volontairement non mariés qui volontairement avaient des enfants hors mariage.

8. J.-C. DEVILLE et E. NAULLEAU, « Les nouveaux enfants naturels et leurs parents », in *Economie et Statistiques,* juin 1982, pp. 61-81.

Quatrième phase : 1978-198... A partir de 1978, il n'y a plus de doute. Le nombre annuel des naissances hors mariage fait un bond :

66 000 en 1978
78 000 en 1979
91 000 en 1980
102 000 en 1981
113 000 en 1982

La Loi Veil a été confirmée en 1980, l'I.V.G. est de plus en plus pratiquée et, depuis 1982, remboursée par la Sécurité Sociale : néanmoins le pourcentage de naissances hors mariage passe à 10,3 % en 1979; à 11,4 % en 1980; à 12,7 % en 1981; à 14,2 % en 1982.

Il faut bien prendre la mesure du phénomène : plus d'un enfant sur sept actuellement naît hors mariage. *Il naît aujourd'hui en France deux fois plus d'enfants naturels que d'enfants de rang 4 et plus.* Naguère, un quart des naissances illégitimes concernaient des mères de moins de 20 ans, et 12 % (en 1968) des mères de plus de 35 ans. *Aujourd'hui ce sont des jeunes femmes à l'âge normal du mariage qui sont concernées.* La proportion des moins de 20 ans est tombée à 16 % et celles des plus de 35 ans à 6 %.

« Vieux modèle » et « nouveau modèle » de parents naturels

A la fin des années 1960, on observait une illégitimité de type traditionnel : les employées de maison, les apprenties, les salariées agricoles fournissaient le plus grand nombre des mères célibataires, et leurs enfants n'étaient que rarement reconnus par le père. Ce « vieux modèle » est en forte régression. J.-C. Deville et E. Naulleau [9] ont comparé les catégories socioprofessionnelles des mères célibataires de 1968 avec celles des mères célibataires de

9. *Op. cit.*

1980. La baisse est forte parmi les O.S. et manœuvres, en 1975-1976, du fait sans doute de la légalisation de l'avortement. La proportion de mères célibataires parmi les « employées de maison » ayant eu un enfant était de 36 % en 1968, de 18 % en 1980, soit moitié moins. « Les années 70 auront sonné le glas des amours ancillaires auxquelles le théâtre de boulevard, moins d'un siècle auparavant, donnait un caractère officiel », écrivent ces chercheurs de l'I.N.S.E.E. qui n'hésitent pas à intituler un paragraphe de leur étude : « Les institutrices à la place des bonnes ? »

En effet, pendant les mêmes années, les naissances d'enfants naturels ont très fortement augmenté dans les catégories de femmes où elles étaient les plus rares : les professeurs (cinq fois plus) et les institutrices. Elles n'ont cessé d'augmenter chez les autres femmes cadres supérieurs et moyens et chez les employées. Elles ont doublé chez les petites commerçantes (qui ne sont plus tant des épicières que des jeunes femmes à boutiques d'habillement, de décoration, de gadgets, de parfumerie, etc.). Elles se sont poursuivies, à un niveau élevé, chez les femmes « artistes » (aussi bien choristes ou musiciennes d'orchestre que figurantes ou danseuses).

Pour ce qui concerne les mères d'enfants naturels, le « nouveau modèle » entraînant est porté par des « intellectuelles » et des « indépendantes ».

S'agissant des pères d'enfants naturels, aucune étude comparable de leurs statuts socioprofessionnels n'a été faite. Mais l'évolution très frappante concerne les reconnaissances. On est très loin des 20 % de reconnaissances par le père du début des années 1960. Sur les 91 115 enfants naturels nés en 1980, au 31 décembre de la même année, 62 % étaient reconnus par le père et la mère; 4 % par le père seul; 31 % par la mère seule. Par l'effet de reports sur l'état civil et de reconnaissances tardives, au 31 décembre de l'année suivante, 69 % des enfants naturels de 1980 étaient reconnus par leur deux parents; 1,5 % par le père seul; 29 % par la mère seule (en effet, des décalages peuvent se produire du fait que les reconnaissances peuvent intervenir dans des lieux différents – mairies ou, pour les accouchées, maternités – et à des dates différentes pour un même enfant). Mais le résultat est net : dans les années 1960, deux sur dix des enfants hors mariage étaient reconnus par leur père; en 1980, sept sur dix.

En somme on a assisté aux séquences suivantes :

1. Relations sexuelles avant le mariage plus fréquentes – mariage – enfant.

2. Relations sexuelles très fréquentes avant le mariage ou vie commune – fécondité mal maîtrisée – grossesse – réparation par mariage.

3. Vie commune sans mariage – fécondité bien maîtrisée – en cas de désir d'enfant : mariage et enfant ultérieurement.

4. Vie commune sans mariage – fécondité bien maîtrisée – décision d'avoir un enfant hors mariage – enfant.

Chaque fois, les milieux « avancés » (urbains, instruits, supérieurs et moyens) ont conduit la marche. On est ainsi passé de l'union libre à la parenté libre assumée par les deux parents. Seul l'avenir dira si les « parents libres » d'un bébé n'éprouveront pas quelques scrupules à l'endroit de leur enfant quand il grandira – et se marieront alors; ou bien ne céderont pas à cette vieille tentation et demeuront des parents non mariés toute leur vie. A moins qu'arrivés à l'âge d'être grands-parents, ils ne convolent tardivement, non plus du tout par souci de leurs enfants, mais pour pouvoir s'assurer l'un à l'autre la possibilité de léguer la maison, les meubles, les économies au survivant du couple. A moins que, les dispositions fiscales et sociales que nous allons passer en revue étant largement modifiées, ils trouvent moins de charme à l'union libre et à la parenté libre. A moins que..., etc.

De plus en plus de familles éclatées et segmentaires

A rassembler toutes ces évolutions, on voit ce qui gagne : la liberté individuelle permettant les choix de vie – à tout le moins la liberté pour les adultes, car les enfants, en ces matières, ne choisissent pas mais subissent les choix des parents. Cette liberté individuelle qui conduit des gens qui s'aiment à vivre ensemble et à faire des enfants ensemble permet également à ceux qui ne s'aiment plus de décider de ne plus vivre ensemble, qu'ils aient été mariés ou non, qu'ils aient des enfants ou non. Les résultats de ces ruptures se lisent également dans les chiffres : de plus en plus de familles incomplètes, de plus en plus de personnes vivant seules.

L'évolution du vocabulaire est toujours révélatrice, non seulement de l'évolution des faits (il faut bien des expressions nouvelles pour désigner des situations nouvelles) mais aussi de la morale implicite avec laquelle ils sont considérés. A peine avions-nous appris dans les magazines et les programmes de télévision que la « famille large » était morte (on se demande, à voir les maisonnettes anciennes qui parsèment nos campagnes où diable se logeait cette fameuse famille large, illusion passéiste...), pour faire place à la « famille nucléaire » : papa-maman-enfant(s), pas plus, pas moins, réalité bien moderne. A peine étions-nous faits à ce nouveau vocabulaire : famille « restreinte », famille « réduite à son noyau », etc., qu'il a fallu apprendre une nouvelle expression : « *famille monoparentale* ». Il y a famille monoparentale quand l'enfant ou les enfants vivent au foyer d'un seul de leurs parents, que l'autre parent soit décédé, ou, cas plus fréquent, que l'autre parent vive ailleurs, seul ou avec une autre personne.

Il eût été plus logique de parler de *foyer* monoparental plutôt que de *famille* monoparentale, surtout quand le parent qui n'habite pas là se manifeste souvent et remplit son rôle de parent. Mais non, la mère qui vit avec son enfant se dit « famille monoparentale », même si elle reçoit du père qui vit ailleurs de l'argent, des visites, la couverture de la Sécurité Sociale, des reproches, des tendresses, etc., celui-ci ne fait pas partie de la famille. S'il vit avec une autre, c'est avec cette femme-là qu'il forme une famille. Du moins est-ce là le vocabulaire révélateur imposé et vivement défendu par des groupes bien placés parmi les acteurs sociaux et agissant comme des groupes de pression. Selon leurs conceptions, la parenté biologique et les liens juridiques sont des éléments traditionnels mais dépassés de la famille. Ce qui fait la famille, à leurs yeux, c'est la vie quotidienne, ce sont les relations sexuelles, c'est le « socioaffectif ». En somme, pour eux, c'est *la vie commune qui fait la famille et non la famille qui fait la vie commune.* Il était important pour eux de reculer les frontières, et d'appeler « famille » tout « ménage » où vit un enfant de façon habituelle, même si la personne vivant avec l'enfant et s'occupant de lui n'a aucun lien de parenté avec lui.

En conséquence, il est très choquant pour les tenants de ces conceptions d'entendre qualifier la famille monoparentale de famille « incomplète » ou « éclatée ». Une telle appellation leur semble renvoyer à une norme, selon laquelle la famille compte un père, une mère et l'enfant. Cette famille-là, ils la nomment « traditionnelle ». On ne voit pourtant pas ce que la tradition a affaire dans le fait biologique patent qu'un enfant a un père et une mère. Je me suis personnellement fait reprendre pour avoir remplacé « famille monoparentale » par « foyer monoparental ». Dont acte. Mais c'est la preuve que le mot « famille » jouit d'un durable prestige, puisque les morceaux éclatés du noyau familial désirent s'en parer, comme, du reste, l'ont cherché les petites communautés ou les couples d'homosexuels.

En 1968, on comptait 654 000 foyers monoparentaux. En 1975, ils étaient 723 000, et en 1981, 928 000. Soit, de 1975 à 1981, une augmentation de + 28,3 %. Les mères seules avec enfant(s) représentent 80 % de ces foyers, en

1981 comme en 1968. Mais, en 1968, plus de la moitié (56 %) étaient veuves, alors qu'en 1981 moins d'un tiers (31 %) sont dans ce cas. La proportion des divorcées, au contraire, augmente de 18 % à 48 %. En outre, les mères célibataires sont 110 000 en 1981. Même évolution chez les hommes seuls avec enfant(s) : les veufs représentaient 48 % du total en 1968 et seulement 28 % en 1981, alors que, dans le même temps, la proportion des divorcés passe de 12 % à 33 %[10].

Rien de plus difficile à cerner que ces situations fluctuantes. Elles sont en rapide augmentation, mais les déclarations aux enquêtes et aux recensements sur lesquelles doivent bien se fonder les statistiques apparaissent floues et peu fiables. Ainsi, *presque la moitié des mères seules se sont déclarées mariées au recensement et divorcées à l'enquête-emploi de la même année...* Sans doute donnent-elles de plus en plus souvent le pas au vécu quotidien (« seule avec enfant ») sur le statut légal (« mariée ») lors des enquêtes. Il est d'autre part difficile, rappelle Michel Villac, de savoir si les mères célibataires sont réellement seules ou si elles vivent avec un concubin. Et il est tout à fait impossible de songer à déterminer, parmi toutes ces situations, lesquelles sont subies, lesquelles ont été volontairement recherchées.

De plus en plus de personnes vivent seules

Toute le France a été ébranlée par la révélation du recensement de 1982 : à Paris, presque un « ménage » sur deux ne compte qu'une seule personne. Il ne faudrait pas attribuer seulement à Paris l'apanage des solitaires. L'augmentation des personnes vivant seules a été massive en vingt ans :

1962 : 2 854 000
1975 : 3 935 000
1982 : 4 816 000

10. Michel VILLAC, « Les structures familiales se transforment profondément », in *Économie et Statistiques,* février 1983.

Ce sont là les chiffres donnés par les recensements, et ils montrent qu'on est passé d'une proportion de 20 % en 1962 à une proportion de 25 % de la population totale, C'est-à-dire qu'aujourd'hui une personne sur quatre en France vit seule.

Bien entendu, une forte proportion de ces personnes vivant seules sont âgées, surtout les femmes qui vivent plus longtemps que les hommes et se retrouvent veuves. L'augmentation des « ménages ne comptant qu'une personne » est par conséquent due en bonne part à l'amélioration de la longévité surtout féminine.

Mais, à y regarder de plus près, on ne peut manquer d'être frappé par l'augmentation des plus jeunes parmi les solitaires. Entre 1975 et 1981, en six ans, la proportion des moins de 35 ans passe de 17,9 % à 21,7 % du total des ménages de personnes seules [11]. Le recensement de 1982 dénombre ainsi les 1 255 960 personnes seules de moins de 40 ans : 390 720 ont moins de 25 ans, autant de femmes que d'hommes; 670 960 ont entre 25 et 35 ans, cette fois plus d'hommes que de femmes; et 194 000 ont de 35 à 40 ans, également plus d'hommes que de femmes.

Les célibataires parmi eux augmentent massivement : ils ont quitté leurs familles, ils habitent séparément, conquête de leur indépendance naguère hors de portée de beaucoup et rendue possible par la prospérité et la multiplication des logements, particulièrement des studios pour personnes seules. Les solitaires de moins de 40 ans comptent également des divorcés; mais, parmi eux, une bonne proportion n'est que provisoirement en solitude. Ils sont plutôt en transition, entre deux foyers, mariés ou pas. Ils en ont quitté un, ils n'ont pas encore formé l'autre. Il est à noter que les jeunes divorcés ne retournent pas chez leurs parents quand leur ménage se rompt. Ils ou elles vivent seuls, jusqu'à une nouvelle cohabitation ou un nouveau mariage.

11. Louis ROUSSEL, « Les ménages d'une personne », in *Population* nov.-déc. 1983, pp. 995-1013.

Dans son étude sur les « ménages d'une personne », Louis Roussel, attirant l'attention sur leur hétérogénéité, remarque l'allongement des « temps de transit » entre deux moments de vie commune, entre la famille d'où l'on vient (cas des plus jeunes) et le couple qu'on va créer, entre le couple qui s'est rompu et la formation d'un autre lien. La vie solitaire, pour les adultes jeunes, ne semble pas tant un choix définitif que la résultante d'une mobilité des situations. Les cycles de vie semblent comporter de plus en plus de brèves séquences de vie commune, suivies de séquences de vie solitaire, suivies de vie commune, etc.

Ainsi, tandis que certains cherchent à s'envelopper dans le drapeau « famille » coûte que coûte même quand ils ne sont que des morceaux de famille, les sociologues, eux, sont de plus en plus perplexes quant à l'utilité du concept de famille pour appréhender la réalité et tenter d'élaborer une problématique. Il semble qu'il soit de plus en plus difficile de décrire des cycles familiaux et d'en comprendre le sens. « Ne faut-il pas plutôt considérer que l'individu serait finalement la seule unité réaliste [12] ? »

Dans mes propros liminaires, j'évoquais prudemment la naissance d'une nouvelle doctrine : l'individualisme, avec son éthique, sa morale. Or, en cherchant à saisir par les chiffres le fait familial, ses évolutions et ses cycles, voilà donc qu'on est amené, pour l'étude scientifique d'une société privée atomisée et tournoyante, à ne retenir comme seule donnée de base que... l'individu!

12. *Ibid.*, p. 1012.

CHAPITRE III

Pourquoi ? Comment ?

Les faits sont patents. Mais l'expression « désaffection » à l'endroit du mariage ne doit pas laisser croire qu'il s'agit là d'une nouvelle humeur de nature sentimentale. Il ne faudrait pas s'imaginer que nos aïeux ou les générations plus proches de nous « aimaient » le mariage.

« L'usage aussi cruel qu'insensé de se lier, de s'enchaîner soi-même, d'engager le présent et de répondre de l'avenir n'était point encore connu » : c'est ainsi que Dorat, dans le *Journal des Dames* (1777) décrivait un Eden de bons sauvages à la Rousseau. Surtout, pas de mariage. Les lectrices savouraient.

« Pour naître un mois plus tôt, un mois plus tard, en serait-on moins légitime ? Ne vaut-il pas mieux devoir l'être au tendre amour, au sentiment spontané, qu'à l'ennuyeux désœuvrement d'un époux ? », renchérit Caroline Wuiet, journaliste, qui s'adresse aussi aux femmes dans *Le Phénix,* sous le Directoire, célébrant d'un coup conceptions prénuptiales et enfants naturels.

Peu après, Monsieur de Ségur, avec bien d'autres philanthropes inventifs, propose le mariage quinquennal : tous les cinq ans, l'expérience bien pesée, on pourrait simplement renoncer en ne renouvelant pas ses « vœux », ou, en connaissance de cause, en reprendre pour cinq ans. Une formule parmi d'autres proposée pour échapper à l'enfer de « l'enfermement conjugal ».

Les hommes ont toujours rêvé d'y échapper, peut-on penser. Charles Fourier (vieux garçon) ne décrit-il pas, au nombre des passions masculines, la « papillonne »? Mais les femmes que convainc Charles Fourier n'en pensent pas moins : « Le mariage est une prostitution par la loi », écrit Claire Démar, fouriériste, qui réclame « l'essai de la chair par la chair ». Et Suzanne Voilquin de préciser : « Toute relation intime qui n'a pas l'amour pour base est une profanation de la chair » (1832) tandis que Pauline Rolland affirme : « Plutôt le célibat que l'esclavage! » (1834) Elles étaient « d'extrême gauche », en quelque sorte, peut-on objecter. Mais Honoré de Balzac, à l'autre bout de l'évantail politique, estime que « le mariage ne vaut pas ce qu'il coûte ».

Quant à Léon Blum, en 1907, dès le chapitre premier de son livre fameux *Du mariage*, il s'interroge : « Tenant pour démontré que le mariage ou la monogamie légale est une institution qui fonctionne mal, je me suis demandé s'il convenait de l'abandonner radicalement pour s'en tenir *aux formes modernes de la polygamie, c'est-à-dire aux unions multiples et précaires* [1], ou s'il était possible de l'amender. » Après avoir longuement exposé les misères, hypocrisies et désespérances des ménages très bourgeois, il conclut : « Pour la classe ouvrière et paysanne, on pourrait affirmer, ce me semble, que la question est résolue. Elle est même résolue dans un sens voisin de celui que j'ai tenté d'indiquer. Ni dans les faubourgs populeux des villes, ni dans les campagnes, le mariage ne suppose nécessairement la virginité de l'épouse; les filles aiment librement; ni l'amant, ni l'enfant ne les déshonorent. Dans bien des cas, le mari élève indistinctement d'avec ses propres enfants ceux que la femme apporte tout faits au ménage. »

Hélas! Léon Blum se trompait, et sa voisine, ma grand-mère, qui allait autour des « Fortif's » et dans les

1. C'est nous qui soulignons, rappelant que ce jugement est de 1907...

« faubourgs populeux » recueillir les bâtards rejetés et les filles-mères battues aurait pu le lui dire.

Du reste, tous les auteurs de ces citations contre le mariage, dont j'eusse pu faire un volume entier, tout sincères qu'ils fussent, se sont trompés peu ou prou au regard de leur époque ou de l'avenir immédiat qu'ils entrevoyaient.

On vitupérait le mariage, mais on se mariait

Au siècle des Lumières, suivant les idées à la mode, Dorat vitupérait le mariage et s'attendait à ce qu'un grand mouvement des « philosophies » entraînant un grand mouvement des mœurs en déchirât les liens artificiels. Ce fut tout le contraire qui arriva. La Révolution française déchristianise le mariage, mais pour instaurer, grande première mondiale, le mariage civil, avec lequel la bourgeoisie révolutionnaire n'a pas l'intention de badiner. Un petit journal naît même alors qui s'intitule *Le Courrier de l'Hymen* et dont le prospectus indique bien qu'il s'agit désormais de « moraliser le mariage » que les aristocrates avaient dépravé. Caroline Wuiet et Ségur ont cru que la société du Directoire, dans le relâchement un peu ivre de joie de survivre qui suivit la Terreur, instaurait enfin la permissivité éclairée. Deux ans après les propositions du mariage quinquennal, le Code Napoléon en finit avec ces fariboles, et pour longtemps. Quant à nos saint-simoniennes et fouriéristes, elles auront bien des malheurs; Claire Démar s'est suicidée en laissant un bref message : « J'ai trop osé... » Suzanne Voilquin, Jeanne Deroin (qui voulait conserver son nom de jeune fille), Pauline Rolland (qui eut volontairement sans se marier trois enfants naturels sans en indiquer le père) durent s'exiler ou furent déportées. Et on se maria de plus belle. Ainsi du reste qu'après le livre de Léon Blum : l'indice de nuptialité augmenta.

On maudissait le mariage, et on se mariait. Même Balzac finit par se marier. Léon Blum aussi. Car on n'échappait guère au mariage. On le dénonçait, on le vilipendait avec violence, avec une violence d'autant plus grande que l'institution – toute déconsidérée qu'elle fût au XVIIIe siècle par le relâchement des mœurs, au XIXe siècle par l'âpre marché de gros sous qu'elle masquait à peine, au XXe siècle par l'atteinte à la liberté individuelle qu'elle paraissait à ceux qui rongeaient leur frein – semblait forte et inévitable. Le mariage, engagement réciproque et légalisé d'un homme et d'une femme devant la société, opposé par là même à la précarité des unions épisodiques, opposé à ce que Léon Blum appelait « la polygamie moderne », n'a jamais été une institution inattaquable, ni bien supportée, mais elle paraissait impérissable. On rêvait de l'anéantir, mais elle perdurait.

La réponse est venue avec les années à la question de Blum : peut-on amender ou doit-on abandonner radicalement l'institution du mariage ? On a amendé, et les jeunes générations commencent à abandonner. Là, Léon Blum se révèle bon prophète : « Les infractions à la morale courante, si rares aujourd'hui, presque exceptionnelles, se multiplieront quand elles seront moins durement jugées et réprimées; elles se généraliseront dès que l'indulgence aura pris comme un air d'encouragement. C'est ainsi que les lois humaines évoluent. Elles sont impitoyables pour les faits isolés et qui constituent des révoltes individuelles contre l'ordre établi. Elles se font plus douces à mesure que le progrès des idées rend ces dérogations plus fréquentes, et, par une réaction naturelle, cet adoucissement des peines accroît à son tour le nombre des délits. Quand la faute est devenu commune, elle a cessé d'être une faute. Ce que la loi de jadis prohibait comme un crime, une nouvelle loi le reconnaît alors comme un droit. »

De « Vivre sa vie » à « Travail, Famille, Patrie »

Est-ce à dire que, depuis 1907, le seul mouvement des idées, relayé par la pratique judiciaire puis l'amendement des lois, a ainsi opéré en profondeur, pour finir par la secousse sismique qui, à partir de 1972, commence à faire s'ébouler la construction?

Durant les années 1920 et 1930, oui, peut-être, l'indulgence pour les mœurs libertaires, très lentement, gagne sur la sévérité; les audaces individuelles (« vivre sa vie », dit-on alors) toujours scandaleuses, sont un peu moins rares et un peu moins repoussées. Gide a fait passer un frisson d'indignation avec son : « Familles! je vous hais! », mais, baste! Gide lui-même ne s'est-il pas marié? Surtout, un certain scepticisme à l'égard du mariage et de la famille gagne des couches moyennes peu prolifiques et davantage intéressées par ces nouveautés que sont les « loisirs » et les « congés payés ».

Mais, d'un coup, le désastre de 1940 va arrêter la progression des indulgences libérales. Pétain, Vichy, vont interdire le divorce et sacraliser mariage et famille. La population, hébétée, l'accepte. La gouaille libertaire et l'esprit frondeur ne s'exercent plus guère, en tout cas pas contre les valeurs familiales. Dans le froid, la faim, la pauvreté, la honte et la peur – on se resserre sur la famille. Si bien qu'après la Libération, si on rétablit le divorce, les idées sur le mariage que Blum jeune avait exprimées, du temps de Blum vieux revenu au pouvoir, sont bien oubliées . Ceux qui croyaient au ciel et ceux qui n'y croyaient pas ne parlent que couples, mariages, époux, bébés, politique familiale, allocations familiales, allocation de salaire unique au foyer, quotient familial, etc. A la Libération, pauvreté et liberté donneront du social et du familial, étroitement imbriqués. « Anneau d'Or », « Antoine et Antoinette », École des Parents, Conseil conjugal – pendant vingt-cinq laborieuses années, le mariage régnera. On appelle « fiancés », pudiquement, les amants et maîtresses des vedettes chéries du public. En 1964, dans une thèse consacrée à la presse féminine, je notais que les propos désabusés ou révoltés contre le mariage que l'on trouve si aisément dans les journaux féminins du XVIIIe siècle, du Directoire, même de la Restauration ou de la

Monarchie de Juillet, ces propos avaient tout à fait disparu des magazines féminins des années 1945-1965 : « Le mariage est devenu le grand tabou par excellence de la presse féminine. Un article favorable au divorce ferait de nos jours perdre des dizaines de milliers de lectrices à n'importe quel périodique féminin. Aussi ne s'y risquent-ils jamais [2]. »

Alors, que s'est-il passé depuis ? Justement, autre chose qu'un mouvement ou même qu'un bouillonnement d'idées : de très profonds changements économiques; et une mutation essentielle – la maîtrise de la fécondité par la contraception, par une contraception efficace à usage féminin. Ce sont ces causes-là, les principales et les secondaires, qu'il convient de rappeler avant de retracer la manière dont ont évolué les opinions et les attitudes des générations qu'elles ont affectées. Par la suite, il faut passer en revue les institutions et dispositions légales et réglementaires assouplies, modifiées, libéralisées en conséquence, pour se demander si, ainsi tournées, elles ne jouent pas à leur tour un rôle de cause, d'incitation.

Les facteurs économiques

La première des causes de la baisse drastique des mariages est la prospérité. Dans les sociétés pauvres d'aujourd'hui comme dans le passé pauvre des sociétés riches d'aujourd'hui, le mariage est aussi une sécurité économique, une assurance sur la vie, plus ou moins précaire, bien sûr, selon le partenaire.

Les jeunes concubins d'aujourd'hui, avec leurs deux salaires et la Sécurité Sociale, ne savent pas qu'ils sont riches. Les plus démunis, qui n'ont pas deux salaires, ne savent pas qu'ils vivent dans une société riche. Presque aucun d'entre eux ne parvient à imaginer par quelle misère se traduisait naguère la solitude pour une femme

2. Evelyne SULLEROT, *Histoire de la Presse féminine, des origines à 1848,* A. Colin, 1966, p. 57.

si elle n'avait pas de fortune et ne trouvait pas de mari. Bien souvent, il lui fallait se placer chez autrui, si bien qu'on ne sait plus démêler aujourd'hui si les domestiques étaient célibataires parce que domestiques, ou si elles étaient domestiques parce que célibataires. Ils n'arrivent pas à se figurer ce qu'était la solitude pour un homme travaillant dix heures par jour et qui devait chercher son combustible, allumer son feu, laver ses lourdes chemises, les repasser, se procurer des aliments non préparés, les éplucher, tremper, cuire longuement. Les célibataires – comme les travailleurs immigrés d'aujourd'hui – se regroupaient souvent en chambrées de misère. Mais, parce qu'il n'y avait ni gaz, ni électricité, ni conserves, ni nylon, ni détergents ni surgelés – ils avaient besoin et cherchaient une femme, une tôlière, une mère des compagnons, simplement pour pouvoir manger et se vêtir. A deux, mariés, on résistait mieux, on se débrouillait mieux.

Le refus du mariage a commencé et s'est développé dans les pays les plus riches du monde : Suède, Suisse, États-Unis, Danemark, Angleterre, France. L'élévation du niveau de vie des parents a d'abord permis aux enfants de prendre leur indépendance quand ils ont été en âge d'avoir une vie sexuelle suivie. Naguère, les jeunes demeuraient à la ferme des parents jusqu'au jour de leur mariage, d'autant plus retardé qu'on n'avait pas d'argent pour les « établir ». En ville, jeunes gens et jeunes filles continuaient de coucher dans leur chambre ou dans leur lit-cage chez Papa-Maman, et d'y prendre leurs repas, simplement parce qu'il était impossible d'envisager de louer – et même de trouver à louer – une chambre pour le garçon ou la fille qui désirait son indépendance, et encore moins un « studio » où l'on peut se laver et faire chauffer un repas. Encore aujourd'hui, dans certains pays comme l'U.R.S.S. où le frein religieux ne joue pas et où les mœurs théoriquement pourraient être libres, si la cohabitation juvénile est quasiment inexistante, c'est à cause de la pénurie de logements. On s'y marie même parfois non par amour mais pour s'inscrire sur une liste d'attente de logement, afin de pouvoir quitter ses parents ou son internat collectif.

En France, les enquêtes l'ont montré, nombre de jeunes cohabitants étudiants ou travaillant irrégulièrement savent pouvoir compter sur leurs parents, non seulement assez libéraux mais également assez prospères pour aider le fils ou la fille qui concubine mais revient souvent passer le dimanche en famille.

Le chômage a bien peu à y voir

Il est surprenant de constater les efforts déployés par certains chercheurs en sciences sociales pour prouver à coups de laborieuses corrélations que la baisse des mariages est en relation directe avec la montée du chômage. Ce serait parce qu'on ne trouve pas de travail qu'on ne se marie pas. Pourquoi ne pas reconnaître d'abord que le mariage a chuté dans des proportions aussi considérables qu'en France, et en même temps, dans ce pays voisin et sans chômeurs qu'a été jusqu'ici la Suisse ? Pourquoi ne pas reconnaître que ce sont les jeunes gens et jeunes femmes non pas demandeurs d'emploi mais fonctionnaires de bon niveau, cadres dans le privé ou professions libérales qui se marient le moins ?

Peut-être certains jeunes « ancien modèle » qui désireraient fonder un foyer stable ne se marient-ils pas parce qu'ils ne trouvent pas d'emploi à durée indéterminée. Mais ce ne sont pas ceux-là qui forment les gros bataillons des concubins. Ce sont bien plutôt les couples à deux salaires, « homme actif, femme active », comme on dit dans les statistiques. Chacun a sa paye, et son compte en banque ou son C.C.P. Chacun achète ses fringues, sa mobylette ou sa voiture. Chacun contribue aux frais du ménage. Le réfrigérateur, c'est lui; la télé, c'est elle. Chacun fait quelques courses, en rentrant du travail ou durant le week-end, un peu de cuisine ou la vaisselle, selon la serviabilité, les goûts et les rapports de force dans le couple. On vit ensemble parce qu'on se plaît ensemble. Mais chacun peut partir. Chacun peut subvenir à ses propres besoins. Rien de commun avec l'échange intime de services qui liait le couple des années 40 ou 50, lorsque les tâches ménagères étaient à ce point absorbantes pour simplement manger et avoir chaud qu'il s'établissait un lien inextricable entre femme ménagère et mari pourvoyeur, si inextricable que même s'il n'y avait pas d'enfants, même si on ne se plaisait plus guère ensemble, même si on ne s'aimait plus du tout – d'une certaine manière on trouvait avantage à vivre ensemble et on n'envisageait pas sans effroi la séparation.

Il suffit toutefois d'avancer, sans condamnation morale aucune, l'explication de la chute des mariages et de l'augmentation des divorces par un certain niveau de prospérité pour s'attirer immanquablement la réplique suivante : « Que faites-vous du manque de confiance en l'avenir qui naît, même si l'on n'est pas soi-même atteint par le chômage, de la précarité ambiante ? »

On a beau demander à son interlocuteur d'aller respirer la précarité suisse pour la comparer à la précarité portugaise avant de comparer les niveaux respectifs de la nuptialité et de la divortialité dans les deux pays – on ne convainc pas. Il est tout à fait remarquable que les cohabitants soient les premiers à invoquer cette mauvaise ambiance économique comme raison de l'abstention au mariage. En effet, très généralement, les difficultés économiques sont mises en avant, de nos jours, pour expliquer et excuser tout phénomène social à déplorer, toute conduite aberrante. Le manque d'argent ou l'insécurité économique sont devenus, de manière presque mécanique, la cause toujours invoquée, l'explication première de tous les maux de la société. Une sociologie simpliste, qui traverse, des syndicalistes marxistes aux travailleurs sociaux-chrétiens, un très large spectre de l'opinion et rassemble la majorité des moins de 40 ans, attribue automatiquement à l'insuffisance de moyens matériels ou de sécurité économique tout ce qui ne va pas dans les conduites individuelles ou sociales. Elle refuse de seulement envisager que la prospérité ambiante – qui est tabou – pourrait également avoir quelques effets pervers.

Invoquer le chômage et les difficultés matérielles des autres pour expliquer qu'on ne se marie pas revient donc à laisser entendre : oui, ce n'est pas normal, on ne devrait pas, mais ce n'est pas notre faute, on a des excuses économiques, donc valables. Paradoxe quand on sait que les mêmes expliquent que le mariage « ne représente rien » et revendiquent très sincèrement la recherche d'authenticité du couple hors institution ou contre l'institution.

Changement radical de la vie des femmes

Cependant, la « sécurité » économique par le mariage, c'était naguère surtout la femme qui la recherchait. Se marier, se « caser » c'est-à-dire trouver sa « case », sa maison, chercher un mari a été pour les jeunes filles, dans tous les milieux, une vraie préoccupation (cet amoureux les courtisait-il « pour le bon motif » ? ou bien n'était-ce « pas sérieux » ?) et même parfois une obsession. On a peine à croire que voici seulement vingt ans on publiait aux États-Unis des petits manuels de conseils pour « la pêche au mari ». En France, durant les années 1960 et singulièrement après 1968, lorsque les enquêtes commencèrent de rapporter les propos pleins de désinvolture à l'égard du mariage que tenaient les jeunes filles interviewées – dont les opinions se rapprochaient de plus en plus de celles des jeunes gens –, on eut encore, chez les spécialistes des sciences sociales, tendance à ne point trop croire à l'absolue sincérité de leurs propos. On les soupçonnait d'aligner leur expression sur la mode ambiante, mais, « dans le fond », d'aspirer toujours au mariage très fort, bien plus que les garçons.

Certains sont encore sceptiques, du reste. Pourtant ils savent bien que la vie de la femme a évolué beaucoup plus vite et plus radicalement que la vie de l'homme durant ces vingt-cinq dernières années. D'abord, du fait de l'extension si rapide de l'activité salariée des femmes. Les femmes ont toujours travaillé, et plus dans le passé qu'aujourd'hui si l'on mesure le temps passé et la peine prise. Mais très nombreuses étaient les femmes d'agriculteurs, de commerçants, d'artisans qui contribuaient par leur activité à la prospérité du foyer : à celles-là, le travail ne conférait pas l'autonomie.

L'extension du salariat, et principalement l'extension du salariat dans le secteur tertiaire a fortement contribué à fixer les femmes dans l'activité, et dans une activité qui se déroule hors du foyer. Elles ont, de ce fait, souvent atteint ou considérablement augmenté leur autonomie de revenus. Pour nombre d'entre elles, le travail procure même une stabilité de revenus. Autant ou plus que le mariage...

Le travail salarié s'est généralisé chez les femmes jeunes habitant les villes, où le secteur tertiaire est plus développé. Travailler est devenu pour les jeunes femmes la norme et même une sorte d'obligation morale. Là encore, ce sont plutôt les structures qui ont modifié les comportements que l'inverse. On pourrait comparer la situation à celles des mères avec leurs jeunes enfants : quand il y a une école maternelle à proximité, même si la maman ne travaille pas, elle y enverra ses enfants et ne les gardera pas dans ses jupes jusqu'à ce qu'ils aient six ans. Elle sent bien, elle sait qu'elle serait alors jugée attardée, démodée, possessive, ne socialisant pas ses enfants, en somme pas très bonne mère. De même, les jeunes filles d'aujourd'hui n'attendent plus le mari à la maison. Certaines font des études prétextes, mais la plupart travaillent ou se préparent sérieusement à travailler. A demeurer à ne rien faire en attendant le mari, elles seraient jugées incapables, d'un autre âge, paresseuses ou demeurées. Même quand leurs parents accepteraient très bien de les garder et de les entretenir jusqu'à leur mariage, elles préfèrent les petits jobs l'un après l'autre si elles ne trouvent pas d'emploi stable, et l'indépendance.

De même que le travail salarié permet à la jeune fille de ne pas dépendre de ses parents « dans l'attente d'un éventuel époux », de même le travail salarié permet à la femme mariée de ne pas dépendre financièrement de son mari, et donc de pouvoir s'en séparer si la vie conjugale lui semble difficile, voire insupportable, alors que, voici peu encore, elle cherchait souvent « à rester coûte que coûte », stoïquement, invoquant divers prétextes honorables et hautement moraux même s'il n'y avait pas d'enfants. Souvent, et sans qu'il y eût à cela déshonneur, elle « restait » parce qu'elle ne savait pas comment subvenir seule à ses besoins.

Il n'est donc guère surprenant de constater que, parmi les femmes qui divorcent, les « actives » sont deux fois plus nombreuses que les « non-actives ».

La maîtrise de la fécondité par les femmes elles-mêmes

Mais la possible autonomie écomique des jeunes femmes par l'activité salariée ne représente qu'une part de la profonde transformation de la vie des femmes. Sans doute la maîtrise de la fécondité par des moyens contraceptifs sûrs à usage féminin a-t-elle été une mutation plus considérable encore. Par *mutation,* on signifie bien qu'il y a un « avant » et un « après », et qu'il est impossible de revenir en arrière. Qu'une nouvelle ère est commencée, dont les péripéties ne sont pas achevées. Sans doute la propension des femmes à travailler peut-elle être également considérée comme irréversible –, crise ou pas. Personnellement, je le crois. Mais la prudence oblige à envisager de possibles reflux. Ils ne sont pas inimaginables, et l'on sait bien que d'aucuns s'emploient comme ils peuvent à les provoquer. S'agissant de la maîtrise de la fécondité, il n'y aura pas de retour en arrière. Des modes pourront se répandre de ne pas en user. Mais elles ne seront rien en comparaison du mouvement qui pousse l'humanité à un contrôle de plus en plus précis de sa fertilité – de la quantité et même de la qualité de sa progéniture.

Avant la vulgarisation des modes de contraception efficaces, la vie commune, toutes les nuits partagées, comme des époux, cela ne pouvait guère être envisagé sans « risques ». La contraception efficace et la possibilité de recourir à l'interruption volontaire de grossesse ont, pour les femmes, dissocié sexualité et fécondité. Chaque fois que l'on parvient à dissocier ainsi deux aspects jusqu'ici mêlés, en agissant sur l'un d'entre eux –, on crée une liberté. En l'occurrence, la liberté d'avoir une vie sexuelle régulière sans être exposées automatiquement aux maternités est chose très récente pour les femmes. Si nouvelle que, après le vote de la loi de 1967 autorisant la contraception, il a bien fallu attendre six ou sept ans avant que les pratiques anticonceptionnelles atteignent les jeunes filles.

Au début du grand mouvement qui l'a vu naître, le planning familial en France, comme son nom l'indique, n'avait guère été envisagé que pour planifier la famille, c'est-à-dire qu'à l'usage des femmes mariées, à l'intérieur du cadre familial. Seules les mères de famille s'y sont intéressées. Puis les adultes non mariées, puis les femmes mariées sans enfants. Les jeunes femmes et jeunes filles, puis les très jeunes ont ensuite été informées systématiquement pour éviter les accidents provoqués par le relâchement des mœurs et leur ignorance de la contraception. Mais il a fallu attendre des années avant que les jeunes se sentent vraiment concernées. Il a fallu aussi que les médecins acceptent de les recevoir et de leur prescrire des anticonceptionnels et aussi que ceux-ci deviennent d'usage moins contraignant qu'aux débuts de la pilule, lorsqu'il fallait une volonté et une régularité peu communes pour être assurée du succès de sa contraception.

Du moment où les jeunes femmes ont abordé naturellement la responsabilité de leur non-fertilité, le paysage de leur vie préconjugale a été tout à fait modifié. Le « déshonneur » d'être enceinte sans être mariée a commencé de perdre une bonne partie de sa charge de honte quand il est devenu possible de l'éviter. De faute grave, c'est devenu imprudence ou maladresse. D'où les nombreuses « réparations » des années 1965-1975, les conceptions prénuptiales qui conduisaient dans les mairies de jeunes mariées enceintes et ne le cachant guère, au bras d'un jeune époux qui n'affichait pas l'allure d'un malfaiteur payant pour son forfait, et flanquées des deux familles au complet, prêtes pour les réjouissances et les plaisanteries – même s'il y avait eu quelques reproches paternels et quelques larmes maternelles, durant les semaines précédant le « beau jour. »

Du moment où elle peut plus aisément éviter d'être enceinte, la femme acquiert également le pouvoir d'avoir un enfant volontairement, un enfant « programmé ». Or elle redoute de moins en moins d'avoir un enfant hors mariage : on ne lui en fera plus un drame; souvent, son entourage l'admirera pour son courage. Elle ne se coupera pas de sa famille pour cela. La société l'aidera tout particulièrement : l'assistante sociale est prête à lui expliquer comment et à lui détailler à quoi elle a « droit » comme mère célibataire. De là à « programmer » un enfant hors mariage, exprès, par conviction, ou par défi, ou par imitation d'une amie admirée, ou même par calcul et par intérêt, – il n'y a qu'un pas. Parmi les 113 000 enfants naturels de 1982, il est absolument impossible de savoir combien ont été conçus hors mariage tout à fait malgré soi; combien sont le fruit d'oublis ou de maladresses de contraception semi-volontaires qui demeurent le secret conscient ou inconscient de la mère; combien ont été réellement voulus et planifiés hors mariage. On peut seulement avancer que cette dernière catégorie est en augmentation tandis que la première régresse.

Une société très indulgente

Le contrôle qu'exerçait autrefois la communauté villageoise sur les mœurs de ses habitants n'est plus qu'un souvenir ou une survivance. Dans les véritables villes nouvelles que sont les banlieues des grandes agglomérations, dans ces grandes cités elles-mêmes comme dans les villes moyennes que la mobilité accrue a complètement remodelées, la censure sociale sur les mœurs privées s'est dissoute. Indifférence et tolérance : « Cela les regarde. » Du moment où cela ne fait de tort à personne, n'attente à la propriété ou à la sécurité de personne – qu'importe que des jeunes gens, ou des moins jeunes, vivent ensemble sans être mariés!

Depuis 1970 on voit dans les enquêtes s'affirmer toujours plus les attitudes libérales à l'égard du concubinage et du divorce. Très nettes à Paris et en banlieue, ces indulgences vont s'atténuant au fur et à mesure que la taille de la localité diminue. Ce facteur (taille de la localité habitée) apparaît prépondérant, bien plus discriminant que l'appartenance à telle ou telle catégorie socioprofessionnelle.

Les parents des intéressés sont, année après année, plus compréhensifs. Majoritairement, ils se disent « respectueux de la liberté de choix de vie de leurs enfants », un peu plus quand il s'agit du fils que de la fille, mais la différence n'est pas grande et elle diminue. En 1977, une enquête de l'I.N.E.D. [3] montrait que seulement 8 % des cohabitants avaient eu à faire face à des réactions hostiles de la part de leurs parents : 10 % des jeunes femmes et 5 % des jeunes gens. Seulement 3 % des cohabitants parisiens s'étaient heurtés à une opposition déterminée de leurs familles [4]...

Parents et grands-parents devant le fait accompli

Depuis 1977, cette compréhension a encore gagné du terrain. D'abord parce que, autour d'eux, les parents ne

3. Louis ROUSSEL « La cohabitation juvénile en France », in *Population,* 1978, 1, pp. 15-42, et L. ROUSSEL et O. BOURGUIGNON, *Générations nouvelles et mariage traditionnel,* P.U.F., 1978, pp. 233 et sq.
4. L. ROUSSEL, *op.cit.*

voient que des cas similaires. Lorsque les enfants de votre sœur, de votre collègue de bureau, ceux de la libraire et les neveux du curé en font autant... S'il fallait mettre au ban de la société tous les jeunes gens de bonne famille qui prennent ces libertés, il n'y aurait plus de société! « Cela ne se fait pas » est devenu « cela se fait, hélas! », puis « cela se fait » tout court. Les situations courantes ne sauraient demeurer dramatiques. On peut même avancer que désormais la norme, s'agissant des jeunes, est si bien établie que des parents s'inquiètent quand leur fils ou leur fille continuent sagement de vivre chez eux, sans compagne ni compagnon, et ne manifeste aucune velléité de s'installer ailleurs avec une « copine » ou un « copain ». Comme le remarque Sabine Chalvon-Demersay[5], les parents se réjouissent de la « stabilité » du couple formé par leur enfant et l'autre (« ma mère nous croit plus heureux en couple que seuls. Elle pense qu'on se stabilise »). Mais si le couple se sépare dans les larmes, les parents recueillent un moment leur enfant et sont résignés, quelques mois plus tard, à mettre leurs espoirs de stabilité dans le nouveau ménage hors mariage que, pleurs séchés, leur rejeton va tenter.

La grande préoccupation des parents, qui touche au pathétique, est de ne pas se couper affectivement de leurs enfants : surtout, surtout, que les relations, que la communication entre eux ne soient pas rompues! L'enjeu pour les parents est énorme. Ils sont jeunes encore. Il leur reste trente ou quarante ans à vivre. Cet enfant, ces enfants qu'ils ont élevés vont-ils les abandonner à leur solitude à deux? Devront-ils considérer qu'ils ont raté l'éducation de leur enfant et l'instauration de rapports chaleureux et confiants avec lui? Devront-ils vivre le reste de leur âge à essayer d'oublier cet échec, ou de l'expliquer, quittes à se justifier sans cesse pour mieux masquer leur blessure? Peut-être, plus tard, adulte, leur enfant reviendra-t-il vers eux. Mais peut-on prévoir une

5. S. Chalvon-Demersay, *Concubin, concubine,* Le Seuil, 1983.

telle éventualité quand il a 18 ou 20 ans et peut-on parier dessus? A ce jeu, les parents aujourd'hui sont les plus faibles et les perdants tout désignés à la première imprudence, ne serait-ce que parce qu'ils sont les plus aimants, donc les plus dépendants affectivement. Consciemment ou non, ils ont cédé sur tous les points qui pouvaient menacer gravement leur entente avec leur enfant. Ils se sont faits complices pour préserver le dialogue.

En même temps qu'ils tentent de partager les vues de leurs enfants qui les mettent du reste le plus souvent devant le fait accompli, les parents cherchent à épargner les grands-parents. Les enquêtes montrent que l'attachement au mariage est étroitement corrélé avec l'âge : les plus âgés en sont les partisans les plus nombreux. Les grands-parents sont moins enclins à comprendre et à accepter facilement. Ils ont moins à perdre à résister à ces modes nouvelles qu'à les avaliser. Ils ont, le plus souvent, dépassé 65 ans. Ils se sont mariés et n'ont pas divorcé. A céder à ces modes nouvelles, ils auraient l'impression de renier toute leur vie. Ils savent pouvoir tancer leurs propres enfants et les accuser d'avoir été de mauvais éducateurs sans, pour cela, être en danger de perdre leur sollicitude. Les jeunes cohabitants et leurs parents savent que Grand-Père ou Mamie ont des idées arrêtées sur le mariage; ils redoutent de les « choquer » dans tous les sens du terme. Alors, bien souvent, on ne leur dit rien, on les ménage, on dérobe ou masque les faits.

« *Je n'ai pas à juger la vie privée des autres* »

Cependant, les enquêtes montrent que la tolérance des personnes âgées elle aussi s'accroît. Un tiers seulement des plus de 65 ans (les hommes étant plus sévères que les femmes) se dit « choqué » par le fait que les jeunes vivent ensemble sans être mariés. Plus de la moitié d'entre eux (53 % des hommes et 57 % des femmes) déclare « n'avoir pas à juger ». Résignés ou convaincus?

Dans l'ensemble de la population entre 1976 et 1982, la

proportion des personnes qui se disent choquées par la cohabitation sans mariage a diminué [6]. Mais l'évolution la plus importante n'est pas dans l'amenuisement de l'opposition. Elle se trouve dans le renforcement des convaincus. Tandis que le pourcentage de ceux qui estiment « qu'ils n'ont pas à juger » baisse de 65 % à 60 %, le contingent de ceux qui affirment que c'est là « une bonne chose » passe de 8 % en 1976 à 12 % en 1978 et à 22 % en 1982.

Parallèlement, la société française est devenue très indulgente au divorce. Déjà, dans une grande enquête de 1972 [7], les Français, à une très forte majorité, se montraient indifférents par exemple au fait qu'un candidat à une élection soit divorcé : 76 % estimaient que cela « n'avait aucune importance ». De même, il leur était tout à fait indifférent que les enseignants de leurs enfants fussent ou non divorcés. Ils acceptaient également très majoritairement que leur enfant épouse un(e) enfant de divorcé(e). Ils demeuraient très compréhensifs à l'égard du divorce éventuel de leur propre enfant, mais se montraient assez souvent méfiants (37 %) ou hostiles (16 %) à l'idée que leur enfant épouse un(e) divorcé(e). Les auteurs de cette enquête notaient cependant que, dans ce cas, ceux des interviewés qui comptaient un ou une divorcé(e) dans leur famille se montraient deux fois moins souvent « hostiles » que les autres. Or, depuis 1972, date de cette enquête, le nombre des divorces a si fort augmenté qu'on peut penser que la proportion des personnes enclines à l'indulgence par la connaissance de divorces parmi leurs proches n'a pu que croître notablement. Du reste, dix ans plus tard, en 1982, 7 sur 10 des Français approuvaient la disposition de la loi de 1975 permettant le divorce par consentement mutuel.

6. H. Bastide, A. Girard, L. Roussel, « Une enquête d'opinion sur la conjoncture démographique », in *Population,* 1982, n° 4-5, pp. 865-904.

7. A. Boigeol, J. Commaille, M.-L. Lamy, A. Monnier, L. Roussel, *Le divorce et les Français,* P.U.F., 1974, pp. 57 et sq.

L'augmentation très vive du nombre et de la proportion des enfants procréés hors mariage est trop récente pour qu'on ait pu mesurer l'évolution de l'opinion à cet égard : en 1977, elle était, sur ce point, profondément hostile, et, même parmi les seuls ménages de cohabitants, à peine 10 % déclaraient être prêts à avoir un enfant sans pour cela se marier. On imagine, au vu des faits, que là aussi les remparts de réprobation se sont lézardés et effondrés.

L'opinion, dans son ensemble, apparaît très indulgente sur les principes – bien oubliés – et très indulgente pour les cas concrets que chacun vient à connaître. Elle apparaît, surtout, coupée en deux par l'âge : pour plus de 60 % des hommes et des femmes de plus de 50 ans, si la diminution du nombre des mariages vient à se poursuivre, ce sera « une mauvaise chose ». Mais 50 % des moins de 35 ans sont indifférents à une telle perspective et plus de 10 % la trouvent excellente. Si tout le monde s'attend à voir encore augmenter le nombre des divorces, 75 % des plus de 50 ans y voient une « mauvaise chose », alors que 44 % des moins de 25 ans pensent que cela n'a pas d'importance ou que c'est plutôt bien. Une partie de l'opinion apparaît donc résignée – celle qui a passé l'âge des noces devant ou derrière la mairie, et des maternités; l'autre, formée des plus jeunes, semble convaincue d'aller vers le progrès.

Le mariage, mal aimé des médias

Au début des années soixante, chercheur au Centre d'études des Communications de Masse, j'avais étudié avec conscience dix mois de photos-romans publiés en France, et mis sur fiches I.B.M. d'alors chacun des récits et des 102 personnages principaux. Pas un divorce. Tous les récits finissaient par un mariage, sauf un, qui justement s'intitulait *Tourments,* et qui reprenait la triste et banale (alors) histoire de *Back Street* : la jeune fille éprise d'un homme marié comprend l'indissolubilité des liens matrimoniaux et s'éloigne définitivement, meurtrie et solitaire...

Dans tous les autres cas, mille et une embûches se dressaient sur le chemin du couple des « élus ». Des malentendus, des calomnies, des péripéties manquaient toujours de les séparer. Mais elle ne trébuchait pas, il ne doutait pas d'elle, et, à la fin, ils « étaient réunis », ils se mariaient, ils avaient acquis le droit de passer sous l'arc de triomphe magique : le portail de l'église, et « le soleil luisait pour eux d'une lumière qui durerait toujours » (fin de *Ciel de flammes*).

Entre-temps, pour éviter le divorce, ou pis, l'adultère, de méchants maris et d'ennuyeuses et exigeantes épouses décédaient très opportunément, « libérant » ainsi par miracle le conjoint toujours innocent de leur mort qui pouvait enfin épouser l'objet secret de sa flamme.

Qui ne se souvient des contes de fées : ils se marièrent et eurent beaucoup d'enfants? C'était encore la recette morale et romanesque des contenus de fiction à audience populaire jusque voici une quinzaine d'années. C'était encore celle des romans qui paraissaient dans une presse féminine beaucoup plus prospère et répandue qu'aujourd'hui. C'était celle des opérettes s'achevant sur une noce chantée et enchantée. Celle d'innombrables films de cinéma, avec cierges, traîne, voile de tulle, profils en flou artistique, anneaux échangés à la fin. Même les couturiers achevaient leur présentation de collection par le clou, le bouquet du feu d'artifice : la robe de mariée.

Pas un journal n'eût osé glorifier l'adultère, le divorce ou le concubinage. Seulement attirer l'attention au travers de faits divers et de réflexions qui se croyaient osées sur les impasses conjugales et les imprudences de jeunesse qu'il fallait savoir pardonner. Ah! quelle histoire quand la princesse Margaret s'éprit d'un divorcé! Quand le Chah répudia Soraya!... La télévision, qu'on voit en famille, prit la relève et demeura longtemps chatouilleuse sur les mœurs. Même les présentatrices se devaient d'être mariées et si possible mères de famille, ou de prétendre l'être.

Et puis un acide corrosif a attaqué toutes ces représentations d'une réalité ô combien magnifiée! De carcan respecté, le mariage est devenu sujet de drames affreux, de conflits insolubles, étouffant personnalités, autonomie, vie. Aujourd'hui, l'héroïne exemplaire des dramatiques de télévision ou des films non comiques doit « s'en sortir », se « dégager », oser être elle-même et non pas « la femme de Jean ». Le *happy end* n'est plus le mariage mais la prise de liberté : le personnage positif est celui qui sait ne pas succomber à la jalousie, ou à la dépendance affective sous n'importe quelle forme, celui ou celle qui sait s'en aller, prêt ou prête pour d'autres épisodes amoureux, celui qui « s'assume », comme individu. Il n'y a plus que dans les livres de la collection « Harlequin » qu'on se marie : et encore, il arrive qu'on y faute avant ou après, comme du reste dans les photos-romans 1980 (du moins, on pardonne ou se fait pardonner, et on « reste »).

Les médias amplifient, simplifient, symbolisent

Dans la presse écrite de grande information, les articles sur la cohabitation se sont multipliés. A droite comme à gauche, on « informe », on « se garde de porter un jugement ». On explique les jeunes, leurs mœurs, leur vocabulaire, leurs exigences éthiques, leurs répugnances, leurs refus, leurs aspirations. Dans un encadré, on entasse les renseignements pratiques sur les données administratives, fiscales, sociales : logement, téléphone, nom, prestations, etc. du concubinage et du déconcubinage, comme dix ans plus tôt, on avait exposé les nouveaux régimes matrimoniaux. Les fameuses petites annonces de *Libé* ou du *Nouvel Obs* ont remplacé les courriers du cœur disparus : « 78, J.F., 29 ans, psychanalysée, cherche partenaire idem vacances Corse Août et davantage peut-être. Sérieux. »

Non, il n'est pas question de désigner les médias

comme cause provocatrice d'un des plus grands bouleversements qu'ait connu la société civile en France. Ne sont-ils alors que fidèle miroir des mœurs, exact reflet des mentalités? N'ont-ils pris nulle part à ces chambardements? Ce serait minimiser leur rôle et leur portée. Tous les termes de la fameuse question de Lasswell : « *Qui* dit *quoi à qui*, à travers *quels canaux* et avec *quels effets*? » mériteraient ici d'être commentés. *Qui?* les journalistes, comme les producteurs de radio, de télévision, ou les auteurs de films, forment une population variée mais typée : la proportion parmi eux de célibataires et de divorcés en union libre est nettement plus élevée que dans les audiences auxquelles ils s'adressent. *Quoi?* Bien entendu, on montre et commente ce qui est considéré comme nouveau, progressiste, moderne, on recherche les valeurs qui émergent et les personnes qui semblent les incarner, on les stylise, on type les situations, etc.

Cette mise en forme qui, par vocation, amplifie, simplifie, symbolise, donne en fin de compte l'esprit du temps, qui n'est pas le compte rendu de la vie vécue. Plutôt une recherche au jour le jour de sens, de ton, qui dit la mode et la morale du moment, ce qu'il faut savoir, ce qu'il faut dire, ce qu'il faut faire pour être d'aujourd'hui et si possible pour pressentir la tendance de demain. Le mariage tient peu de place dans ce langage, si ce n'est comme vieille référence et comme repoussoir. Les adolescents d'aujourd'hui hument et respirent cet esprit du temps. Seront-ils pour cela totalement conditionnés? N'oseront-ils pas « sauter le pas » et se marier parce que les médias ont produit tel climat de méfiance envers l'engagement, telle glorification de l'individualisme, tel scepticisme à l'endroit des institutions?

La réponse est « oui » pour une bonne part d'entre eux, « non » pour une autre bonne part : il ne faut pas oublier que les messages des médias ne tombent pas du ciel sur des esprits vierges comme une *tabula rasa*, il ne faut pas oublier la force de reproduction des modèles au sein des familles. Et un petit nombre, un jour qui est peut-être proche, pensera et vivra à rebours des leçons implicites des médias – comme les avant-gardes l'ont toujours fait – se distinguera de la masse banale des concubins, des éclopés du divorce et des solitaires, prônera des valeurs dont on ne peut encore savoir ce qu'elles seront sinon qu'elles seront autres et pensées avec des mots nouveaux. Et les médias, alertés, leur feront écho.

La religion s'arrête au seuil de la vie privée

C'est peu de dire que l'influence de la religion sur les mœurs s'est amoindrie. Sans doute n'est-ce pas tant la foi qui a été touchée, ou le sentiment d'appartenir à une Église, (pour les catholiques au moins) mais certainement l'autorité de l'Église sur les mœurs.

Indépendamment de la foi, la pratique de la religion varie selon les époques comme selon les croyances. Les exemples offerts aux fidèles, les exhortations qui leur sont faites, les obligations qui leur sont assignées ne sont pas les mêmes qu'au Moyen Age ou au XVIIe siècle. La morale et la pratique de la religion en France, si elles avaient pu être aristocratiques pour les uns et empreintes de superstitions paysannes pour les autres, étaient largement devenues bourgeoises dès la fin du XIXe siècle. Il n'était plus question d'aller délivrer le tombeau du Christ ou de marcher de reliques en reliques vers Saint-Jacques-de-Compostelle. De moins en moins de conjurer la grêle ou la maladie des moutons par des neuvaines et des cierges à tel ou tel saint. Mais il fallait respecter la famille, honorer son père et sa mère comme le commande le Décalogue, comme le reprend le cathéchisme. Il fallait, pour avoir des relations sexuelles, attendre le mariage – surtout pour la jeune fille qui devait être « respectée » et se faire « respecter ». Le mariage était un sacrement et ne se pouvait rompre. « L'homme ne peut séparer ce que Dieu a uni. »

Ancienne morale et récents combats des laïques

A ce point, comment ne pas remarquer que, partant de prémisses bien différentes, la morale laïque, tout aussi stricte, aboutissait à la même pratique ? Pour l'instituteur non croyant comme pour l'instituteur catholique, les relations sexuelles hors mariage étaient l'expression du vice, la famille était sacrée, le père et la mère honorés, le mariage quasiment indissoluble. En principe, le mariage n'étant pas pour les laïques un sacrement, l'union libre et le divorce étaient envisageables, et certains le disaient hautement. Mais en pratique, dans la vie réelle, les rigueurs de la morale bourgeoise laïque ne différaient guère de celles soutenues par la religion.

Cependant les événements ont semblé, par la suite, conduire laïques et croyants sur des chemins divergents.

Lors de la révolution contraceptive, les plus représentatifs des laïques se sont trouvés à la pointe des combats pour le planning familial et l'interruption volontaire de grossesse. La valeur qu'ils attachaient au respect de la personne – en l'occurrence la femme – et à sa libre responsabilité trouvait là une expression en accord profond avec leur morale. L'avant-garde laïque sut persuader ses troupes, naguère plus attachées à la famille qu'aux droits de disposer de son corps et de sa vie privée, et les laïques soutinrent et gagnèrent la bataille de l'avortement, comme ils avaient poussé à la réforme du mariage, à l'égalité des enfants légitimes, naturels et adultérins, au divorce par consentement mutuel. Tout naturellement, 1968 ayant fortement ébranlé les parents, leurs enfants ont formé l'aile marchante des unions libres.

Qu'allaient faire ceux qui croyaient en Dieu, à l'union de deux êtres devant Dieu et à l'indissolubilité des liens du mariage ?

Les protestants, aux avant-postes, s'interrogent

Les protestants, en l'occurrence, n'étaient pas tenus par les mêmes dogmes que les catholiques et n'avaient pas à suivre les objurgations papales. Le libre examen les a conduits à lutter pour la contraception, dès avant qu'elle fût légale, aux côtés des laïques. Ils furent ensuite parmi les instigateurs et les principaux auteurs des réformes du mariage et de l'autorité parentale, veillant à y introduire plus d'égalité entre les membres du couple et entre les enfants de statut juridique différents. Jusque-là, l'« aggiornamento » avait consisté seulement à accueillir très favorablement ce qui donnait à la personne humaine, et singulièrement à la femme, la dignité de la responsabilité et l'égalité devant la loi comme devant Dieu.

Cependant, la révolution des mœurs se poursuivait. Des protestants ont cherché, par un renouvellement théologique souvent radical, à permettre la justification de nouvelles pratiques en matière sexuelle et familiale. Ce n'est pas un des moindres paradoxes sociologiques que celui qui a conduit certains protestants et notamment certains pasteurs à expliquer et excuser par l'Évangile des conduites privées aussi éloignées que possible du puritanisme vigilant de leurs ancêtres. Sensibles au ferment révolutionnaire qu'ils reconnurent dans le situationnisme, les provos, divers mouvements nés autour de 1968, très attirés par la tentation communautaire qui, déjà du temps des saints-simoniens déistes, en avait séduit plus d'un, ils rappelèrent que le mariage n'est pas pour eux un sacrement, ils acceptèrent au sein des fidèles des couples non mariés; certains pasteurs purent les imiter et vivre eux-mêmes en concubinage, récusant le mariage civil; au synode de 1984, ils allèrent jusqu'à admettre que ces mêmes pasteurs non mariés, sollicités par leurs paroissiens de bénir une union légitime, pussent se récuser puisqu'eux-mêmes avaient choisi l'union libre.

Bien entendu, ces tendances extrêmes ne rendent pas compte de la pratique des familles protestantes de la base. Mais elles témoignent des désarrois dramatiques éprouvés par une communauté dont la réputation de vertu n'était pas usurpée et dont la sincérité dans sa libre démarche et sa recherche de cohérence avec sa foi ne peut-être mise en doute. Quand il s'est agi d'ajuster foi dans l'Évangile et pratiques de nouvelles données bouleversant la morale privée, certains ont continué de considérer les conduites individuelles comme inséparables des exigences sociales, les unes et les autres étant toujours en résonance. D'autres, pris par les courants modernes, ont tenté de fonder une nouvelle morale sur le droit à l'épanouissement de la sexualité de l'individu, ou de l'individu dans sa sexualité, sous le regard de Dieu, sans référence à la société et encore moins à l'État.

Le moins qu'on puisse dire, devant ces profondes divisions, c'est que, si les protestants français ont très nettement influencé la réforme du droit civil touchant au mariage et à la famille – par la suite ils n'ont exercé aucune influence sur les jeunes couples et sur la société privée. Partie d'entre eux se sont laissés entraîner par des courants très éloignés de leur personnalité historique et sociologique de Réformés. Les autres assistent, un peu perdus, à cette dérive des idées et des mœurs, sans avoir jusqu'ici trouvé de réplique proprement religieuse, ni de porte-parole capable de rassembler les restes épars de feue la « communauté » réformée. Mais des forces sont intactes, et des « réveils » peuvent se produire.

Les catholiques, en toute bonne foi, n'appliquent pas la doctrine

S'agissant des catholiques, la situation n'était pas la même. Ils recevaient des commandements clairement formulés : chasteté hors du mariage, sacrement du mariage, indissolubilité du couple uni devant Dieu, acceptation des enfants à eux envoyés par la Providence, interdiction de l'utilisation des moyens chimiques ou mécaniques pour contrôler sa fertilité, interdiction de l'avortement, considéré comme un crime. En outre, cette doctrine claire et nette était dite par l'autorité suprême de l'Église, le pape. L'un après l'autre, en dépit des « aggiornamentos » de Vatican II et la suite, les derniers papes ont solennellement réitéré ces commandements et rappelé la valeur sacramentelle du mariage. Chacun n'a pu manquer d'être frappé par la vigueur avec laquelle Jean-Paul II ne cesse de revenir sur ce chapitre des mœurs et de multiplier précisions et mises en garde. Si les rappels sont si nombreux et nets, particulièrement lorsque le chef de l'Église s'adresse à des pays très développés, c'est justement que les fidèles, sur ces points, n'ont pas suivi la doctrine.

Les catholiques français, devant la révolution contraceptive et ses suites, semblent avoir fait deux parts de leur vie religieuse : la foi, et la pratique. La foi, autant qu'on peut en juger au travers d'enquêtes, ou par la fréquentation des églises dans les villes et la pratique du baptême, demeure réelle et même d'autant plus authentique, estiment certains, qu'elle ne confère plus un brevet de bonne insertion sociale, ou d'insertion dans la bonne société – comme ce fut le cas naguère.

La pratique de la foi a subi un déclin considérable. S'agissant de la tolérance à autrui, de l'esprit de justice, la pratique de la foi est sans doute mieux respectée qu'avant. Le domaine où elle s'est scindée des commandements de l'Église est bel et bien le domaine privé – vie sexuelle, mariage, conceptions. La résistance passive à la doctrine ecclésiale en ces matières n'a pas pris l'allure d'un mouvement très organisé avec discussions théologiques à l'appui. Il s'est agi plutôt d'une grande dérobade tacite. Au point que certains se demandent même pourquoi le pape insiste sur ces préceptes démodés, que d'autres voudraient le prévenir que c'est de mauvais goût, qu'il fait fausse route, qu'il va gaspiller son charisme et son autorité et apparaître dangereusement réactionnaire. Qu'en tout cas, il n'est pas suivi – ce que prouvent tous les sondages sur ces questions. C'est dire que l'influence de l'Église a été bien faible dans le déroulement des faits ici relatés et singulièrement sur la vie privée des fidèles, majoritairement infidèles en ces matières avec une certaine « bonne foi » progressiste. L'Église a seulement continué de réconforter les quelques-uns qui ne changeaient pas, afin que, les vents calmés, ils puissent jouer un rôle.

Au chapitre des causes, comptons seulement l'affaiblissement de l'influence religieuse, tout insatisfaisant que ce soit pour l'esprit de retenir un aspect négatif au titre d'explication. Pour ce qui est de l'avenir, qui sait si l'entêtement du pape à répéter le pourquoi de la tradition catholique ne va pas paraître neuf et rédempteur à certains jeunes, las des facilités et épris de discipline de soi ? On en sent déjà les tout premiers signes.

Les jeunes, passionnés pour l'avortement, indifférents pour le divorce

La contraception, les jeunes l'ont trouvée, en cadeau d'adoubement, quand ils sont arrivés à l'âge des relations sexuelles. Ils n'ont pas eu à combattre pour elle, elle avait été arrachée par les adultes, leurs parents. C'est peut-être pourquoi certaines jeunes femmes aujourd'hui expriment une lassitude écœurée pour « la pilule de maman » et, à tout prendre, disent lui préférer le recours à l'avortement qui n'est plus du ressort de leur responsabilité, mais de celle de la société, estiment-elles.

Pour l'avortement, les jeunes se sont mobilisés. Jeunes filles et jeunes femmes sont descendues dans la rue, appuyées par de nombreux jeunes gens. Le contraste demeure saisissant entre cette forte implication et cette participation active d'une part – et l'indifférence montrée par les jeunes à l'endroit des profonds changements qui ont modifié le mariage, l'autorité parentale dans le mariage, et le divorce, à la même période. Avant de modifier les lois, on a interrogé et écouté les jeunes comme les moins jeunes. Mais ils ne se sont guère passionnés pour les débats qui ont précédé et accompagné les votes au Parlement. Les futurs candidats au mariage n'ont pas cherché à imprimer leur marque à ces discussions, non plus qu'à infléchir les lois par leur action. La loi sur le divorce date de 1975, comme la loi sur l'avortement. La plupart des jeunes qui se sont alors mobilisés pour l'avortement ignoraient ou savaient à peine qu'on réformait le divorce. Alors que leurs aînés se prononçaient avec ardeur pour ou contre le divorce par consentement mutuel, les jeunes, interrogés dans les enquêtes, s'exclamaient : « On en est encore là! » Ils croyaient que cette réforme, que d'aucuns disaient révolutionnaire, était acquise depuis longtemps. « Du reste, le mariage... » ajoutaient-ils.

On n'a pas assez insisté sur ce silence et cette abstention des jeunes lors des réformes du mariage. Les générations nées depuis la Libération n'ont pas fait la guerre à l'institution du mariage telle qu'elle était; elles ne se sont pas mêlées aux débats sur les lois qui en changeaient profondément l'esprit comme la pratique. Elles ont réduit la signification et la portée du mariage ou elles ont ignoré le mariage. Elles l'ont contourné par l'union libre de plus en plus souvent.

Le mariage est une simple formalité

Dès 1970, faisant passer un questionnaire à mes étudiants, j'avais recueilli des réponses du type :

– Le mariage est une simple formalité. L'essentiel est ailleurs.

– En soi, le mariage ne signifie rien. Si je me marie, ce sera pour ne pas peiner mes parents.

– C'est une démarche pour avoir des papiers en règle avec la société, pour les enfants principalement. Les parents semblent y tenir.

Il ne s'agissait que de mini-sondages, mais la similitude des réponses était frappante, année après année. Cependant, ceux-là mêmes qui s'étaient ainsi exprimés m'envoyaient le faire-part de leur mariage, alors... Sans doute, ces couples de jeunes qui jugeaient la société, goguenards ou révoltés, avaient-ils « fait plaisir à leurs parents ».

En 1972, l'I.N.E.D., pour son enquête sur le divorce, avait interrogé un très vaste échantillon de Français, dont de nombreux jeunes [8]. Or la proposition : « Le mariage est une simple formalité », largement récusée par les plus de 35 ans, était choisie par 60 % des moins de 25 ans de préférence à toute autre. Les adultes et personnes âgées avaient plutôt répondu : « Le mariage est indispensable, car il donne toute sa valeur à l'engagement réciproque des futurs époux. » Les auteurs de l'enquête se sont demandés si ce net clivage était un *effet d'âge*, auquel cas, en vieillissant, les mêmes jeunes gens acquerraient, avec l'expérience, le point de vue de leurs aînés; ou bien s'il s'agissait d'un *effet de génération*, auquel cas les jeunes qui ne voyaient dans le mariage qu'une formalité représentaient la tête de pont d'une génération qui conserverait ces vues et les transmettrait, peut-être radicalisées, à ceux qui venaient après elle.

En fin d'analyse, les auteurs, au travers de diverses corrélations fortes, dégageaient l'existence d'un groupe cohérent de moins de 25 ans qui avaient en commun de ne pratiquer aucune religion et qui professaient les opinions suivantes :

– Le mariage est une simple formalité.

– On devrait pouvoir divorcer par consentement mutuel.

– Il faudrait encourager les mariages à l'essai.

– L'augmentation des unions libres est une bonne chose.

Un autre groupe d'opinions cohérentes fortement corrélées apparaissait à l'autre extrémité de l'échelle sociale : des plus de 50 ans, pratiquants, d'instruction primaire, estimaient « immorale » l'union libre et « indissoluble » le mariage. Entre ces deux extrêmes, « un groupe central difficile à définir par un caractère qui lui soit propre ». « Cette population se définit moins bien par ce qu'elle est que par ce qu'elle refuse : d'un côté, une conception

8. *Le divorce et les Français, op. cit.*

rigoriste du mariage, de l'autre des mutations qui risqueraient d'ébranler une institution imparfaite mais rassurante. » Le groupe intermédiaire semblait se référer plutôt à l'expérience qu'à un système de valeurs, et, en même temps, il considérait déjà l'évolution des mœurs comme fatale.

On sut bien vite que les opinions radicales n'étaient pas un effet de l'âge, mais bel et bien une nouvelle génération : quand, en 1977, donc cinq ans plus tard, Roussel interroge les 18-29 ans, il découvre que ce ne sont plus 60 % des moins de 25 ans mais 80 % des moins de 30 ans qui ne voient dans le mariage qu'une formalité.

Un nouveau système cohérent de valeurs

Ces jeunes se sont construit un système cohérent de valeurs, une nouvelle morale : à peine 15 % de ceux qui vivent en union libre et pas même un sur trois de ceux qui sont eux-mêmes mariés estiment que « deux êtres peuvent rester réellement unis », durant les quarante ou quarante-cinq années que peut durer un mariage. Une écrasante majorité estime que le seul ciment des unions est fait de routine et d'aspiration à la sécurité. Ils portent sur la vie conjugale de leurs parents des jugements sans appel. Ils considèrent l'histoire matrimoniale de leurs parents « comme parfois lâche et hypocrite, souvent terne et triste ». L'union poursuivie par la force des choses et la vie quotidienne provoque chez eux « une réprobation scandalisée ». Eux-mêmes préconisent un nouveau mode de vivre à deux qui se doit d'être un échange intense sur les plans sexuel, affectif et des idées, et qui doit cesser si diminue cette « ferveur » amoureuse, enthousiaste, « fusionnelle », qui justifie la vie commune. D'où la préférence de nombre d'entre eux pour l'union libre qui ne conduit pas, pensent-ils, vers les marécages de la routine, mais permet, « quand ça ne va plus » de rompre, ou même quand, sans désaccord, on commence à s'ennuyer avec l'autre.

Il est assez aisé de dégager les principes de base du système de valeurs que partagent ces jeunes – et de nombreux adultes qu'ils ont convertis :

– *L'idée seule d'interdit en matière sexuelle est absolument rejetée.* La sexualité est une affaire purement personnelle et doit se développer dans un climat de liberté individuelle. Implicitement, ce principe fait rejeter l'idée qu'un rapport sexuel puisse conférer un statut. Le sexuel ne peut être assujetti à des impératifs sociaux.

– *Il en découle une obligatoire tolérance à l'endroit des conduites d'autrui* : « C'est son droit », est le seul commentaire permis. Cette tolérance est l'impératif catégorique à mettre en pratique dans l'appréciation des conduites privées. On ne peut même avoir d'exigence de fidélité envers l'autre, puisque l'autre est libre. Aussi la jalousie, déjà douloureuse par elle-même, est-elle souvent combattue et refoulée comme un vice, comme une manifestation de possessivité immorale et condamnable. Ce n'est pas aisé, car la fidélité demeure une forte aspiration. Mais la tolérance pour soi a un corollaire et un prix à payer : « Aimer l'autre, c'est aimer sa liberté. »

– *Cette liberté est la même pour les femmes que pour les hommes.* Dans les réponses à des milliers de questions émanant de centaines de sondages ou enquêtes, il faut absolument noter l'extrême similitude de réponses des jeunes gens et des jeunes filles. Cette identité de vues s'applique à des situations tout de même assez dissemblables au regard de l'égalité. Du point de vue économique, les jeunes gens apparaissent favorisés car plus souvent que les jeunes filles et jeunes femmes nantis d'un emploi stable et donc de ressources régulières. Mais c'est la femme, plus nettement que l'homme, qui va choisir d'avoir ou non un enfant. Elle ne va pas pour cela rechercher davantage la sécurité dans le mariage. Elle est même parfois plus hostile, comme elle est plus demanderesse de divorce.

– *Nette prééminence du couple sur la famille,* et même, pourrait-on dire, du couple amoureux. Entité intense, le couple est la valeur première et dernière qui fonde l'union, légitime ou non. Il est le commencement et la fin de tout. L'enfant est envisagé comme voulu par le couple pour cimenter son union, pour compléter l'entité couple beaucoup plus que pour « fonder une famille », expression qui fait sourire. Ce couple attend tout du miracle d'être un couple, et en premier lieu le bonheur, cette allégresse amoureuse qui transforme tout. C'est donc une nef d'autant plus fragile qu'elle est chargée de tant d'attentes et d'inconscientes exigences. Les parents de chacun des membres du couple sont aimés et appréciés souvent, mais ils ne participent nullement de l'aventure. On ne cherche nullement à reproduire leur modèle.

– *La sécurité n'est plus un but recherché, pas plus la sécurité affective que la sécurité matérielle.* Aucun des deux partenaires ne se croit en mesure d'assurer l'autre dans le sens fort du terme. On ne fait ni serments – qui seraient considérés comme mensongers – ni promesses – comment peut-on savoir qui on sera et ce qu'on ressentira demain ou l'an prochain ? En revanche, cette sécurité que l'on ne cherche plus dans le mariage et ne trouve plus dans le couple, chacun va la rechercher partout ailleurs : dans l'emploi, bien entendu ; mais aussi vers l'État, afin de s'assurer tout ce à quoi on peut « avoir droit » dans telle ou telle situation. En outre, les parents de chacun des partenaires représentent souvent pour lui ou pour elle le refuge, au cas où... Chacun des partenaires va séparément dans sa propre famille, il y a redistribution des rôles entre couple et parenté : le couple est la relation choisie, primordiale, mais vécue comme précaire. Il semble que les relations de chacun des membres du couple avec ses propres parents assurent, en retrait, la permanence. Même si ces relations avaient pu être troublées et tendues au moment de l'adolescence, elles se rétablissent souvent alors, surtout avec la mère complice. Il n'est pas rare que les week-ends et vacances voient chacun des membres du couple rentrer pour deux jours ou une semaine « chez soi », auprès de ses propres parents. Les relations avec les parents de l'autre sont parfois excellentes, parfois inexistantes. De toute façon, les parents des deux partenaires font rarement connaissance. Il arrive aussi de plus en plus fréquemment que même lorsqu'un couple est marié, les deux familles d'origine se connaissent à peine et ne se fréquentent absolument pas. Le couple, aujourd'hui, ne fait pas d'alliances de famille à famille. Il ne réunit pas deux parentèles.

– *La durée n'est pas une valeur:* la primauté de l'intensité l'a dépouillée de toute vertu. Si l'intensité des échanges diminue, si l'éclat d'être ensemble se ternit, plus encore si les rapports s'aigrissent ou si le silence s'installe – demeurer ensemble semble malsain et hypocrite. On n'attend que du mal des unions prolongées au-delà du consensus fervent. Que, passés les petites infidélités, les petites querelles ou l'ennui, le temps puisse arranger les choses n'est pas même envisagé : « Si ça dure pas bien, vaut mieux pas que ça dure... » L'idéal est de parvenir à conserver à chaque jour son goût de risque. Savoir que chacun peut faire sa valise et partir semble rassurant, autant qu'on peut dire que l'absence d'assurance soit rassurante. Pour qui craint par-dessus tout d'être « piégé », oui. Mais on peut aussi être piégé par la peur de durer qui détruit tout aussi bien que la condamnation à durer.

– *L'engagement est chose suspecte.* Non seulement il ne faut pas faire de serments de peur de casser avec des mots la passion fragile d'être ensemble, mais encore, à cette crainte superstitieuse de l'engagement (« il suffirait qu'on dise : je te promets, pour que rien ne marche plus, à l'instant même... ») s'ajoute un retrait violent à l'idée de tirer une traite sur l'avenir. On fait des plans pour le travail, pour s'acheter une voiture, pour un voyage. Mais on ne peut répondre de ses sens et de ses sentiments pour demain et après-demain. On ne peut considérer que ces jours, ces mois, ces années qui viennent, pourraient être consacrés à l'avance à un être aimé, à aimer un être, car il semble impossible de mobiliser sa volonté à cela. Il semble que les fervents du couple n'aient plus de libre arbitre dès qu'il s'agit d'avenir et de durée – c'est-à-dire d'engagement. Dire : « Demain est un autre jour mais autant que ma volonté me le permet, je dispose que demain sera tien, je t'en donne gage, je m'engage », au lieu de les exalter et de leur paraître mobilisateur d'énergie et d'espoir, cela les effraie.

Est-ce le monde qui change trop vite ?

Certains interprètent ce retrait devant l'engagement comme une peur engendrée par un monde qui change trop vite. « Nous avons quitté, en quelques décennies, un monde relativement ordonné et prévisible, où il demeurait possible de se représenter l'avenir comme un présent meilleur. Ne sommes-nous pas entrés dans un univers où ces grands repères se sont estompés et où il est difficile de parier sur l'avenir ? » demandait Louis Roussel, lors du dernier colloque de l'Association française des Conseillers conjugaux. A une telle interrogation, tout public répond : « Oh, oui ! », profondément soulagé de pouvoir rejeter sur les temps que nous vivons, si inconstants et insécures, le refus d'engager son libre arbitre. Dès lors, ce refus n'est plus dérobade mais prudence, il relève plus de la sagesse que de la peur.

Tous les auditoires sont avides de ce type d'explications qui absout les parents d'avoir si mal transmis le « dur devoir de durer » à leurs enfants, et qui absout les jeunes, enfin victimes de quelque chose. L'acharnement des publics jeunes à se vouloir « plus malheureux » que les générations précédentes, ou plus « stressés », ou justifiés à se sentir plus angoissés – est trop constant et trop puissant pour ne pas être pris en compte comme un fait. Cet acharnement témoigne de l'impossibilité pour quelque génération que ce soit de s'accepter privilégiée.

Pourtant, si l'on veut être lucide, il faut s'arracher aux consolantes lamentations sur notre temps en comparaison du passé aux valeurs sûres. Non, du temps où nos grands-parents et nos parents promettaient leur foi et signaient des engagements solennels, les temps n'étaient pas stables et l'avenir sur lequel ils pouvaient parier était même beaucoup plus précaire. Bien plus que nous, ils étaient régulièrement contredits dans leurs projets par un destin autrement lourd, un *fatum* autrement écrasant. Le lendemain n'était pas assuré pour des millions d'entre eux, le lendemain au sens propre. En France, par centaines de milliers, émigrants de l'intérieur, ils ont quitté les campagnes pour des villes où ils ne savaient pas trop comment ils subsisteraient. Ils ont été mobilisés, séparés, blessés, tués. Les mariages ont laissé des cohortes de veuves en voile noir et d'orphelins de guerre. Ils ont connu des dévaluations auprès desquelles notre inflation n'est que ride sur l'eau. Ils ne pouvaient alors ni économiser ni prévoir, et ils n'avaient ni Sécurité Sociale ni allocations familiales. Ils ont connu une crise de l'emploi qui a traîné jusqu'à la Deuxième Guerre mondiale un cortège de sans-travail qui étaient au sens propre des sans-gagne-pain. Ils ont connu les affrontements idéologiques les plus brutaux, ils ont été à deux doigts de la guerre civile. Ils ont à nouveau été séparés, prisonniers, déportés. Et tous, sans exception, réduits à la vie au jour le jour dans la pénurie de tout, nourriture, logements, vêtements, sans parler des communications entre les êtres chers si malaisées, des difficultés pour étudier, pour travailler, de l'impossibilité de se faire une situation durable. Faire des projets relevait du rêve.

Or tout ce monde-là, qui n'a pu que se débrouiller sans gloire la plupart du temps, au jour le jour, dans l'impossibilité de maîtriser son papier-monnaie, ses rentes, ses emplois, la défense de son territoire, sa dignité de nation, le menu du lendemain ou la venue des bébés – tout ce monde-là s'est marié sans problème. Sans doute justement, dans les profondeurs de l'inconscient populaire, ces engagements privés étaient-ils un défi à l'incertitude des temps, des jalons pour la durée, la répétition et la transmission, parce que c'était le seul domaine – avec celui de l'esprit – où l'on pouvait obscurément défier le destin. Peut-être le lyrisme des serments et la solennité des actes officiels étaient-ils partie d'une sourde lutte de l'espèce pour durer.

En comparaison, que nous ont appris nos quarante ans de paix et nos vingt ans de prospérité, nos logements modernisés, notre Sécurité Sociale et notre contraception remboursée ? Sans doute, et ce n'est pas rien, à nous découvrir « sujets ». Non pas sujets soumis à une société, mais sujets d'une sexualité, comme le remarquait Michel Foucault. La découverte de soi-même, sujet d'un désir, et maître (peut-être) d'un plaisir dont les conditions demeurent mystérieuses a éveillé chez chacun l'attention à soi et à l'autre, l'écoute de soi et l'introspection de couple, l'inquiétude des lendemains des plaisirs et des miracles, dont on ne sait l'exacte recette. Voilà qui ne sert guère les intérêts de l'espèce qui a pour finalité tout bonnement de se reproduire; non plus que de la société, qui doit tendre sa trame et sa chaîne et tisser serré le destin des individus pour exister en tant que société...

CHAPITRE IV

De l'évolution prodigieuse du droit du mariage

De la Révolution naît le mariage civil

La Révolution française a donné au monde une invention qui a fait florès : le mariage civil. Auparavant le mariage était régi par des règles religieuses uniquement, comme c'était encore le cas il n'y a pas si longtemps en Italie et en Espagne, comme c'est le cas dans les pays musulmans qui fondent sur le Coran les lois familiales.

Le concept tout neuf de mariage civil, issu de la Révolution, s'est exprimé par la loi sur le mariage de 1792, puis, après des années de licences et utopies révolutionnaires, il a été précisé et fixé par le Code civil de 1804. Le Code civil ne définissait pas le mariage, mais en réglementait l'usage, ce qui en dessinait la nature et les caractères. Un des principaux auteurs du Code civil, Portalis, a, lui, laissé une définition du mariage : « Le mariage est la société de l'homme et de la femme qui s'unissent pour perpétuer l'espèce, pour s'aider par des secours mutuels à porter le poids de la vie et pour partager leur destinée. »

On ne saurait mieux dire : l'homme et la femme, ensemble, vont former une « société », une association de tous les instants dans tous les registres de la vie sociale, et pas seulement un couple amoureux. Cette « société » a un but, qui est la perpétuation de l'espèce : les petits d'homme doivent naître non pas dans un troupeau ou une horde, mais dans la « société » de leurs père et mère unis pour les procréer et les éduquer. L'homme et la femme mariés s'aideront mutuellement pour être plus forts ensemble. Il n'est pas alors question qu'ils attendent de l'État sécurité et secours : ils doivent « porter ensemble le poids de la vie » et s'appuyer l'un sur l'autre pour « partager leur commune destinée » – voilà le sort auquel l'homme de 1804, moins prométhéen que celui de la fin du XXe siècle, opposait seulement la volonté de l'affronter à deux. Il n'est question, dans cette définition, ni d'amour, ni d'argent, ni de projet de vie, ni de bonheur commun. Inscrite humblement dans la condition humaine, elle indique la finalité de l'union – qui est la perpétuation de l'espèce – et son caractère – qui est de concerner des personnes et non des patrimoines ou des familles.

Comment et pourquoi le mariage était devenu, tardivement, un sacrement

Qu'en était-il auparavant ? Au cours du haut Moyen Age, on connaissait en France à tout le moins trois institutions principales du mariage : le consensualisme romain, le dualisme germanique et le courant judéo-patristique. Tout au long du Moyen Age, des changements sont intervenus qui ont varié selon les régions, les groupes sociaux et les statuts des conjoints. La frontière était relativement floue entre mariage et concubinage. L'adage de Loysel ne disait-il pas : « *Manger, boire, dormir ensemble – C'est mariage, ce me semble ?* » Aux yeux de l'Église, l'important était la monogamie et l'indissolubilité des liens, mais le sacrement du mariage n'existait pas. On se contentait d'une cérémonie peu solennelle, revêtant des formes très variées, au cours de laquelle les époux échangeaient leurs consentements. Mais ce mariage « consensuel » n'exigeait pas la présence d'un prêtre. Il n'était pas systématiquement « publié » dans la commune où vivaient les époux. C'est pourquoi, dans bien des cas, l'homme quittait une belle nuit son village, franchissait quelques collines et quelques vallées, puis, au hasard du destin, s'établissait dans une autre ville ou un autre village sous un autre nom et y contractait un nouveau mariage sans plus d'inquiétude. Si le lien matrimonial devait être « prouvé », la preuve donnée était la possession d'état, c'est-à-dire la cohabitation, le fait de vivre ensemble.

L'Église catholique ne fera du mariage un sacrement que durant la seconde moitié du XVIe siècle, au Concile de Trente. Lors de la session des 3 et 4 décembre 1563, ce concile adopta l'important décret *Tametsi* qui faisait du mariage le septième sacrement (après le baptême, la confirmation, l'eucharistie, la pénitence, l'extrême-onction et l'ordre). Il s'agissait alors de répondre aux protestants qui contestaient la valeur sacramentelle du mariage, et aussi d'affirmer l'autorité de l'Église contre les exigences des nobles et des princes qui, s'ingérant dans ce domaine, prétendaient limiter la validité du mariage aux cas où les parents des époux avaient donné leurs consentements. Le Concile de Trente va proclamer l'indissolubilité du mariage, interdire aux futurs époux de cohabiter avant la cérémonie, rendre obligatoire « la proclamation de trois bans » avant le mariage, et la présence du prêtre de la paroisse d'un des époux, ainsi que la consignation de l'acte célébré dans un registre. En même temps, résistant en cela tout particulièrement aux réclamations de la délégation française, laquelle voulait que fussent annulés les mariages décidés « à l'insu et contre le vouloir des parents », le concile affirme que le sacrement du mariage peut unir deux personnes consentantes même si leurs parents ne sont pas d'accord. Il édicte également des peines sévères pour les concubins, surtout s'ils sont mariés par ailleurs. Le Concile de Trente, devant la Réforme qui prenait de la force, a catholicisé le mariage, et il en a fait un « état », l'« état de mariage » dont Molière fera si drôlement la satire.

C'est la société qui définit cet état et le statut qu'il

confère, en sorte que mariage et société, étroitement imbriqués, se confortent mutuellement : « Les mariages sont les séminaires des États, la source et l'origine de la société civile », proclame une déclaration royale de 1639.

Le pouvoir royal, en effet, avait vite repris ses tentatives pour imposer la vieille conception familiale et patrimoniale des nobles : comme on unissait, par jeune couple interposé, deux familles et deux patrimoines, les parents des mariés décidaient des mariages, les autorisaient ou les interdisaient, organisaient la disposition des biens qui allaient revenir au couple.

Régularité des mœurs bourgeoises, irrégularité des mœurs prolétaires

La Révolution française a coupé court à toutes ces influences. Elle a fait du mariage *un acte laïque* et non religieux, qui *unit des personnes et non des biens*, et qui requiert seulement la *volonté* de se marier des deux époux, sans intervention des familles. La validité du mariage civil est fondée sur le consentement mutuel, libre volonté exprimée par les deux conjoints. Elle n'est pas liée à la consommation charnelle de l'union – que le droit canonique, lui, érige en condition absolue. En somme, le mariage civil issu de la Révolution s'est voulu débarrassé de l'encombrante ingérence de l'Église et de ses prêtres, et *fondé sur le psychologique (la volonté de s'unir) plutôt que sur le charnel.*

Le mariage devint rapidement le fondement de la société issue de la Révolution. Puis, l'industrialisation, l'urbanisation des plus pauvres, la prolétarisation d'une partie de la population loin de son cadre d'origine, vont avoir pour effet, au XIXe siècle, de multiplier les « faux ménages », les femmes abandonnées et les « bâtards ». On estime que vers 1830, à Paris où affluaient les « classes laborieuses, classes dangereuses », une naissance sur trois était illégitime. Devant ce grave phénomène, mais qui ne touchait que les pauvres, la société n'a pas songé, comme après 1968, à modifier la loi pour l'aligner sur les mœurs. Tout au contraire, elle a multiplié, par le biais des bonnes œuvres et des sociétés philanthropiques, les occasions privées et publiques de « moraliser », comme on disait alors, les mœurs populaires et de les faire rentrer dans le cadre des lois. Ces femmes abandonnées, ces enfants naturels étaient considérés comme une intolérable charge pour la société. Une forte pression fut donc exercée, tout au long du XIXe siècle, dans les centres industriels et à Paris, contre « l'irrégularité des mœurs » des couches misérables. A la fin du siècle, le mariage avait gagné, la bataille de la légitimité se terminait par une victoire, que le XXe siècle allait encore accentuer. Après la Seconde Guerre mondiale, 94 % des enfants étaient « légitimes ».

Le mariage pour l'individu et non l'individu pour le mariage

A partir de 1965 surtout, les mœurs changent : cette fois les législateurs ne vont pas se transformer en moralisateurs. C'est que ce sont leurs propres enfants, leurs neveux et nièces, les enfants de toute la bourgeoisie qui bousculent les mœurs, et non plus le seul sous-prolétariat. Les juristes vont donc reposer avec force la vieille interrogation : *Quid leges sine moribus* ? et arguer que des lois qui ignoreraient les mœurs se condamneraient à la désuétude et à la perte de sens.

L'idée se précisait que l'institution mariage était faite pour les individus et par les individus; qu'elle voyait ses fondements sapés si les individus refusaient de se plier à des dispositions, à des hiérarchies, à des défenses qui jusque-là avaient conféré un statut intangible aux époux. Le mariage tente de régir « l'ordre public familial ». On n'a pas songé à remettre en question sa nécessité et la nécessité de l'organiser juridiquement – sans quoi l'état des personnes et le régime des biens eussent été abandonnés aux seules volontés individuelles, ce qui, en langage clair, revient à livrer le plus faible au plus fort, le plus naïf au plus malin, sans frein et sans recours. Il fallait modifier.

Pour la réforme du droit du mariage, on a pris en compte les tendances qui s'étaient affirmées dans la société française à l'approche et au cours des années 1970, à savoir, selon le doyen Carbonnier [1] :

– *L'étatisation,* c'est-à-dire le rôle accru de l'État dans le vie des couples et des familles.

– Le *rétrécissement,* c'est-à-dire le déclin de la famille large et le repli sur le couple et ses enfants.

– La *prolétarisation,* expression forte prise ici dans le sens de déclin des patrimoines, remplacés par des revenus salariaux.

– La *démocratisation,* qui entraîne la disparition de l'autorité du mari sur l'épouse et l'atténuation de l'autorité des parents sur les enfants.

– La *désacralisation* enfin, due à l'affaiblissement ou à la disparition du sens religieux du mariage et de la procréation.

A partir de ces constats, la France a entrepris une véritable mutation juridique. Elle n'a du reste pas été la seule, ni même la première à l'effectuer : tous les pays occidentaux ou presque ont fait de même. Certains, comme les pays scandinaves, ont été plus vite et plus loin. Ce n'est pas pour cela, du reste, qu'ils sont parvenus à « rattraper les mœurs », puisque le cadre suédois du mariage, le moins contraignant qui soit après les révisions des années soixante, a été très vite débordé par les unions libres et les naissances hors mariage.

Une cascade de lois nouvelles, libérales et égalitaires

En France, les lois se sont succédé :

– 13 juillet 1965, loi portant réforme des régimes matrimoniaux.

1. Jean CARBONNIER, *Flexible droit,* L.G.D.J., 5e éd. 1983, pp. 199 et sq.

– 11 juillet 1966, loi portant réforme de l'adoption.

– 28 décembre 1967, loi insérant dans le Code civil un article relatif aux donations entre époux (1099-1).

– 28 décembre 1967, loi sur la contraception.

– 7 juin 1970, loi relative à l'autorité parentale.

– 3 juillet 1971, loi modifiant certaines dispositions du Code civil relatives aux successions et partages.

– 3 janvier 1972, loi sur la filiation.

– 2 janvier 1973, loi relative au paiement direct de la pension alimentaire.

– 5 juillet 1973, loi précisant l'article 18 de la loi sur la filiation.

– 17 janvier 1975, loi sur l'interruption volontaire de grossesse.

– 11 juillet 1975, loi portant réforme du divorce.

– 15 novembre 1976, loi complétant la loi sur la filiation.

– 22 décembre 1976, loi modifiant certaines dispositions relatives à l'adoption.

– 31 décembre 1976, loi relative à l'indivision.

– 29 décembre 1977, loi modifiant les modalités de mise en œuvre des actions à fins de subsides.

– 4 juillet 1980, loi d'orientation agricole (intéressant les conjoints d'agriculteurs).

– 25 juin 1982, loi modifiant l'article 334-8 du Code civil relatif à la filiation naturelle.

– 10 juillet 1982, loi relative aux conjoints d'artisans et commerçants.

Toutes ces lois en cascade ont suivi la même orientation libérale. « Les contraintes apportées par la famille à la liberté individuelle ont été remises en cause au même titre que l'avaient été les contraintes apportées par les institutions corporatives aux libertés économiques [2]. » Il fallait donc en finir avec la conception traditionnelle qui

2. Pierre LAROQUE, in préface à *L'évolution du statut civil de la famille depuis 1945*, par Jacqueline RUBELLIN-DEVICHI, C.N.R.S., 1983.

imprégnait le Code civil de 1804 : la puissance maritale, le chef de famille, l'obéissance, l'obligation de résidence, l'adultère de la femme punissable de prison, où qu'il soit constaté, la puissance paternelle, etc. Tout cet attirail napoléonien avait permis aux milieux les plus conservateurs de faire apparaître la famille comme une institution du passé, anachronique et réactionnaire, lieu des contraintes exercées par l'homme sur la femme, par le père sur les enfants. Il fallait tout à fait modifier cette image repoussoir de la famille, donc déposer le vieux droit qui l'encadrait et en refaire un neuf.

On peut résumer ainsi les changements intervenus :

– On a abandonné tout à fait ou beaucoup affaibli : le rappel du « sacré » et de la « force de la légitimité »; le respect de l'institution; la hiérarchie patriarcale; l'engagement personnel solennel.

– On a établi ou promu : le principe de la liberté personnelle, de l'intérêt de chacun des membres du couple en tant qu'individu; l'égalité entre l'homme et la femme tant dans leurs relations mutuelles que dans leurs relations avec leurs enfants; l'équité entre enfants légitimes, naturels, adoptifs.

Entrée de la preuve biologique pour l'attribution de paternité

On a dû également tenir compte de l'évolution des connaissances. Aujourd'hui, une analyse de sang permet d'affirmer que tel enfant ne peut avoir pour père le mari de sa mère : était-il possible, sans ridicule, de continuer à appliquer les yeux fermés la fameuse règle « *Pater is est quem nuptiae demonstrant* », en vertu de laquelle tout enfant né d'une femme mariée est considéré comme enfant légitime de son mari ? Pendant des lustres, cette affirmation a connu, malgré soupçons, sourires ou drames, secrets bien ou mal gardés, « force de loi ». L'attribution de la paternité au mari a pu être sujet de tragédie ou de vaudeville, elle n'en était pas moins « la pierre angulaire de toute la légitimité [3] », la preuve du rôle prépondérant de celui qui détenait la « puissance maritale », pour son bonheur ou son malheur, pour sa fierté ou sa honte. La « présomption de paternité du mari » était là pour montrer avec éclat la prépondérance du lien juridique sur une vérité dont on pensait qu'elle n'était pas aisée à connaître et encore moins à établir. Une chose était sûre : cette femme était mariée, en « puissance de mari », *ergo*... Car pour le reste, on n'était sûr de rien.

On imagine le bouleversement qu'ont pu apporter, dans ces eaux dormantes prudemment gardées par la fiction juridique, les « preuves biologiques »! Les remous n'en sont pas encore apaisés. Les tribunaux n'avaient jamais pu accueillir le désaveu de paternité d'un enfant mulâtre prétendument né de deux époux blancs. Ils n'avaient que très difficilement et très rarement admis la stérilité masculine : l'azoospermie totale n'était même pas retenue comme preuve à fonder une action en désaveu de paternité. Le mari, dorénavant, peut user de la preuve biologique pour établir sa non-paternité et la mère également pour agir en contestation de paternité. C'est en octobre 1974 seulement que fut rendu à Paris le premier jugement fondé sur l'expertise biologique. Depuis, l'habitude s'en est prise. « On détermine aujourd'hui avec une quasi-certitude la date de la conception et le taux de stérilité ou même d'impuissance. Dans ces conditions, la preuve biologique est de plus en plus destinée à l'emporter sur le principe de la présomption de paternité, peut-être appelée à devenir une simple règle commode de preuve [4]. »

Mariage : juges, avocats, comparutions, complications ?

Le droit du mariage et le droit de la famille ont donc été adaptés aux réalités d'aujourd'hui, afin de demeurer

3. Jean CARBONNIER, *Droit Civil*, 8e éd., n° 62, *in fine*.
4. J. RUBELLIN-DEVICHI, *op. cit.*, p. 88.

près des faits et près de gens, dans l'esprit libéral du respect des individus et du « socio-affectif », comme on s'est mis à dire dans les milieux juridiques. Du coup, le droit est entré dans la vie quotidienne, avec des conséquences inattendues qu'on n'a pas encore évaluées. Auparavant, le droit de la famille cherchait à assurer la permanence des liens familiaux pendant toute la durée de la vie de chacun de ses membres [5]. De ce fait, nos aïeux n'entendaient guère parler de la législation du mariage que lors de leurs noces, par le maire, et lors du décès de l'un des époux, par le notaire.

Aujourd'hui, le droit cherche à coller à la discontinuité des situations, aux fréquents changements de statuts entraînés par les unions successives et les ruptures d'unions. Se voulant souple et libéral, le droit du mariage intervient beaucoup plus souvent dans la vie des gens. A preuve, l'instauration des juges « aux affaires matrimoniales ». A preuve, les nombreux avocats qui devraient fermer leurs cabinets s'ils ne traitaient plus de divorces. A preuve, les amis qui ne vous entretiennent plus que de leurs comparutions successives et vous récitent le Code. Les Plaideurs, aujourd'hui, disputeraient de divorce, de garde d'enfant, de pension alimentaire et de prestation compensatoire. Tout cela entretient un bruit de fond : lois, code, plaidoiries, contestations, confrontations – qui laisse imaginer les heures et les jours passés dans les couloirs des palais de Justice, les chèques signés aux avocats, aux huissiers... Il est paradoxal qu'en se faisant libéral, égalitaire, réaliste, le droit civil en soit venu à paraître encombrant et à donner aux jeunes candidats au mariage l'image d'un entrelacs de lois qui vont les ficeler, de chausse-trappes qui vont leur coûter cher. En sorte qu'ils préfèrent, pour cela aussi, ne pas se marier, afin d'échapper aux complications juridiques. C'est pure illusion de leur part, car, dans un bon nombre de cas, leur

5. Catherine LABRUSSE-RIOU, *Droit de la famille*, t. I, *Les personnes*, Masson, 1984, pp. 31-32.

union libre ou leur parenté libre finira en procès, en difficile procès.

Ce droit de la famille, pourtant accueillant, égalitaire, libéral et souple, qui commence à peine à avoir une pratique et un passé, est déjà en proie à des attaques ou à des sollicitations, venant du reste de bords opposés.

Les uns lui reprochent d'avoir provoqué le démantèlement de la famille et la décadence des mœurs. C'est imaginer que les articles napoléoniens sur la puissance maritale et les rudesses du divorce-sanction pouvaient corseter la société moderne assez serré pour l'empêcher de changer. La loi ne pouvait que chercher à introduire dans le mariage plus de justice et d'équité : ce n'est pas en hérissant les dispositions juridiques de torts établis, de hiérarchie des personnes, d'amendes et de peines de prison contre l'adultère qu'on eût atténué l'acuité des conflits qui déchirent des conjoints économiquement indépendants ou des parents se disputant un enfant. Ce n'est pas le Code civil de 1804 qui par sa seule vertu pourrait faire pièce aux mutations socio-économiques et aux conséquences de la contraception. Du reste la loi ne peut, de son propre chef, « faire éclater » la famille, pas plus qu'elle ne peut tout à fait l'empêcher d'éclater. Elle peut et elle doit faire en sorte qu'on puisse être heureux dans l'espace de liberté qu'elle délimite sans être bridé ni étouffé, et qu'on puisse être protégé au cas où le malheur et la mésentente surviennent, que le plus faible soit protégé contre les menées du plus fort quand les conflits s'enveniment.

Des homosexuels veulent se marier, des mères ne veulent pas de pères!

Aux yeux d'autres qui se disent progressistes, les modifications apportées au droit de la famille n'ont pas été suffisantes. Elles ne permettent pas de reconnaître l'existence en droit de certaines « formes alternatives de la famille » : des couples homosexuels désireraient se voir reconnus en droit civil comme mariés et bénéficier du régime des biens des époux, et même désireraient « avoir » un enfant « légitime » à eux; des femmes qui veulent recourir à l'insémination artificielle avec donneur anonyme désirent créer seules une « famille » où elles seraient père et mère, etc.

Il est pour le moins étrange de constater qu'alors que tant de jeunes couples amoureux qui, selon la définition de Portalis, forment une société pour perpétuer l'espèce et porter ensemble le poids de la vie, contournent le mariage par éloignement pour l'« institution », par peur de figer dans des lois leur amour, par dédain de la sanction de la société – d'autres, qui ne répondent nullement à la définition de Portalis, montrent un appétit d'institutionnalisation et de reconnaissance officielle par la société assez paradoxal!

On comprend d'autant moins ce souci de mimer la famille légale que les personnes qui demandent ainsi que leur situation privée soit institutionnalisée, et les groupes qui les soutiennent, ne sont pas particulièrement friands d'encadrement juridique...

S'ils réclament une légitimité semblable au mariage pour un couple qui unit par un lien charnel deux personnes de même sexe; ou le droit à procréer un enfant sans père (en cas d'insémination artificielle avec donneur, on se sert de paillettes de sperme surgelé à jamais anonyme) – c'est avant tout parce qu'ils n'acceptent pas le substrat biologique de la famille, ou du moins entendent le neutraliser en le dépassant ou le débordant. Tout ce qui s'appuie plus ou moins sur « la Nature » leur semble suspect; tout ce qui évoque les données biologiques, les lois de l'espèce et plus encore la génétique leur apparaît réactionnaire. C'est pourquoi ils réfutent l'équation : mariage = femme + homme. C'est pourquoi le fait incontournable que biologiquement tout enfant a un père et une mère les gêne terriblement. Ils soutiennent la suprématie absolue du « sexuel-affectif » sur le biologique, et le lien homosexuel leur semble digne d'être reconnu par la société comme formant une cellule sociale et économique à laquelle peuvent s'appliquer les dispositions des régimes matrimoniaux et des successions –, même si cette cellule sociale n'en vient bien entendu jamais à perpétuer l'espèce.

Cette volonté d'abaisser l'aspect biologique de la famille est particulièrement nette dès qu'il s'agit de l'enfant. Les arguments ne manquent pas à ces personnes pour soutenir la supériorité du « socio-affectif » sur les liens du sang en arguant que le « vrai père » ou la « vraie mère » de l'enfant est celui ou celle qui l'élève et non son père ou sa mère génétique. Les dispositions sur l'adoption de 1966 et 1976 qui ont voulu créer « une imitation forcée de la nature [6] » leur donnent du reste raison. Peut-on reprocher à une mère de vouloir avoir un enfant pour elle seule, sans se soucier de savoir si cet enfant ne souffrira pas d'être sans père, alors que la loi permet déjà à une personne seule d'adopter un enfant ? C'était là, dès 1966, une première et fort importante remise en cause du couple marié comme base de la famille, une première reconnaissance par la loi de la « famille » non biologique et non complète... De là à demander la légitimité et la consécration juridique pour toutes sortes de segments qui pourraient être baptisés « familles »...

A entendre les réclamations passionnées des uns et des autres pour être « légitimés » on peut se demander quel sens conserveraient les appellations « mariage légitime », « père légitime », « mère légitime » si elles viennent à recouvrir les assemblages les plus disparates. Dans un couple homosexuel adoptant un enfant, ou adoptant l'enfant de l'un d'entre eux, la mère légitime pourrait être un homme, ou le père légitime être une femme. Même si l'on dédaigne le biologique, il faut bien reconnaître que le « socio-psychologique » en serait quelque peu affecté...

Les promoteurs et artisans des profondes réformes récentes jugent, quant à eux, qu'on ne peut modifier sans

6. C. Labrusse-Riou, *op. cit.*, p. 192.

cesse le droit civil touchant à la famille et que cela suffit pour longtemps. On ne vote pas un Code civil comme on vote un budget chaque année. C'est un édifice sensible qui participe de la constitution sociale du pays. On risquerait, à le remettre périodiquement en question, de contribuer à une déstabilisation de la société. A quoi correspondrait, en effet, un statut qui pourrait constamment changer de définition ? Une famille dont chaque gouvernement se plairait à dessiner la géométrie très variable ?

Il est vrai que la marge est étroite entre un desserrement des droits et obligations qui vulnérabilise la cellule familiale mariée, et une pression des lois qui fait fuir vers le concubinage toujours davantage de jeunes couples.

Les concubins pourront-ils rester hors la loi ?

En principe, les concubins dédaignent la loi. C'est la réponse du berger à la bergère, car Bonaparte déclarait à leur sujet : « *Les concubins se passent de la loi, la loi se passera d'eux.* » Le fait est qu'aujourd'hui, alors que la Sécurité Sociale l'assimile au mariage, *le concubinage demeure un statut ignoré par le droit civil.*

Il ne sera pas possible d'en rester là, si l'union de fait continue de se répandre, si elle exprime une solidarité de couple, si elle donne naissance à des enfants. Il deviendra tôt ou tard inévitable qu'elle soit prise en compte par la loi et donne lieu à une réglementation juridique. C'est là le sort historique de tout modèle social qui réussit et se répand : il finit par être coiffé par les lois même s'il est né de leur contestation. C'est ce qui est arrivé jadis au mariage *sine manu* que les Romains ont commencé de pratiquer pour ne pas s'embarrasser des dispositions des « justes noces » : il ne comportait aucune solennité, pouvait se dissoudre par la volonté de la femme comme de l'homme, ressemblait comme un frère à notre concubinage. Il n'a pas fallu bien longtemps pour que, d'échappatoire libertaire, il devienne le mariage le plus courant dans les derniers siècles de l'Empire romain, qu'il s'entoure de pratiques de nature juridique, qu'il traite d'argent, etc.

Ces règles juridiques naîtront sans doute d'abord de la recherche d'arbitrage par les concubins en cas de conflit, au moment des ruptures. Car si rien n'est plus facile que de commencer une vie commune sans paperasses, sans actes signés, sans certificats médicaux et sans témoins – il est beaucoup plus délicat de se séparer à l'amiable si on a vécu longtemps ensemble et mêlé ses revenus et ses dépenses, encore davantage si on a eu ensemble un enfant. Le « déconcubinage » est fort douloureux et surtout très difficile. Par défaut de dispositions prévues pour protéger le faible du fort, le naïf du malin, le plus confiant du moins honnête, celui qui prend ses responsabilités de celui qui les esquive – la séparation des unions libres donne lieu à des discussions et surtout à de graves injustices.

Le manque de règles gêne déjà des concubins qui se disputent le partage de leurs biens. S'ils ont des enfants, ils s'aperçoivent que la famille naturelle n'est pas prévue par le Code, ou plutôt que les dispositions touchant la mère célibataire ne conviennent guère à leur cas. Le besoin de légiférer à leur sujet deviendra de plus en plus net au fur et à mesure que croîtra le nombre de couples non mariés se séparant après des années de vie commune, le nombre de ces couples qui auront des enfants, au fur et à mesure que ces enfants grandiront, au fur et à mesure que les concubins restés unis parviendront aux âges où l'on se préoccupe de la succession qu'on laissera, du sort de l'autre après sa propre mort, de pensions, de propriété.

Il faudra bien inventer quelque chose, sauf à reconnaître qu'une part importante des couples, dont de nombreux enfants sont issus, évoluent dans une sorte de « secteur sauvage », ou assaillent les tribunaux avec des procès épineux ; sauf à leur appliquer les mêmes dispositions que pour les couples mariés, au grand dam des uns et des autres.

Le fameux concept de « *neutralité absolue de la loi face aux diverses formes de vie* » que chaque responsable politique énonce avec révérence lors de chacune de ses prises de parole – après comme avant 1981 –, qui a pris le caractère d'une incantation derrière laquelle il est devenu indispensable de se retrancher, n'est, au demeurant, qu'une formule creuse qui ne permet nullement de savoir quoi faire. En vertu de la sacro-sainte neutralité devant les formes de vie, les non-mariés doivent-ils accepter qu'on leur applique les lois en vigueur pour les mariés, et donc, en quelque sorte, qu'on les marie ? Ou bien les mariés doivent-ils accepter que leur état d'union, au lieu d'être légitime, retombe dans l'« illégalité » au sens strict du terme ?

CHAPITRE V

L'argent dans le mariage, le divorce, le concubinage et le déconcubinage

Droits et devoirs respectifs des époux : ni fidélité, ni perpétuité

Depuis 1804, le texte est demeuré le même : « Les époux se doivent mutuellement fidélité, secours, assistance » (art. 212 du Code civil). Les relations sexuelles sont pudiquement sous-entendues par l'expression « communauté de vie », laquelle a remplacé le mot « cohabitation », jugé trop impératif. Le mot « cohabitation », écarté pour les mariés, allait être « réhabilité » pour les concubins quelques années plus tard...

Les époux se doivent fidélité – le couple qui s'unit ayant pour vocation d'avoir ensemble des enfants. Les concubins sont souvent fidèles, mais ne se le promettent pas devant témoins. Mais pour les mariés les conséquences de l'obligation de fidélité ne sont plus ce qu'elles furent : l'adultère n'est plus une cause péremptoire de divorce, et il a disparu de la législation pénale en 1975. Certes, un juge peut retenir, lors d'un divorce, « la violation grave et renouvelée des devoirs et obligations du mariage rendant intolérable le maintien de la vie commune » (art. 242), mais il peut tempérer son jugement en faisant remarquer à l'accusateur qu'il ou elle n'est peut-être pas non plus sans reproche, et renvoyer dos à dos les conjoints. L'obligation de fidélité n'est-elle alors plus qu'une fiction ? Oui et non. Dans certains cas, les juges octroient des dommages et intérêts à celui ou celle qui a été trompé. Le concubin ou la concubine trompé ne peut prétendre à ce genre de consolation.

Les époux « choisissent d'un commun accord » (art. 215) leur domicile. Le mari n'a plus voix prépondérante, et, en fait, quand les époux ne sont pas d'accord sur le choix de la résidence, on ne sait trop quoi faire... Les concubins sont dans le même cas, mais n'embarrassent pas les juges de ces divergences.

Il n'y a plus de « chef de ménage », plus d'unique directeur du foyer.

Le mariage n'entraîne plus d'obligation de perpétuité, ni même de durée, puisqu'il peut se rompre dans un nombre de cas important. De *cas* et non plus de *causes :* on a voulu « dédramatiser » le divorce en trouvant des *solutions* différentes pour des *cas* différents, au lieu de contraindre les candidats à la séparation à entrer, grâce à des contorsions juridiques, *dans l'une ou l'autre des causes* de divorce qui, avant 1975, appelaient *sanction.* Parce que tous ces cas passent devant un juge, certains prétendent qu'on a bel et bien dramatisé encore plus que lorsqu'on jouait la comédie des textes. Pourtant, dans sa grande majorité, l'opinion française est d'accord avec la réforme.

Il s'agissait de permettre à ceux qui désiraient se séparer de le faire sans mensonges, sans drames et sans ruine, puisque aussi bien, comme le disait joliment le doyen Carbonnier en 1950 : « On ne se marie pas pour changer. » Certes. Encore que ce propos date du temps où un ménage marié sur dix divorçait... Il serait stupide d'accuser les facilités de la loi de 1975 d'avoir provoqué les vagues de désunions – qui se sont gonflées dès 1972 – mais il faut tout de même reconnaître que les Français ont bien changé en trente-cinq ans : maintenant, ils se soucient beaucoup de la possibilité de pouvoir rompre, et facilement.

En 1982, le mouvement du Jeune Notariat a fait

réaliser un sondage auprès d'un échantillon représentatif de Français de plus de 18 ans et leur a demandé quelles pouvaient être les raisons qui, à leur avis, poussaient des personnes à préférer l'union libre au mariage. La seule proposition qui ait réuni nettement plus de la moitié des personnes interrogées est celle qui avançait que « *en cas d'échec, la séparation est plus facile* ».

La majorité de l'opinion a l'impression que c'est encore compliqué de divorcer, car il faut substituer au « secours et assistance mutuels » qui font alors défaut dans le couple un minimum de justice décidé par les fameux « hommes de loi », devant lesquels il faut bien passer. Mais tout un chacun sait que le droit au divorce existe, et qu'on ne reviendra pas dessus.

C'est le droit de demeurer mariées qui semble à certaines femmes avoir été bafoué par l'article 237 de la loi de 1975. Elles comprennent qu'on puisse demander le divorce par consentement mutuel. Elles comprennent qu'un époux puisse divorcer en prouvant la faute de l'autre. Elles n'admettent pas que, « irréprochables », elles puissent « être divorcées » contre leur gré – « répudiées » disent-elles – grâce au divorce pour rupture de la vie commune. Généralement, les personnes dans ce cas sont des femmes ayant atteint la cinquantaine, à qui il est très difficile de retrouver du travail ou de se refaire une vie. Elles se sentent rejetées, humiliées. Elles réclament alors compensation, faisant valoir qu'elles n'ont point de torts et ne désiraient pas divorcer. Les avocats de la partie adverse leur opposent que le demandeur du divorce n'a pas « à payer le prix de sa libération » alors que la faillite du mariage a été prouvée par six ans de séparation. Elles rétorquent que c'est le demandeur qui est parti et qu'on n'a pas à les en punir. Elles vont jusqu'à réclamer que l'on prévienne, au moment du mariage, les jeunes époux qu'ils ne souscrivent là qu'un engagement temporaire dont l'un ou l'autre pourra être exclu malgré lui...

Les juges doivent apprécier. Si ces cas ne sont pas proportionnellement très nombreux, ils fournissent un épais et inextricable contentieux. Doit-on obliger le demandeur à leur laisser le logement ? Le bail ? L'usage de son nom ? Doit-il verser une pension ? Une prestation compensatoire ? Les deux ? Acquitter des dommages et intérêts pour le préjudice causé ? On en dispute, cas à cas, argument rationnel contre argument recevable. *Demeurer marié (e) contre la volonté de l'autre n'est effectivement plus un droit.*

Pour l'argent, les Français mariés sont devenus très « communautaires »

La loi de 1965 dispose que la « contribution aux charges de la famille » sera le fait de chacun des époux « à proportion de leurs facultés respectives ». La loi du 11 juillet 1975 a abrogé les articles qui faisaient peser cette charge principalement sur le mari, la femme pouvant s'acquitter de sa contribution « par son activité au foyer ou sa collaboration à la profession de son mari ».

Dans la majorité des ménages, cette contribution des deux époux ne crée pas de difficulté particulière, elle est fondée sur un consensus profond. Toutefois, même dans ce cas, les époux doivent choisir un *régime matrimonial* qui sera la charte touchant à leurs biens, gains et patrimoines. Le savent-ils seulement en se mariant ? Une enquête de 1981 réalisée sur un échantillon de 2 000 personnes [1] a permis de révéler qu'une personne sur quatre avouait « ne pas savoir » si le mariage entraîne des dispositions juridiques relatives au patrimoine. De plus, 41 % des interviewés pensaient à tort que les personnes mariées n'ont pas toutes de régime matrimonial : ils confondaient sans doute régime matrimonial et contrat devant notaire. Reste *une personne sur trois seulement* qui *sait la vérité,* à savoir que *tous les couples mariés,* qu'ils

1. M.-P. CHAMPENOIS-MARMIER et M. FAUCHEUX, *Le mariage et l'argent,* P.U.F., 1981 – travaux et recherches de l'Université de droit, d'économie et de sciences sociales de Paris.

aient ou non passé devant notaire, *relèvent d'un régime matrimonial.*

Dans ce domaine, le droit français a rénové et innové en 1965 : la capacité de la femme mariée est devenue réalité; elle n'a plus besoin de l'autorisation de son mari pour toucher un héritage ou pour acheter un congélateur à tempérament. Elle gère ses biens propres, comme son mari les siens. L'union des intérêts pécuniers des époux est maintenue, mais elle est limitée « aux acquêts ». *Ce régime, dit de la communauté réduite aux acquêts, est celui de tous les couples qui se marient sans contrat.* C'est aussi le régime de ceux qui le choisissent devant notaire au moment de rédiger leur contrat de mariage. C'est un compromis entre le régime de séparation de biens, dans lequel tous les biens que les époux possèdent au jour de leur mariage et tous ceux qu'ils acquièrent par la suite leur demeurent personnels, et le régime de la communauté universelle qui se caractérise par la création d'une masse commune de biens, quelle que soit leur origine ou leur nature.

Bien peu de couples, de nos jours, passent contrat devant notaire : 13 %! Ceux-là sont surtout des cadres supérieurs, des gros commerçants, des professions libérales, des industriels –, mais aussi des agriculteurs et des petits commerçants. Les personnes qui ont un niveau d'instruction élevé et celles qui ont de hauts revenus sont proportionnellement plus nombreuses à avoir fait établir un contrat, mais, tout de même, 7 sur 10 se sont mariées sans contrat – et 9 sur 10 des ouvriers, 9 sur 10 des gens qui n'ont pas dépassé le primaire.

Si c'était à refaire, 90 % des personnes interrogées choisiraient le même régime matrimonial. C'est la preuve d'*une très large satisfaction.* Les seuls insatisfaits se recrutent parmi les divorcés, sans que l'on puisse savoir si c'est parce que leur régime matrimonial s'est trouvé à l'épreuve des discussions et affrontements qu'ils le déprécient, ou si c'est parce qu'ils lui imputent une part de responsabilité dans un échec conjugal mal surmonté. Mais les réformes de 1965 sont appréciées de 74 % des divorcés eux-mêmes, et 80 % des personnes interrogées ne voient pas l'utilité de réformer à nouveau.

Toutefois, si l'on entreprenait une réforme, une majorité (57 %) de personnes, en 1981, souhaiterait que ce soit dans le sens *d'une plus grande communauté de biens.* Elles n'étaient que 44 % de cette opinion en 1963. A l'époque, les femmes apparaissaient plus « séparatistes » que les hommes. Aujourd'hui, la tendance à désirer la séparation de biens s'est atténuée chez les femmes. On la trouve encore chez les femmes célibataires, ainsi que chez certains gros commerçants ou cadres supérieurs.

L' « *esprit communautaire* » s'est singulièrement renforcé en vingt ans, surtout auprès des plus *jeunes,* des *ouvriers,* des *employés* et des *cadres moyens.* On mesure la force de cette conviction communautaire à certaines réponses : 92 % des personnes interviewées estiment « que les époux doivent agir ensemble » quand il s'agit de vendre un bien immobilier, et 72 % quand il s'agit de commander des travaux à un artisan.

Tout à fait d'accord pour acheter ensemble, les Français mariés sont un peu plus réticents devant la solidarité dans le passif, qui veut qu'un époux soit responsable des dettes contractées par l'autre. En fait, sont d'accord pour cette solidarité dans les dettes : les jeunes, les hommes, les hauts revenus, les commerçants et artisans. Les plus réticents, qui la trouvent « anormale », sont les femmes actives et les petits revenus. Les opinions politiques ne jouent aucun rôle dans ces attitudes.

Des époux bancarisés « fusionnels »

Les époux français font plus que souhaiter vivement la communauté, ils la mettent en pratique. Bien mieux que des réponses à un sondage en témoigne l'engouement extraordinaire des mariés pour les comptes joints bancaires. Lors d'une enquête de l'Université de droit de Paris sur « le mariage et l'argent » conduite en 1981, la surprise a été de constater que 70 % des personnes mariées interrogées avaient un compte joint et 17 % avaient donné procuration à leur conjoint sur leur propre compte! Stupéfaite par ces chiffres, j'ai interrogé plusieurs banques, qui m'ont confirmé cet éclatant succès des comptes joints, preuve de la totale confiance que la très grande majorité des époux ont l'un dans l'autre. Avant 1965, une femme mariée ne pouvait ouvrir un compte bancaire sans autorisation de son époux et sans justifier du régime matrimonial sous lequel elle était mariée. Maintenant que « chaque époux a la possibilité de se faire ouvrir tous les comptes, espèces ou titres, à son nom sans le consentement de l'autre » (art. 221)... la plupart font ouvrir un compte joint!

Les banques estiment qu'aujourd'hui, tout le monde est « bancarisé », mais l'énorme augmentation du nombre des comptes personnels a cessé devant le succès foudroyant des comptes joints : en ce cas chacun a son chéquier et l'utilise comme s'il lui était propre; les revenus du couple sont mélangés, même quand il y a grande disparité entre les gains des deux époux, et cela leur donne l'impression d'un « revenu commun ». En cas de décès de l'un, le compte n'est pas bloqué pour l'autre.

Rien ne donne mieux l'image réelle de la grande communauté de vie des époux que cette pratique quotidienne si confiante qui eût étonné autrefois. Contrairement à ce que certains croient, le compte joint ne procure aucun privilège fiscal. Si l'un des époux émet un chèque sans provision, le compte est bloqué et l'autre époux se trouve frappé d'interdiction bancaire. « C'est un mode dualiste de détention et de gestion des avoirs monétaires », disent les spécialistes, qui répond au vœu de mettre ensemble ce qu'on gagne et de s'informer de ce que l'on dépense. C'est en tout cas une belle preuve de solidarité financière volontaire, qui est corroborée par la pratique de la double détention de comptes chèques postaux ou de livrets de caisse d'épargne. Les banques admettent également la location d'un coffre unique pour deux personnes mariées (sauf si l'un des deux, remarié, a des enfants d'un premier lit). Dans la pratique, on ne fait guère d'enquête et on ne demande que le livret de famille, et encore...

Les personnes non mariées vivant ensemble peuvent parfaitement se faire ouvrir un compte joint et pareillement mêler leur gains et additionner leurs dépenses. Les comptes joints de concubins existent, mais en nombre beaucoup plus restreint. Les banques ne font pas la moindre obstruction ni la moindre enquête : « Nous n'avons rien à y voir. S'ils ne sont pas mariés, ça les regarde. » Pas plus que les compagnies d'assurances ne se préoccupent du statut matrimonial des personnes qui souscrivent une police : « Ce serait choquant », répondent les assureurs, indignés qu'on leur prête des attitudes aussi indiscrètes, ... « et anticommercial au plus haut point [2] ».

Moins de contrats, finies les dots

Parce que le régime matrimonial dévolu aux époux systématiquement depuis 1965 leur convient, de moins en moins de couples font faire un contrat de mariage devant notaire : en ce cas, c'est le plus souvent parce que les familles des deux jeunes mariés le désirent, plutôt que les époux. La dot, la fameuse dot qui a inspiré tant d'avidité, qui a régné sur le marché du mariage bourgeois pendant tant d'années, est une pratique tombée en désuétude. Qui se souvient encore du rôle terrible qu'elle a joué dans la comédie et la tragédie des mariages ? Ainsi, au milieu du XIXe siècle, les « jeunes filles pauvres de bonne famille » de Bordeaux avaient constitué une cagnotte : chacune donnait dix francs. Tous les six mois, on tirait au sort le nom d'une des sociétaires de cette étrange entreprise : celle-là raflait toute la mise, qui devenait sa dot, et, fiévreusement, se mettait en quête de mari. Si, dans les six mois,

2. *Le mariage et l'argent, op. cit.*, p. 34.

elle n'avait pas trouvé, elle devait restituer la cagnotte, et la loterie recommençait... En 1835, le *Journal des Femmes* rapporte la conversation surprise à un dîner entre un notaire et un jeune homme de ses amis : « Je sais que vous cherchez une femme; hier on m'en a proposé une de 100 000 francs. Cela vous intéresse-t-il? – Il m'en faut 20 000 de plus, répondit le jeune homme. Mais enfin, retenez-moi celle-ci. » Par la suite, il advint que le coureur de dot trouva « une promise à 120 000 francs » et il céda la première « à 100 000 », auprès de laquelle il avait déjà fait sa demande, à un de ses amis, moyennant 5 % de remise pour le service rendu...

De nos jours, aller devant notaire semble une coutume qui dépend davantage des habitudes locales et des influences familiales que des niveaux de fortune. Néanmoins, depuis soixante-quinze ans, il apparaît que ce sont les veufs et divorcés se remariant qui forment la clientèle régulière des contrats en séparation de biens [3]. On voit également les couples choisir la séparation de biens quand il existe une grande différence de statut socioprofessionnel entre les conjoints, que la supériorité soit du côté de l'homme ou de la femme.

En somme, la fortune compte de moins en moins, le statut professionnel beaucoup plus. Les notaires ont coutume de mettre en garde celui des deux époux qui ne possède rien ou qui n'a pas de revenus propres contre le régime de la séparation de biens, afin d'envisager l'introduction de clauses pouvant prévenir des situations dramatiquement injustes si le mariage vient à être dissous.

De plus en plus de concubins vont voir les notaires

Le « mariage sans papiers » qu'est le concubinage se passe bien sûr de « régime matrimonial ». Aux yeux de la loi, le couple amoureux le plus « fusionnel » qui soit ne

3. Voir *Patrimoines et famille,* cinq études du C.N.R.S., Lyon, 1981.

forme pas une communauté, il ne représente que deux célibataires achetant séparément ou ensemble des meubles, ou souscrivant séparément ou ensemble une assurance.

Vient la rupture : celui qui s'en va réclame sa part de l'appartement acheté ensemble dont on n'a pas fini de payer les traites; prétend emporter tel meuble que l'autre a acheté mais sans prendre la précaution de garder la facture; on s'aperçoit que le contrat multirisques de l'habitation était rédigé au nom de l'un mais ne mentionnait pas le nom de l'autre; etc. Avant même la séparation, les cohabitants rencontrent de ces petites difficultés qui leur font ressentir avec énervement qu'ils ne sont pas considérés comme un couple : l'un par exemple utilise la voiture de l'autre pour se rendre à son travail sans que l'assureur en ait été averti et a un accident, etc.

C'est pourquoi de plus en plus de concubins, quand ils se « mettent en ménage » ou un peu plus tard, vont... par-devant notaire se faire établir un acte : il s'agit d'un contrat de concubinage analogue sur bien des points à un contrat de mariage en séparation de biens : chacun énumère ce qui lui est propre, la voiture à lui, la chaîne Hifi est à elle, le canapé est à lui, le congélateur à elle... Le tout dûment enregistré, contresigné, devant témoins assermentés. On paie l'acte et on est plus tranquille. Cette coutume se répand de plus en plus. Le mouvement du Jeune Notariat l'a si bien compris qu'il a consacré en novembre 1982 ses rencontres avec le public au droit de la famille et aux couples non mariés et, dans toute la France, a reçu de très nombreux jeunes gens venant se documenter.

En somme, les concubins qui désirent vivre hors la loi redécouvrent l'intérêt des actes signés et des précautions paperassières. Car il ne s'agit pas là d'engagement envers l'autre, mais de précaution pour soi.

Les autres, les mariés, ils ont le divorce.

Le divorce-libération pour la femme?

Le divorce... Le divorce a bien changé. Toute la littérature du XIXe siècle et de la première partie du XXe siècle a brodé sur le thème « le mariage, protection de la femme ». Malheur à la « vieille fille, » mise à l'écart, vulnérable, non protégée. La pauvre, « elle ne l'avait pas fait exprès », c'était une « laissée-pour-compte ». Même Léon Blum, dans ce livre à l'époque scandaleux, s'il préconisait la « polygamie successive » avant le mariage, ne voyait que dans le mariage l'« établissement » sûr d'une femme. « N'est-il pas honnête à elle (...) de se représenter dans le détail le mode d'existence offert et de ne s'engager qu'avec le maximum de certitude, de rechercher en un mot un bonheur solide dans un établissement durable ? (...) Dans ce cas il n'est qu'honnête de repousser comme mari, même s'il plaît, un homme pauvre, maussade ou modeste. Ce pourrait être un amant, non pas un mari [4]. » La femme divorcée, elle, devait le plus souvent cacher son « état » si elle voulait être reçue ou être embauchée. Même divorcée aux torts complets de son ex-mari, elle apparaissait suspecte. Elle n'était ni plainte ni secourue à l'instar d'une veuve, elle était la plus fragilisée : c'est pourquoi la législation du divorce avait fait de la pension alimentaire une sorte de « prolongation du devoir de secours » du mari envers la femme, laquelle était ressentie comme la victime du divorce.

Aujourd'hui, un éminent spécialiste des aspects juridiques, démographiques et sociologiques du divorce, Jacques Commaille, en vient à se demander s'il ne faudrait pas superposer à cette image une nouvelle représentation, celle du « divorce-libération pour la femme ».

Plus demanderesses de divorce que les hommes, les femmes apparaissent également plus satisfaites par le divorce –, à la notable exception près, déjà évoquée, des « répudiées », ainsi que se baptisent elles-mêmes les divor-

4. Léon BLUM, *Du mariage, op. cit.*, p. 255.

cées malgré elles « pour rupture de la vie commune ». Au début des années 1970, avant de modifier la loi sur le divorce, le ministère de la Justice a fait faire de nombreuses études et enquêtes par les meilleurs spécialistes pour bien connaître les situations, réactions, attitudes et opinions de la population. Le divorce était à l'époque difficile et éprouvant. Néanmoins 43 % des femmes divorcées ont répondu qu'elles estimaient que leur divorce avait été « une libération », et 39 % « une épreuve pénible mais qui ne gâche pas définitivement leur avenir ». Le dossier publié en décembre 1981 par l'I.N.S.E.E. sur le divorce confirme cette tendance puisque les deux tiers des procès sont engagés à l'initiative de la femme.

Depuis la loi du 11 juillet 1975, trois procédures de divorce sont possibles : le *divorce pour faute*, le *divorce par consentement mutuel* (par demande conjointe, ou demandé par l'un des époux et accepté par l'autre) et le *divorce pour rupture de la vie commune.*

Les procédures de divorce selon les catégories sociales et les sexes

Le divorce d'accord – par consentement mutuel – s'est largement diffusé : en 1981, 52 % des couples ont utilisé cette procédure, contre 34 % en 1977. Elle a d'abord trouvé ses adeptes dans les couches les plus instruites et les catégories socioprofessionnelles les plus élevées. Il ne semble pas que ce phénomène ait une cause purement financière, puisque justement la procédure par consentement mutuel, quand la demande est conjointe, est gracieuse, alors que les autres sont pour partie ou totalement contentieuses. Encore en 1981, on observait que la moitié des divorces des cadres supérieurs se font par consentement mutuel, mais seulement un quart de ceux intéressant un époux ouvrier ou personnel de service. Pour les femmes, six sur dix de celles qui sont cadres supérieurs choisissent le consentement mutuel contre deux sur dix des agricultrices ou des inactives et à peine plus des ouvrières.

S'agit-il d'une manière différente de vivre : la faute dans le mariage étant moins bien supportée dans les catégories les moins favorisées ? Le mariage y étant pris comme un engagement trop sérieux pour être rompu seulement par convenance personnelle ? S'agit-il d'un rapport à la loi différent : les plus instruits connaissant mieux les dispositions nouvelles et sachant plus vite et mieux en user ? Il faut surtout remarquer, entre ces deux populations qui n'ont sans doute pas le même *ethos* quant aux pratiques familiales [5], la très forte divortialité des employés et cadres moyens « écartelés entre les classes populaires, dont ils partagent souvent la condition, et les classes supérieures auxquelles ils aspirent appartenir ». Les employés entament encore surtout des divorces pour faute (64 % pour les hommes, 57 % pour les femmes) mais usent de plus en plus souvent de la procédure par consentement mutuel.

On peut s'interroger également sur le rapport à la loi qui fait que les femmes sont deux fois plus demanderesses de divorce que les hommes. De nombreuses études ont été faites à ce sujet, et de nombreuses hypothèses avancées, bien souvent contradictoires selon qu'on considère la femme comme toujours en position d'infériorité – réflexe des milieux féministes – ou menaçante par son indépendance et sa puissance croissante – crainte latente de certains milieux masculins et conservateurs. Les études les plus objectives sur les demandes féminines permettent de dégager à tout le moins deux grands types de situations conduisant à deux types de stratégies.

Dans un premier groupe, on pourrait classer les femmes actives de statut professionnel moyen ou élevé, qui choisissent et assument la séparation d'autant plus facilement que leur indépendance économique est assurée; elles proposent à leur partenaire une stratégie de compromis et cela aboutit à une rupture par consentement mutuel dont elles ont pris l'initiative.

5. In *Données Sociales 1984, op. cit.*, p. 436.

Dans un second groupe, où l'on retrouve les femmes sans profession, agricultrices, ouvrières et personnel de service, la femme demande le divorce pour faute contre son mari, car cette procédure lui apparaît comme la plus adéquate pour exercer le pouvoir de marchandage qui lui permettra d'obtenir les compensations matérielles et morales dont elle estime avoir besoin pour sa perte de statut.

Les demandes introduites par les femmes aboutissent proportionnellement plus souvent que les demandes introduites par les hommes, et les taux de satisfaction aux demandes des femmes sont également plus stables. Les hommes, dans le divorce pour faute, n'obtiennent le plus souvent gain de cause que de manière partielle, une part des torts leur étant attribuée, alors que dans les jugements à la demande des épouses, six fois sur dix, tous les torts sont attribués à l'époux.

La grande majorité des couples qui divorcent ont un ou des enfants, d'après l'enquête du ministère de la Justice effectuée de 1970 à 1978. Ainsi, pour la période 1976-1977, 172 642 couples ont divorcé : 23,2 % n'avaient pas d'enfants, 76,8 % en avaient (32,1 % un seul; 24,2 % deux enfants; 10,7 % trois enfants; 4,7 % quatre enfants; 5,1 % cinq enfants ou plus).

Une nouvelle manière de dissoudre la communauté financière des époux

Une des innovations importantes de la loi de 1975 a été le remplacement de la *pension alimentaire* par la *prestation compensatoire.*

La pension alimentaire avait pour fin de satisfaire les besoins de qui la recevait, compte tenu des possibilités de qui la devait. Elle pouvait être modifiée si l'un des facteurs changeait, si les ressources du débiteur diminuaient, si les charges de l'époux créditeur augmentaient, et ainsi de suite, ce qui donnait lieu, on peut l'imaginer, à des remises en cause perpétuelles.

Le législateur a souhaité, en liquidant le régime matrimonial qui unissait les époux, procéder à un règlement global et définitif des biens et patrimoines. Les personnes divorcées avant 1975 demeurent sous le régime de l'ancien article 301 du Code civil. Pour les autres, l'attribution de la prestation compensatoire ne dépend plus, par principe, de la « culpabilité » ou de l'« innocence » de chacun, puisqu'elle s'applique dans le divorce par consentement mutuel, ou dans le divorce par faute « aux torts partagés ». Il s'agit, dit l'article 270 du Code civil, de « *compenser autant qu'il est possible la disparité que la rupture du mariage crée dans les conditions de vie respectives* » – en somme de rétablir, au moment du divorce, un équilibre financier des patrimoines.

Voilà qui va loin car sont implicites une nouvelle conception du mariage et une nouvelle conception de la « justice ». Désormais le mariage apparaît comme une association aux aspects financiers non négligeables qu'il faut dissoudre avec équité, et non plus comme une entité morale et sociale d'une autre essence. La poursuite de la justice apparaît être l'égalité, et non la sanction et la réparation de fautes.

Les défauts du système précédent étaient devenus insupportables à une conscience moderne : ne pouvaient bénéficier de la pension alimentaire que les époux qui obtenaient le divorce aux torts complets de l'autre. Bien des femmes se sont vues ainsi privées de toutes ressources après un divorce car les torts avaient été déclarés légèrement partagés par elles.

Auparavant, les procès revenaient sans cesse devant le juge pour des réajustements. Maintenant la prestation compensatoire doit régler une fois pour toutes les droits respectifs sur leurs biens des époux qui divorcent. En somme, *la situation doit être apurée équitablement, et on ne revient plus dessus.*

Rude travail pour les juges... Ils doivent fixer le montant de la prestation compensatoire et les modalités de versement : elle peut être l'objet d'un règlement en une seule fois par un capital, ou en plusieurs fois, par des versements différés. Bien des hommes, salariés sans fortune, ne peuvent verser en une fois la prestation compensatoire. Mais il est regrettable que dans de nombreux cas où cette pratique serait possible et acceptée par le mari débiteur, la femme refuse le capital et demande plutôt la petite rente que lui constitueront des versements échelonnés. Choix instinctif de « sécurité » qui n'est souvent pas le meilleur pour elle. Un peu plus de sens du risque lui permettrait, avec le petit capital, de s'acheter un fonds de commerce, de se former et s'installer dans un nouvel emploi, etc. Bien souvent, c'est le logement conjugal acquis par le mari qui est laissé à l'épouse au titre de prestation compensatoire : c'est pour elle une solution fiscalement avantageuse.

Le déconcubinage fait des victimes, que les tribunaux dédommagent parfois

Qu'en est-il des concubins qui se séparent ? C'est simple : le partenaire qui casse l'union et abandonne le « foyer » ne doit rien à l'abandonné et l'abandonné ne peut rien réclamer.

Voilà qui déplaît à une majorité de Français, de plus en plus tolérants à l'égard de l'union libre. Interrogés, ils sont nombreux (49 %) à se déclarer choqués par ce non-droit et à souhaiter que l'on oblige le concubin, après rupture, à verser une pension, comme après divorce. D'avis opposé : 39 %. On en arrive à ce paradoxe : les Français sont majoritairement favorables à une protection accrue des concubins (un signe de plus de la future récupération par le droit de ce moderne mariage *sine manu*...). On ne réclame des concubins ni engagement ni responsabilité, mais on aimerait bien leur voir octroyer des droits, dont le droit à la compensation en cas de rupture.

Déjà aujourd'hui, bien qu'en état de non-droit, celui des ex-concubins qui s'estime spolié, grugé par la séparation va assez souvent se plaindre au tribunal. C'est surtout la femme, qui n'a pas de revenus propres ou gagne moins bien sa vie que l'homme, et se retrouve « victime ». Au point que, de plus en plus fréquemment – et cela fait jurisprudence – les tribunaux jugent que la femme sortant « d'une union de fait établie » peut réclamer une partie des acquêts, des gains ou des bénéfices que l'homme a réalisés durant leur union. Pour cela, il lui faut réunir des preuves, que souvent elle ne parvient pas à réunir, de ladite union « établie ».

D'autre part, quand des concubins ont eu ensemble un enfant, celui qui élèvera l'enfant après la séparation du couple a droit à une indemnité pour l'enfant de la part de l'autre, si ce dernier avait reconnu l'enfant, comme s'il s'agissait d'un enfant légitime.

En ce cas toutefois, le concubin défaillant, celui qui s'en va, avait quand même pris devant la société une responsabilité en reconnaissant l'enfant comme sien. Dans le cas du couple d'amants « libres » qui vivaient ensemble et viennent à se séparer, aucune « reconnaissance », aucun engagement de responsabilité l'un envers l'autre n'avait été signé. Tout s'était passé hors droit, et donc hors justice, dans tous les sens du terme. C'est là le prix de la liberté. Il en est d'autant plus remarquable que tant l'opinion que les tribunaux penchent quand même en faveur de la protection – copiée sur le mariage.

L'épineux dossier des pensions alimentaires impayées

Cependant les protections assurées par le divorce suivant un mariage apparaissent aléatoires dans la mesure où les pensions alimentaires ou versements d'avant ou après la loi de 1975 ne sont pas toujours payés régulièrement, ou ne sont pas payés du tout par les débiteurs. Il s'agit là du problème financier majeur des divorcées (en dépit du fait que quelques hommes apparaissent parmi les créditeurs, on usera du féminin tant est écrasante la majorité des femmes dans ces cas). Selon des sondages du ministère de la Justice [6] il apparaît qu'environ un quart des pensions ne sont jamais payées, et qu'entre un quart et un tiers le sont de manière irrégulière.

L'interprétation de ces chiffres est délicate : en effet, s'il s'agissait uniquement d'inexécutions unilatérales de mauvais débiteurs, il devrait y avoir en regard un nombre d'actions intentées en justice (saisies-arrêts, abandons de famille) ou par voie d'huissier (procédure de paiement direct) très important, ce qui ne semble pas être le cas. Pourquoi ces actions n'ont-elles pas lieu ? Est-ce parce que les femmes ont peur de recourir à ces institutions ? Est-ce parce que le non-paiement des pensions fait suite à un refus du droit de visite par le parent gardien, c'est-à-dire qu'interviendrait entre les ex-époux un marchandage : « Si tu ne me laisses pas voir l'enfant comme j'y ai droit, je ne paie pas la pension à laquelle tu as droit » ? Est-ce que les ex-époux adaptent les versements à leurs nouvelles situations respectives, chômage de l'un, mise en ménage de l'autre, etc. ? Ces stratégies propres aux anciens conjoints restent leur secret. Mais il est évident que, dans de très nombreux cas, le parent gardien, la femme le plus souvent, doit faire face à des difficultés matérielles dramatiques quand aucun versement n'est fait. Les magistrats ajoutent également que, par son ampleur, ce phénomène porte préjudice aux décisions de justice.

Des techniques nouvelles de recouvrement ont été mises en place ces dernières années :

– Procédure par paiement direct, qui permet à la femme d'exercer son droit à la pension sur le salaire de son ex-mari ou sur les produits de son travail. Ce recouvrement est effectué par huissier, tous les fichiers publics permettant à l'huissier d'avoir des renseignements sur le « débiteur d'aliments » lui sont ouverts : Sécurité Sociale, fichier des comptes bancaires, fichier des cartes

6. A. BENABENT, *Rapport sur l'application jurisprudentielle de la loi du 11 juillet 1975*, ministère de la Justice, S.C.R., 1980, p. 13.

grises, etc. – et, de plus, depuis 1983, la « portion saisissable » sur les salariés n'est plus limitée quand il s'agit d'arrérages de pensions alimentaires.

– Procédure de recouvrement public, si les premières tentatives ont échoué : le créditeur s'adresse alors au procureur de la République qui délègue son pouvoir au juge aux affaires matrimoniales, et les pensions alimentaires sont alors recouvrées comme l'impôt. Cette procédure donne lieu à une majoration de 10 % des pensions alimentaires perçues pour couvrir les frais du Trésor public.

Les Caisses d'allocations familiales ont reçu la possibilité de faire des avances aux créanciers des pensions alimentaires jusqu'à concurrence du montant de l'allocation d'orphelin. Un projet de loi présenté en juillet 1984 par le ministre délégué aux Droits de la Femme complète et simplifie ce système en attribuant aux mêmes Caisses d'allocations familiales qui consentaient ces avances le pouvoir de procéder au recouvrement des sommes dues auprès des débiteurs. On espère que les femmes laissées sans ressources par leur ex-mari s'adresseront plus volontiers aux Caisses qu'aux huissiers ou aux tribunaux, et que les choses iront ainsi plus vite – d'autant que le même organisme qui fera les avances s'occupera également des recouvrements.

Il s'agit là d'une mesure de justice qui demeure raisonnable : l'État ne viendra au secours des femmes divorcées que dans les cas où elles ne touchent pas leurs pensions et s'en plaignent. L'avance faite, d'autre part, sera limitée.

Certains milieux voudraient aller beaucoup plus loin et obtenir beaucoup plus : qu'un organisme d'État se charge, dans tous les cas, à la fois de payer les pensions alimentaires et d'en recouvrer le montant auprès des débiteurs. A quoi conduirait ce généreux système ? A faire payer par la collectivité les dépenses considérables qu'occasionnerait un tel service, et à assurer les divorcées d'une petite rente tous les mois – alors que rien de tel n'existerait pour les gens mariés. En sorte que les femmes mariées dont le mari est malade ou chômeur en fin de droits, ou ceci, ou cela, devraient affronter les aléas de la vie, se prendre en charge et prendre en charge un mari, sans pour cela être aidées – alors que les divorcées disposeraient d'une somme mensuelle ponctuellement versée par l'État...

Déjà dans le système aujourd'hui préconisé, les divorcées seront plus aidées que les femmes mariées qui doivent, elles, recourir à une procédure judiciaire si elles estiment que leur mari ne contribue pas comme il le devrait aux charges du foyer.

On ne peut guère aller plus loin dans le devoir de l'État envers les divorcés sans instaurer une grave injustice envers ceux qui sont tout bonnement restés mariés.

Mais il est bien sûr qu'il faut tout mettre en œuvre pour faire échec aux manœuvres des « débiteurs d'aliments », c'est-à-dire des divorcés qui doivent payer à leur ex-conjoint une pension, et qui s'arrangent pour n'en rien faire. Ces cas sont loin d'être rares : on maquille ses ressources, on les diminue artificiellement, et on prétend être insolvable. Une nouvelle infraction est actuellement envisagée sur le plan pénal qui visera très précisément « l'insolvabilité organisée ».

Un père non marié, mais qui a reconnu son enfant, doit une pension alimentaire à la personne qui élève l'enfant, le plus souvent la mère. On peut être assuré que les facilités ouvertes auprès des Caisses d'allocations familiales pour les divorcées seront données également aux mères célibataires délaissées. On est ici aux frontières du droit social, et les Caisses d'allocations familiales s'occupent tout particulièrement des mères célibataires et des mères isolées.

Statut matrimonial et travail professionnel

Le statut matrimonial n'a plus, comme autrefois dans les corporations, de conséquences juridiques sur l'« état » professionnel. Jadis une veuve de « maître » charpentier ou de « maître » imprimeur prenait le titre de son défunt époux, même si elle ne savait rien de rien de la charpente ou de l'imprimerie. Elle perdait son titre de maîtresse si elle se remariait hors de la corporation, mais, si elle épousait un compagnon de la même corporation que feu son mari, elle lui conférait du coup le titre de maître. Ce mélange de grade professionnel et de lit nous est aujourd'hui bien étranger, pourtant des contraintes d'ordre juridique pèsent sur les modalités de l'exercice de la profession selon l'état matrimonial de certaines personnes : les conjoints d'artisans, de commerçants, d'agriculteurs, etc.

Le secteur du commerce et de l'artisanat emploie près de 4 millions de personnes et ne cesse de s'accroître. L'une des caractéristiques de ce secteur dynamique aux particularités marquées est l'importance de la contribution des conjoints. Le plus souvent il s'agit de femmes travaillant auprès de leur mari, tour à tour secrétaires, dactylo-facturières, comptables, quand elles ne sont pas en même temps vendeuses, gestionnaires de stocks, ouvrières à l'atelier, etc. La femme du commerçant est souvent « la patronne », celle de l'artisan est une « polyvalente » indispensable. Toutes les études sur le travail féminin montrent que la majorité d'entre elles connaissent les durées de travail les plus importantes de toutes les femmes actives : elles travaillent en moyenne dix heures de plus par semaine que les femmes des autres secteurs d'activité! Ces épouses sont très conscientes de leur rôle et de leur part dans le succès de l'entreprise familiale. Pourtant, jusqu'à la loi du 10 juillet 1982, elles ne jouissaient pas de la plénitude de leurs droits sociaux et professionnels. Il en allait de même, jusqu'à la loi d'orientation agricole du 4 juillet 1980, pour les femmes d'agriculteurs, dont on sait pourtant combien elles participent à la bonne marche de l'exploitation familiale. Elles n'ont donc acquis que très récemment le droit d'être élues dans les organismes de coopération, de crédit ou de mutualité, un droit de regard dans les décisions touchant au bail rural, ou le pouvoir d'accomplir des actes administratifs concernant les besoins de l'exploitation.

Les femmes d'artisans ou de commerçants ne percevaient pas de prestations maladie-maternité en espèces; leur régime d'assurance volontaire était insatisfaisant; en cas de fermeture de l'entreprise familiale, elles étaient démunies; malgré leur activité, si elles étaient mariées sous le régime de la séparation de biens, elles ne pouvaient intervenir dans la gestion de leurs époux, etc. La loi du 18 juillet 1982 a d'une part renforcé leurs droits sur l'entreprise et leur protection sociale, et d'autre part leur a proposé divers « statuts » : conjoint collaborateur, conjoint associé, conjoint salarié. *Jusque-là, la femme d'artisan ou de commerçant ne pouvait être salariée de son époux.* Elle le peut désormais, et, comme telle, bénéficie de la législation du travail et de la protection sociale du régime général des salariés. *Mais... on a fixé au S.M.I.C. la limite de son salaire* (que son mari pourra déduire de ses bénéfices dans sa déclaration fiscale). Ce plafonnement choque les commerçants et artisans. Il leur paraît une sous-évaluation évidente du travail fourni par les épouses, et une pénalisation arbitraire par rapport aux couples d'artisans et commerçants non mariés. En ce cas, le concubin peut déclarer un plus gros salaire à sa concubine, qui bénéficiera des abattements traditionnels pour salariés, et le retrancher ainsi de ses bénéfices déclarés.

Les 40 000 femmes de médecins qui répondent au téléphone, assurent la permanence des urgences, les tâches de secrétariat de leurs époux réclament elles aussi la possibilité d'acquérir des droits propres en matière de vieillesse. On vient à peine de leur accorder, sous certaines conditions de collaboration, des allocations de maternité. Si les médecins se marient de moins en moins...

Le mariage, support « positif » ou « négatif » de la carrière

De manière moins juridique, plus subtile, le mariage semble affecter différemment la carrière professionnelle des hommes et des femmes salariés. D'après F. de Singly [7], se marier apparaît comme un avantage pour la carrière des hommes, et comme un handicap pour la carrière des femmes. Non seulement les femmes mariées interrompent bien plus souvent leur vie professionnelle que les femmes non mariées, mais encore elles réalisent un moins bon « rendement professionnel de leurs diplômes » que les femmes célibataires. Pour les hommes, il apparaît que c'est tout l'inverse : ainsi, un licencié célibataire a statistiquement 79 % de chances de devenir cadre supérieur, mais un licencié marié en a 90 %... « Le mariage forme un support positif à la carrière masculine et négatif à la carrière féminine, surtout quand sont faibles les assurances de réussir par les seuls moyens des richesses scolaires. »

Si le mariage forme un « support positif » à la carrière des hommes, on peut aussi renverser la question et se demander si la carrière, ou plus modestement l'emploi, sert de support positif au mariage, si l'on se marie ou ne se marie pas indifféremment, qu'on soit ou non chômeur. Nous avons vu qu'il n'y a pas de relation de cause à effet entre la montée du chômage et la chute drastique des mariages. Ce dernier phénomène – la chute des mariages – tendance lourde s'il en est, apparaît dans les pays sans chômage et touche les couches les plus favorisées de la population avant toutes autres, celles qui ont un statut professionnel enviable.

Néanmoins, il semble quand même que mariage, emploi et chômage, dans les âges jeunes, ne présentent pas les mêmes rapports quand il s'agit de jeunes gens ou

7. F. de SINGLY, « Mariage, dot scolaire et position sociale », in *Economie et Statistiques*, n° 142, mars 1982.

de jeunes filles. Michel-Louis Lévy [8], observant les taux de chômage des 20 à 24 ans entre 1975 et 1980 notait que celui des hommes célibataires entre ces deux dates passait de 7,3 % à 11,4 % alors que celui des hommes mariés des mêmes âges à la même période passait de 3,4 % à 4 %, donc se situait à un niveau nettement inférieur et n'augmentait que peu. Serait-ce à dire que le jeune homme qui n'a pas d'emploi retarderait son mariage, attendrait d'être « établi » pour convoler ? Peut-on imaginer que dans ces tranches d'âge jeunes (20 à 24 ans) le jeune homme marié, paraissant plus sérieux, plus fixé, trouverait plus aisément un emploi ?

Ce ne sont là qu'hypothèses. Ce qui est sûr, c'est que cette différence constatée entre hommes mariés et hommes célibataires ne se retrouve pas chez les jeunes femmes : celles-ci connaissent des taux de chômage beaucoup plus élevés, et qui s'accroissent beaucoup plus vite, qu'elles soient mariées ou qu'elles soient célibataires. Tout se passerait donc encore comme si les deux sexes avaient des stratégies différentes : le jeune homme aurait tendance à retarder son mariage s'il n'a pas d'emploi; pour la jeune femme, cette condition a moins d'importance ou n'entre pas en ligne de compte. Certes, les jeunes filles n'attendent plus le mari chez elles. Elles travaillent ou cherchent du travail. Mais ne pas trouver d'emploi ne leur fera pas retarder leur mariage. Celles surtout qui ont un faible niveau d'éducation, pour qui se succèdent petits jobs sans intérêt et périodes de chômage, continuent de considérer le mariage comme un « établissement » qui concurrence le travail.

8. M.-L. Lévy, « Mariage et chômage des jeunes générations » in *Revue d'économie politique*, nos 5-6, 1982.

CHAPITRE VI

Et les enfants?

La filiation

Si les parents biologiques donnent la *vie* à un enfant, l'*identité* de cet enfant sera établie par sa *filiation,* officiellement enregistrée dans les actes d'état civil.

Les Romains, qui n'étaient pas fous, mais ignoraient la génétique, et les juristes qui, à leur suite, se plaisaient à parler latin, avaient fort doctement formulé plusieurs adages pour se tirer d'affaire dans cette épineuse question de la filiation.

« *Mater semper certa est* », remarquaient-ils avec bon sens : on est toujours sûr que la mère est la mère. Il n'était point besoin pour cela du secours de la biologie. C'est maintenant que les progrès de la biologie et de l' « ingénierie obstétrique » commencent à fissurer cette donnée simple : aujourd'hui, le transfert d'ovule permet à une femme de porter dans sa matrice un embryon formé avec l'ovule d'une autre, et donc d'accoucher d'un enfant dont elle n'est pas génétiquement la mère. On va devoir considérer que cette antique certitude que la mère est la mère n'est pas irréfragable – mais n'anticipons pas, et laissons la commission d'éthique se prononcer.

« *Pater is est quem nuptiae demonstrant* », ajoutaient-ils pour le père, dont on était beaucoup moins sûr : c'est le mariage qui établit la paternité. Le père, c'est le mari. Le mari, investi de la puissance maritale, était également investi de la puissance paternelle sur les enfants dont la femme accouchait, il leur donnait leur nom, leur « patronyme », leur filiation. Le Code Napoléon, qui ne se préoccupait nullement de vérité biologique, avait ainsi consacré « le primat de la volonté dans la création du lien de filiation [1] », et le primat du mari-père ou présumé père. La loi elle-même rendait l'administration de la preuve biologique impossible.

La paternité est désormais sortie de son abstraction légale liée au mariage.

Il n'y a plus d'enfants illégitimes

D'autre part, peu à peu, on a vu les juristes chercher à faire profiter le maximum d'enfants de la sacro-sainte « légitimité » que seul conférait le mari-père : comme toutes les fois que les lois ne correspondent plus non seulement aux mœurs mais aussi à la sensibilité du moment, on a usé de tous les artifices pour étendre au maximum la présomption de légitimité, pour interpréter de la manière la plus restrictive les règles du désaveu de paternité, pour utiliser toutes les ressources du mariage putatif, pour élargir la légitimation par mariage de l'enfant adultérin, etc. Puis la loi de 1966 sur l'adoption, permettant à une personne non mariée de donner par adoption plénière une légitimité à un enfant, a contribué encore à détacher la légitimité de l'enfant du mariage de ses parents.

A la fin du compte, on ne voyait plus très bien ce qui séparait le « légitime » de l' « illégitime ». A force d'acrobaties juridiques pour créer de nouvelles légitimités, on en est venu à ressentir d'autant plus l'injustice de ces inégalités de naissance, de ces inéquités imméritées qui frappaient des nourrissons absolument innocents des

1. M.-T. MEULDERS, « Fondements nouveaux du concept de filiation », in *Annales de droit*, t. XXXIII.

circonstances de leur naissance. C'est ainsi que *la loi du 3 janvier 1972 sur la filiation a supprimé la hiérarchie des filiations, a permis l'établissement de la filiation de tous les enfants et en a égalisé les effets.* Le statut de l'enfant est devenu distinct, il a été séparé de la situation matrimoniale ou extra-matrimoniale de ses parents.

La commission des Droits de l'homme des Nations Unies avait du reste adopté en 1967 un projet de principes généraux concernant l'égalité des personnes nées hors mariage et la non-discrimination à l'égard de ces personnes, et renouvelé en 1968, à la Conférence internationale des Droits de l'homme, la déclaration des Droits de l'enfant. Il devenait scandaleux, dans le pays de la Révolution et de la Déclaration des Droits de l'homme, que le principe d'égalité des droits et devoirs entre parents et enfants demeurât écrasé par la prééminence du mariage. Ce principe, affirmé par la loi du 12 brumaire an II, avait été évacué du Code civil par les soins de Napoléon qui voulait structurer la famille sur le mariage. Des hommes, mariés ou non, pouvaient procréer, sans encourir la moindre peine, des enfants qui porteraient toute leur vie le poids de l'illégitimité de leur naissance.

En même temps que ce souci de justice, la loi du 3 janvier 1972 traduit une vérité nouvelle ressentie par le corps social : à savoir que *le parent est avant tout celui qui manifeste une volonté désintéressée et agissante de s'occuper de l'enfant,* de l' « assumer » comme on dit aujourd'hui, et non pas le parent biologique. *La vérité du cœur prend le pas sur la vérité du sang.* Le parent adoptif, par son choix et la responsabilité qu'il assume, efface les traces du parent biologique défaillant.

Tous les enfants sont donc égaux, qu'ils soient légitimes, nés de parents mariés; naturels, nés de parents non mariés; adultérins, nés de parents dont l'un était encore au moment de leur conception, marié à une autre personne; ou adoptés.

Défendre le mariage ou défendre l'enfant adultérin?

Ce n'est pas totalement vrai. La loi de 1972 n'a pas osé aller tout à fait aussi loin. Elle n'octroie pas à l'enfant adultérin, « qui vient troubler le sérail légitime » (C. Labrusse) une part complète de succession comme à l'enfant légitime, naturel ou adoptif. L'enfant adultérin n'a droit qu'à une demi-part. On n'a pas voulu tout à fait reconnaître le droit de l'enfant adultérin à l'héritage de son parent adultère. On n'a pas non plus complètement protégé la famille légitime. On a coupé la poire en deux, ce qui n'est ni très audacieux ni très net. Mais la chose n'est pas simple.

Madame X a épousé un homme sans fortune, comme elle. Ils ont eu deux enfants. Comme son mari, elle travaillait. Ils ont tant et si bien travaillé qu'ils ont pu acheter une maison et réaliser un petit avoir. Tout ceci en communauté, et c'était justice puisque cela représentait l'effort des deux époux depuis leur mariage. Monsieur X meurt. Voilà que Madame X apprend qu'à son insu, à l'insu de ses enfants, son mari avait eu d'une maîtresse un enfant adultérin, et que cet enfant inconnu va hériter d'une part de ce qu'elle a contribué à amasser pour « les siens » par son travail. Peut-elle trouver juste de voir une partie du fruit de son travail aller récompenser l'infidélité de son mari, en lésant ses propres enfants?

Mais l'enfant Y, en toute justice, pourquoi ne recueille-t-il pas, à la mort de son propre père, la même part que ses demi-frères, sous le seul prétexte que ceux-ci étaient nés dans le mariage mais pas lui – ce dont il n'est nullement responsable?

Sur le plan purement légaliste, s'agissant de la transmissions des biens, la loi sur la filiation n'a pas été jusqu'au bout de son projet d'égalité absolue entre les enfants nés dans le mariage et les enfants nés hors mariage. Mais elle n'a pas non plus complètement défendu le mariage.

Père sera si la mère le veut

En outre, elle n'a pas exprimé clairement ce qui, désormais, est le fondement de la filiation : est-ce la vérité biologique ? Est-ce la « possession d'état » ? Mais surtout, s'agissant de l'enfant naturel, elle semble avoir posé différemment le problème de la filiation maternelle et celui de la filiation paternelle, désavantageant les pères. Bien sûr, la filiation maternelle est à l'évidence plus manifestement biologique. La filiation paternelle serait donc, en comparaison, plus volontaire et affective ? *Mais est-ce une raison pour qu'elle ne puisse être établie que par rapport à la mère ?* Il semble bien que le principe d'égalité entre les sexes qui a présidé à la refonte du droit civil n'ait pas été recherché ici : *une mère peut empêcher un père de reconnaître son enfant;* il suffit qu'elle le laisse dans l'ignorance de sa grossesse, ou lui dérobe la date et le lieu de naissance de l'enfant. *Un père ne peut empêcher une mère de reconnaître son enfant.* « A maints égards, en fait et en droit, la filiation naturelle est d'abord une filiation maternelle (matrilinéaire) en ce qu'il dépend de la mère de rendre possible l'établissement de la paternité [2]. »

On peut même se demander si, par un retour très net du pendule, on n'est pas passé du régime (napoléonien) de « l'enfant propriété du père » à un régime nouveau (féministe ?) de « l'enfant propriété de la mère » ? Dans le cas où la femme qui accouche refuse de donner son nom et déclare son enfant « né de mère inconnue », l'enfant sera vite adopté afin de ne pas demeurer « sans état » – mais le père sera frustré de sa paternité qu'il était peut-être prêt à revendiquer, et l'enfant d'un père qui était peut-être prêt à le reconnaître. Même si le père naturel a fait acte de reconnaissance antérieurement à l'adoption, la déclaration « de mère inconnue » en annule l'effet.

Quel chemin parcouru depuis le père tout-puissant de

2. C. LABRUSSE-RIOU, *op. cit.*, p. 156.

qui toute identité procédait jusqu'à cette mère qui possède déjà la fécondité, la maîtrise de cette fécondité par des techniques efficaces à son usage, et en outre la possibilité de priver le père de son enfant et l'enfant de son père! Même si ces cas sont rares, ils doivent faire craindre que la procréation ne devienne une responsabilité purement féminine. Autant l'affaiblissement du monopole dont jouissait le mari peut être salué comme une démarche réaliste et raisonnable, autant on peut s'inquiéter qu'à faire de l'établissement de la paternité un acte subordonné à la volonté de la mère, on décourage et déresponsabilise les pères.

Ne serait-ce pas tout simplement que cette loi, adoptée en 1972, a été préparée et rédigée dans un contexte sociologique bien différent de celui que nous connaissons aujourd'hui : la contraception féminine était beaucoup moins répandue; c'était l'époque des mariages chaque année plus nombreux; les naissances hors mariage étaient encore rares et intéressaient des femmes souvent très jeunes et presque toujours pauvres, seules à reconnaître leur enfant dans huit cas sur dix. Le père, lui, avait disparu dans la nature. Comment ne pas chercher d'abord à protéger la femme, la mère qui prenait seule la charge de l'enfant?

Dans cet esprit de défense des plus faibles – la mère et l'enfant – la loi de 1972 a même introduit une innovation : « l'action à fins de subsides » qui, comme l'écrit son inspirateur Jean Carbonnier, se situe « dans la zone des maternités certaines et des paternités douteuses ». Grâce à cette possibilité, la jeune femme qui n'a pu faire établir la paternité de son enfant doit seulement démontrer l'existence de relations sexuelles entre elle et le sieur X pendant la période de conception. Le sieur X a la possibilité de couper court à la demande de subsides en produisant toute preuve évidente de l'impossibilité de sa paternité : une analyse de sang, ou des témoignages irréfutables attestant qu'il n'a pas quitté Tombouctou de telle date à telle date et n'a donc pu fréquenter la demoiselle Y qui n'a pas quitté Levallois-Perret. Ou encore, il peut alléguer que la demoiselle Y se livrait à la débauche, et produire preuves et témoins. On ne peut imaginer la fréquence de ces défenses des hommes qui, pour se dérober au versement de subsides, cherchent à prouver « l'inconduite notoire » de la demanderesse de la manière parfois la moins vraisemblable. C'est là un chapitre tristement éloquent de la lâcheté masculine et du peu d'empressement montré par beaucoup à assumer un enfant.

De leur côté, il faut le noter, les mères non mariées préfèrent souvent cette procédure – l'action à fins de subsides – à la procédure de recherche de paternité, parce qu'ainsi elles sont assurées d'une aide matérielle, mais conservent seules les droits sur l'enfant.

La prépondérance de la mère, l'étendue de sa responsabilité et de ses prérogatives, sa protection contre les pères défaillants caractérisent cette loi, bien adaptée à la société des années 1960. Depuis, les choses ont beaucoup changé. Contraception et I.V.G. permettent d'éviter ou d'interrompre les grossesses vraiment indésirées. Les enfants naturels des années 80, de plus en plus nombreux, sont de plus en plus souvent des enfants voulus, désirés, par des parents appartenant à des classes socioprofessionnelles différentes de celles de filles-mères de naguère. Les pères reconnaissent bien plus souvent ces enfants dès la naissance.

L'enfant naturel est aujourd'hui souvent un bien précieux et non un fardeau non désiré qu'on renâcle à assumer. La femme détient une large supériorité et liberté de manœuvre si elle désire un enfant pour elle, mais se refuse à le partager avec un homme. Elle choisit alors d'avoir un enfant sans père et le cas est beaucoup plus fréquent déjà que ne le croient les juges et les avocats – qui n'ont pas à en connaître. On le rencontre de plus en plus parmi les femmes indépendantes qui gagnent bien leur vie. Mais on le rencontre également parmi les mères célibataires défavorisées qui ont recours à l'action sociale ou touchent une allocation de mère isolée (justement parce que l'enfant n'est pas reconnu par le père) : « Je n'ai pas voulu lui dire que j'étais enceinte. Je voulais l'enfant mais je ne voulais pas de lui comme père de mon enfant. » « J'aimais mieux garder mon enfant pour moi. Je ne dirai jamais qui est le père. » « Comme père, il n'aurait pas été valable. J'ai préféré garder l'enfant pour moi. » Tels sont les aveux très spontanés qu'entendent fréquemment les travailleurs sociaux. Eux-mêmes jugent souvent « courageuse » cette attitude.

Des associations et mouvements féminins réclament que la loi aille plus loin encore et ne permette à un homme de reconnaître son enfant que si la mère donne un consentement écrit à cette reconnaissance (disposition qui existe en Grande-Bretagne). Ne serait-ce pas tomber d'un excès dans l'autre et donner à la mère le pouvoir discrétionnaire de priver un enfant de son père et un père de son enfant ?

L'autorité parentale dans les couples mariés

De l'établissement de la filiation découle le droit d'exercer *l'autorité parentale.*

« L'autorité parentale » est une expression nouvelle, forgée pour les besoins de la cause lors du vote de la loi du 4 juin 1970. Le Code civil, auparavant, parlait de *puissance paternelle.*

L'accord s'est fait très vite sur l'abandon du mot « puissance ». Assez rapidement, on a accepté cet adjectif alors tout neuf, qui venait d'être forgé, de « parentale », avec son sens égalitaire. Plus de préséance du père sur la mère, mais un couple de parents agissant à égalité, l'un avec la confiance de l'autre, en toute bonne foi, pour le bien de leur enfant.

On sortait à peine des remous de 1968 : le mot d' « autorité » a suscité des contestations et des indignations. On ne voulait plus rien qui pût rappeler le complémentaire de l' « autorité », c'est-à-dire la subordination et l'obéissance. En fin de compte, on a conservé le mot, mais beaucoup atténué la chose.

L'autorité parentale règle les droits et devoirs réciproques des parents et des enfants, et elle a pour fin la protection de la personne et des biens de l'enfant. Si les parents ont droit « de garde, de surveillance et d'éducation », c'est pour assurer « la sécurité, la santé et la moralité de l'enfant ». C'est du reste leur devoir autant que leur droit. En outre, les parents ont droit d'administration et de jouissance des biens de l'enfant mineur, « pour en assurer la protection ».

Pendant le mariage, l'article 372 stipule que « les père et mère exercent en commun leur autorité parentale ». Dans la vie courante, chacun des époux, quand il accomplit un « acte usuel » touchant à la personne de l'enfant, est réputé agir avec l'accord de l'autre.

C'est une belle définition, simple, égalitaire, fondée sur la bonne foi et la confiance – sur l'amour des deux parents pour leur enfant. Mais cet exercice conjoint de l'autorité parentale suppose un couple uni. Aussi a-t-on prévu une série de cas où l'un des parents (dément, incapable, condamné pour abandon de famille, déchu de ses droits ou tout simplement éloigné ou absent) peut se voir retirer l'autorité parentale qui est alors exercée par l'autre parent seul.

Tout ceci concerne les couples mariés et leurs enfants, légitimes, légitimés par mariage, ou adoptés. Tout change s'il n'y a pas mariage ou s'il n'y a plus mariage.

L'autorité parentale dans les couples non mariés

Avant 1970, c'était celui des deux parents qui avait le premier reconnu l'enfant qui exerçait la puissance paternelle. En cas de reconnaissance simultanée, c'était le père.

Depuis 1970, si les parents de l'enfant naturel vivent ensemble et l'élèvent ensemble ou s'ils vivent séparément; qu'il ait été reconnu par ses père et mère en même temps ou par ses père et mère à des dates différentes – dans tous les cas indistinctement, du moment qu'il n'y a pas mariage entre les parents, *l'autorité parentale n'appartient qu'à la mère.*

Ainsi, de la puissance paternelle qui exprimait la prépondérance du père, on est passé, dans le mariage, à un partage équitable entre mari et femme intéressés au même chef à la sécurité et à l'éducation de leur enfant – et, hors mariage, à la prépondérance exclusive de la mère.

« En ne tenant plus compte de l'ordre dans lequel la filiation est établie, en conférant à la mère seule le plein exercice de l'autorité parentale, la loi de 1970 a voulu tenir compte du fait que, dans la majorité des cas, l'enfant naturel est élevé par sa mère. Il était donc légitime de concentrer entre ses mains la plénitude de l'autorité parentale [3].

Il serait intéressant d'enquêter auprès des jeunes couples non mariés qui ont eu volontairement un enfant dont tous deux s'occupent tout autant (le *baba cool* non marié est souvent en même temps un *papa-poule*) pour savoir combien d'entre eux savent que seule la mère est investie de l'autorité parentale (c'est-à-dire que le père ne peut prendre une décision concernant l'orientation scolaire de l'enfant ou une intervention médicale importante : seule la mère est investie de ce pouvoir).

Lorsque cette loi a été préparée puis débattue, il est vrai qu'il n'y avait guère de couples de concubins désirant un enfant hors mariage comme ceux qui, depuis, se sont multipliés. En 1970, le législateur n'a pensé qu'aux mères célibataires délaissées auxquelles il a voulu permettre l'exercice plein et entier de leur rôle de chef de famille. A l'époque, même quand il y avait reconnaissance par le père, il s'agissait souvent de « reconnaissances de complaisance » : elles émanaient d'hommes qui acceptaient de donner leur nom à l'enfant et de l'argent à la mère, mais

3. C. Labrusse-Riou, *op. cit.*, p. 276.

n'habitaient pas avec elle, ne s'intéressaient pas à l'éducation de l'enfant. Il n'y avait pas lieu, avait pensé le législateur, que ce type de père partageât avec la mère les prérogatives de responsabilités qu'elle seule assumait.

D'un féminisme à l'autre

Les lois de cette période (juste après 1968) apparaissent imprégnées d'un « féminisme » bien particulier, en réaction contre le patriarcat traditionnel et consistant à donner à la femme la stature juridique et les droits correspondant aux devoirs qu'elle remplissait souvent seule. On grandissait la mère. Mais, ce faisant, on évacuait le père qui avait jusque-là étalé dans les lois sa prééminence, tout en esquivant ses devoirs dans la réalité. C'était fortifier la femme, mais c'était aussi la désigner nettement comme plus spécifiquement chargée de l'éducation des enfants. A ce « féminisme » devait en succéder un autre, qui a récusé la primauté féminine dans l'éducation au profit d'un nécessaire partage des rôles. Le père doit intervenir dans l'éducation dès la naissance, le père doit se manifester auprès de l'enfant à l'instar de la mère, laquelle a une vie professionnelle à l'instar du père.

Il se trouve que c'est ainsi que vivent aujourd'hui beaucoup de couples non mariés, chaque année plus nombreux : le père naturel qui a reconnu l'enfant vit avec la mère, se préoccupe et s'occupe de l'enfant... comme dans un couple marié, pourrait-on dire si cette comparaison ne vexait pas les mariés et les concubins tout autant. En tout cas, le père naturel et la mère naturelle ont tous deux reconnu l'enfant, le même jour le plus souvent, tous deux l'élèvent, tous deux travaillent, tous deux partagent – mais elle seule est investie de l'autorité parentale.

Est-ce bien équitable? Est-ce l'intérêt de l'enfant? Si l'attribution de l'autorité parentale allait à celui des deux parents qui s'occupe effectivement de l'enfant, on comprendrait mieux. Mais la loi de 1970 repose sur un présupposé : c'est la femme qui s'occupe de l'enfant naturel. En fait, on est passé d'une prérogative traditionnelle accordée au sexe masculin à une prérogative automatiquement accordée au sexe féminin, sans référence à l'intérêt de l'enfant.

L'intérêt de l'enfant naturel est, à l'évidence, d'avoir, dans la mesure du possible, un père et une mère unis qui tous deux assument leurs rôles parentaux. Son père et sa mère ne se sont pas mariés; ils n'ont pas voulu de l'engagement du mariage pour eux-mêmes; ils n'ont pas échangé les promesses qu'il comporte, dont celle qui découle de l'article 213 du Code civil : « *Les époux assurent ensemble la direction de la famille. Ils pourvoient à l'éducation des enfants et préparent leur avenir.* » Leur couple et la famille qu'ils créent ont tout lieu d'être fragilisés par ce défaut d'engagement.

« Reconnaître » le père naturel ?

Or ces jeunes gens qui ne veulent pas pour eux-mêmes d'acte officiel en ont cependant accompli un pour leur enfant : ils l'ont fait enregistrer à l'état civil, ils se sont nommés père et mère de cet enfant, ils l'ont l'un et l'autre « reconnu » sien, donc reconnu leur. Ils savent bien qu'en conférant à cet enfant son identité par sa filiation, ils s'engagent envers cet enfant. C'est justice de donner à la mère l'autorité parentale qui découle de cette filiation qu'elle a établie. Ce n'est pas justice de ne pas donner au père qui a fait la même démarche, et pris de ce fait les mêmes responsabilités à l'endroit de l'enfant, les mêmes prérogatives qu'à la mère. En tout état de cause, du seul fait qu'il a reconnu l'enfant, il devra s'acquitter envers lui d'un devoir de subsistance, c'est-à-dire pourvoir à ses besoins ou payer une pension pour lui. Alors pourquoi ne pas lui laisser, comme à la mère, l'ensemble des droits et devoirs d'éducation et de protection ? Le législateur a parié sur la désunion des parents, et fait deux poids, deux mesures, pour ne pas compliquer la vie du parent qui seul s'occupe réellement de l'enfant. Si cette préférence était attachée à la manière dont chaque parent s'acquitte de ses devoirs, elle serait ressentie comme équitable; mais ce n'est pas le cas.

Certes, le père naturel peut fort bien faire une demande auprès des tribunaux afin que l'autorité parentale lui soit accordée comme à la mère, si le couple effectivement vit ensemble et que tous deux s'occupent de l'enfant. Mais, d'une part, nombre de jeunes pères naturels ignorent tout à fait ces dispositions et croient être à égalité avec la mère de l'enfant; d'autre part, ils ne comprennent pas très bien, quand ils viennent à les connaître, pourquoi il leur faut aller tels des coupables demander à un juge de partager les droits et devoirs d'éducation de leur enfant avec leur compagne.

Il semble évident que le rôle de la mère est et restera prépondérant dans le jeune âge de l'enfant. Mais il faut aussi considérer qu'aujourd'hui la plupart des jeunes mères travaillent au dehors comme les pères, et confient leurs petits, de plus en plus fréquemment et de plus en plus longtemps à des assistantes maternelles, à des crèches, à des écoles maternelles. De plus en plus de pères s'intéressent aux tout-petits, s'en occupent, inventent une nouvelle paternité, qui s'approfondit et s'affirme lorsque l'enfant grandit et recherche un modèle paternel et un modèle maternel distincts. De tels pères existent dans les familles non mariées, chacun en connaît aujourd'hui. La mère n'est pas toujours le seul parent, ni même le parent majeur de l'enfant hors mariage. Et nombre de femmes ne souhaitent pas se trouver seules investies du rôle de parent double.

Défendre le mariage ou fortifier la parenté?

Certains sont choqués à l'idée qu'on pourrait appliquer aux parents non mariés la même règle de l'autorité parentale conjointe qu'aux parents mariés. Ils y verraient une assimilation de plus entre mariage et concubinage, et, de ce fait, un encouragement de plus à ne pas se marier, à ne pas prendre d'engagement privé clair devant la société.

C'est un argument de poids qui donne à réfléchir : effectivement, si l'on applique le droit civil des mariés à ceux qui ont manifesté le désir de s'en passer; comme par ailleurs le droit fiscal pénalise les mariés qui ont un enfant par rapport aux non-mariés qui ont un enfant; que le droit social dispose de tout un arsenal pour traiter de la même manière ou carrément favoriser les non-mariés – on affaiblirait encore le mariage, alors même que l'on sait qu'il offre à l'enfant le maximum de chances. En effet, le père et la mère biologiques de l'enfant ont exprimé, en se mariant, la volonté de lui donner un père et une mère vivant au même foyer, la volonté d'assurer leur union et de tenter d'en préserver la durée. L'union libre, même la plus stable, n'offrira jamais cette même sécurité à l'enfant, qui pourra toujours demander à ses parents : « Pourquoi ne vous mariez-vous pas ? »

Est-ce une raison suffisante pour ne pas tenter de fortifier le triangle père-mère-enfant, dans le cas où les parents ne veulent pas du mariage ? En accordant l'autorité parentale à chacun des parents qui a reconnu l'enfant, on renforcerait le lien symétrique qui les attache l'un et l'autre à l'enfant, pour le reste de leur vie. Peut-être pourrait-on, d'ailleurs, *rendre plus solennel l'acte d'état civil qui consiste à reconnaître un enfant comme son fils ou sa fille en l'assortissant d'un texte qui explicite la responsabilité des parents ?*

Actuellement, quand il y a « famille naturelle », c'est-à-dire un père et une mère non mariés reconnaissant tous deux leur enfant, la mère seule a l'autorité parentale et le père doit la demander aux tribunaux, qui la lui accorderont s'il se conduit bien. On pourrait, à l'inverse, en faisant confiance au père, permettre aux deux parents également l'exercice de l'autorité parentale, quitte à ne la laisser qu'entre les mains du seul des deux qui s'occupe de l'enfant si l'autre se désintéresse de l'enfant. Ce serait le parent gardien qui pourrait en ce cas alerter les tribunaux et demander à être seul investi de l'autorité parentale, en fournissant des preuves de la séparation, voire de l'abandon de l'autre parent.

Accorder le même statut aux deux parents, instaurer l'égalité des parents naturels qui pourraient conjointement assurer leurs droits et devoirs de parents serait sans doute un pas vers la reconnaissance en droit civil des concubins. « Les concubins d'autrefois n'auraient pas eu l'idée de revendiquer un statut », nous faisait remarquer le doyen Carbonnier. Certes, mais les temps ont changé, et les concubins d'aujourd'hui ne sont plus ceux d'autrefois. En outre, du fait que le droit social les a assimilés aux mariés, il devient presque inéluctable que, d'une manière ou d'une autre, ils fassent leur entrée en droit civil. Les responsabiliser ensemble et conjointement à l'endroit de leurs enfants ne serait pas une assimilation dangereuse ni scandaleuse dans son inspiration.

Il n'est pas aisé, répondent les juristes, de créer un droit positif pour des situations très diverses qui n'ont en commun qu'une définition négative : le non-mariage. Peut-être justement pourrait-on commencer par ceux qui ont en commun une définition positive : un enfant qu'ils ont tous deux reconnu.

L'autorité parentale et les couples divorcés

En réaction contre une suprématie du père (exprimée par la « puissance paternelle ») devenue anachronique et insupportable, la loi de 1970 a instauré l'autorité parentale en la fondant sur le principe d'égalité des parents vis-à-vis de leurs enfants dans le mariage.

Mais quand il s'est agi de disposer de l'autorité parentale après le divorce, le principe d'égalité du père et de la mère a été oublié, sans doute par réaction – encore une fois – contre ce qui avait été et ce qui était encore mal vécu et mal supporté. Jusque-là, en effet, la garde de l'enfant était attribuée, lors du divorce, à celui des deux parents qui n'avait pas les « torts », à celui qui n'avait pas fauté contre l'éthique et la pratique du mariage. Cela ne voulait pas dire que ce parent-là fût forcément celui auprès duquel l'enfant aurait le plus de chances de vivre heureux et dans de bonnes conditions. On pouvait parfaitement parvenir à convaincre sa femme ou son mari d'adultère et obtenir la garde de l'enfant tout en étant très médiocre père ou mère – auprès de qui l'enfant cultivait sa nostalgie de la mère ou du père qu'il aimait, dont la « faute » lui était bien égal, et dont le divorce l'avait privé.

Ces malajustements entre la cause du divorce des parents et les conséquences pour l'enfant ont préoccupé ceux qui ont eu pour tâche de réformer le Code civil. D'où leur idée fondamentale de partir, désormais, pour désigner le parent gardien, d'abord et avant toute autre considération de l'*intérêt de l'enfant.*

Seul le juge est habilité à apprécier « l'intérêt de l'enfant », qui transcende l'intérêt des parents. Le juge dispose, pour se faire une opinion, de pouvoirs d'investigations. Il peut ordonner des enquêtes sociales par exemple. Il doit en principe s'en tenir aux faits qui l'aident à déterminer la situation morale et matérielle de chacun des deux parents. En réalité, l'appréciation « psychologique », avec tout ce qu'elle peut avoir de flou et de subjectif, finit par jouer un rôle important. On a même appris avec quelque surprise qu'un juge aux affaires matrimoniales avait officiellement recours aux conseils de psychanalystes avant de se déterminer!

En passant du mariage au divorce, on passe donc désormais du principe d'association et d'égalité des parents (« l'un *et* l'autre ») au principe de dissociation et d'inégalité des parents (« l'un *ou* l'autre ») au nom de l'intérêt de l'enfant.

Avant la réforme de 1970, si le père avait « tous les torts » et que la garde était confiée à la mère, le père conservait tout de même la puissance paternelle. Si bien que la mère divorcée qui élevait seule son enfant ne pouvait prendre certaines décisions le concernant, elle ne pouvait l'inscrire à tel collège, ou l'emmener en voyage à l'étranger, sans l'autorisation d'un père absent que souvent elle ne savait où joindre, qui ne répondait pas, ou se faisait prier, etc.

En réaction, donc, contre ce qui provoquait ces situations inextricables, absurdes et injustes, il a été décidé d'attribuer tous les pouvoirs au parent gardien, qui, par conséquent, (art. 373-2 al. 1) dispose seul de l'autorité parentale, sous réserve toutefois d'un droit de surveillance et d'un droit de visite du parent non gardien.

L'inégalité organisée des parents divorcés

Deux logiques différentes ont présidé aux dispositions de l'autorité parentale dans le mariage d'une part, et après le divorce d'autre part – si bien que le principe de l'égalité des père et mère se trouve contredit par les dispositions qui suivent le divorce dans tous les cas de figure : même lorsque les ex-époux ont décidé d'un commun accord de se séparer (consentement mutuel) et donc qu'aucun des deux n'a plus de torts que l'autre; même lorsque les ex-époux sont chacun séparément une excellente mère et un excellent père; même lorsque les ex-époux forment toujours un vrai « couple parental ». Il arrive en effet de plus en plus souvent qu'un homme et une femme ne désirent plus vivre ensemble dans le mariage, mais continuent de chérir pareillement leur enfant et de s'entendre sur l'éducation à lui donner, sur les rôles paternel et maternel à remplir auprès de lui par chacun d'eux.

En vertu du principe de « l'intérêt de l'enfant », la garde sera confiée à l'un des deux; en vertu du principe de « l'intérêt du parent gardien », l'autorité parentale sera attribuée entièrement à ce même parent. Comment le couple de divorcés même le plus amical et le mieux équilibré pourrait-il supporter un traitement aussi inéquitable? L'un des deux se sent injustement frustré et il faut bien de la grandeur d'âme à l'autre pour le comprendre et partager avec lui les privilèges qui lui ont été réservés.

Il est vrai que le parent non gardien conserve des droits de visite et d'hébergement (fixés par le juge) et qu'il n'a pas perdu l'autorité parentale elle-même (comme s'il était déchu) mais seulement « son exercice ». Mais cette nuance ne le console guère. Comment ne se sentirait-il pas dévalorisé aux yeux de son enfant ? Plus le temps passe, plus la situation inégalitaire s'accuse, et souvent s'envenime. Bien souvent, le parent à qui le juge a confié la garde vit une sorte de victoire, s'auto-justifie, s'installe dans son espace d'autorité et partage de moins en moins volontiers avec celui qui lui paraît avoir perdu, et avoir été évincé. Quant au parent qui n'a pas la garde (alors même que souvent il n'a pas de torts et n'a pas été à l'origine de la séparation), mis dans une situation d'infériorité et de dépendance qu'il estime abusives, il développe soupçons et jalousie.

Dans les textes, l'égalité entre les sexes est préservée : le juge attribue la garde et l'autorité parentale à « l'un des parents » dans l'intérêt de l'enfant. Dans la pratique, c'est presque neuf fois sur dix à la mère que l'enfant est confié, surtout quand il est jeune. Traditionnellement, la mère est considérée comme plus disponible et meilleure gardienne : la Déclaration des Droits de l'enfant fait du reste expressément allusion à ce droit de l'enfant à sa mère dans les jeunes années (principe n° 6).

De nombreux mouvements et associations pour l'égalité parentale ou plus spécialement de défense des pères dénoncent cette doctrine qui leur apparaît contraire au principe de l'égalité des sexes, et cette tradition qui semble établir une présomption défavorable au père. Ils réclament un réexamen de la loi et une révision de la pratique. Eux aussi mettent en avant l'intérêt de l'enfant, qui est, à coup sûr, que ses parents ne se le disputent pas et n'en fassent pas un enjeu, mais ils ajoutent que faute d'un tel accord entre les parents « l'intérêt de l'enfant est de conserver ses deux parents, son père et sa mère, à titre de parents réels, également valorisés dans son esprit [4] ».

Comment concilier cette interprétation de l'intérêt de l'enfant avec les dispositions légales qui prévoient de manière stricte que la garde de l'enfant est accordée soit à l'un, soit à l'autre? Garder la charge financière de leur enfant est une piètre consolation pour de nombreux pères, et garder un droit de regard sur son éducation souvent une source de conflits – particulièrement lorsque l'enfant confié à la mère vit en fait avec l'amant ou le second mari de la mère qui en vient à incarner l'image paternelle.

Vers la garde conjointe?

Une solution à ce difficile problème a été trouvée par les juges aux affaires matrimoniales (à Paris surtout), c'est la « garde conjointe » : s'il n'y a pas conflit entre les divorcés au sujet de l'enfant, les parents peuvent s'accorder à eux-mêmes, par consentement mutuel, la garde conjointe, ou demander au tribunal de constater leur accord afin d'obtenir de lui la garde conjointe.

Même si, par la suite, des conflits peuvent naître qui conduisent l'un des parents, ou mêmes les deux, à venir demander au tribunal à sortir de la garde conjointe pour telle et telle raison – cette modalité n'est-elle pas préférable à celle de l'alternative obligatoire, « ou l'un ou l'autre »? Certains divorcés demandent aux juges de *remplacer l'alternative par l'alternance* : non pas père ou mère, mais père puis mère, dans une organisation régulière subordonnée à l'accord initial des parents.

Garde conjointe et garde alternée existent déjà, mais le recul n'est pas suffisant pour émettre à leur sujet une conclusion péremptoire. Dans certains cas les résultats semblent excellents et l'enfant paraît s'accommoder d'un mode de vie qui demeure régulier et devient de ce fait

4. *Mère-Enfant-Père,* brochure spéciale du Mouvement pour l'Égalité parentale, 1982, p. 36.

sécurisant, d'autant qu'il n'y a plus de conflits entre le père et la mère. D'autres enfants se voient jetés dans une instabilité totale : ils ne savent plus où ils vont coucher le soir, ni chez qui ils habitent, et cette instabilité pratique se double d'une insécurité affective.

On ne peut pas non plus accepter la « mort du père » à laquelle aboutissent tant de divorces, quand le monopole maternel est consolidé et pérennisé par toutes sortes de procédures. Avant la réforme de la loi du divorce, une enquête sociologique avait été conduite, par les soins des juristes qui préparaient les nouveaux textes, auprès des pères divorcés. On leur avait demandé : à qui l'enfant devait-il, à leur sens, être confié ? Une majorité avait répondu : « A la mère. » Cependant, ceux-là étaient des divorcés pour faute, à leurs torts pour une écrasante majorité. Aujourd'hui, le divorce par consentement mutuel est devenu la plus courante des modalités de séparation, et les pères non coupables, à qui souvent le divorce a été quelque peu imposé, réclament le droit d'élever leurs enfants à égalité avec la mère.

A l'évidence, des « pesanteurs sociologiques » freinent l'évolution vers l'égalité parentale, des habitudes prises dans les services, des mentalités. Parviendra-t-on à instaurer la vraie co-responsabilité du père et de la mère non seulement durant leur vie commune mais même au-delà ? La volonté politique existe. Il a déjà été demandé par circulaire aux enseignants de penser au parent non gardien des enfants de leur classe, afin que celui-ci voie les bulletins, soit convoqué aux conseils de classe, alors que jusqu'à présent il était tenu dans l'ignorance de ce qui concernait son enfant. La volonté existe de briser « le préjugé d'après lequel, quand les parents divorcent, l'enfant doit divorcer d'un de ses parents » (Georgina Dufoix). Mais c'est la loi elle-même qu'il faut réformer encore, car c'est elle qui incite les juges à désigner « le bon parent » et à évincer l'autre, alors que de plus en plus de parents qui divorcent seraient partisans d'un accord.

Ainsi donc, c'est quand les femmes s'investissaient le plus complètement dans leurs devoirs familiaux, quand elles s'identifiaient le plus étroitement à la ménagère-mère-de-famille que les lois leur reconnaissaient le moins de part au gouvernement du foyer et à l'éducation des enfants. Maintenant qu'elles ont conquis une certaine indépendance par le travail professionnel, maintenant que des personnels et des équipements les relaient bien davantage dans la surveillance et l'éducation des enfants, maintenant que les hommes commencent à partager, un peu plus, tâches ménagères et éducatives – l'autorité de la femme dans le ménage et sur les enfants est nettement plus reconnue. Dans le même temps où l'on a demandé à cor et à cri aux pères de participer, comme les mères, à tous les actes quotidiens de la vie du foyer, d'abandonner la superbe et la panoplie du *paterfamilias* et de ne pas hésiter à mettre un tablier pour baigner bébé – dans le même temps, en droit, on a mesuré plus chichement leurs prérogatives et rogné sur leur rôle. Il n'est que de voir la réticence à leur accorder le partage de l'autorité parentale s'ils ne sont pas mariés ou s'ils sont divorcés, cependant qu'il est considéré comme légitime qu'une femme procrée, par insémination artificielle, un enfant sans père.

Tout se passe comme si les pères tendres d'aujourd'hui payaient les dettes contractées par les pères abusifs de naguère et de jadis. Des siècles de patriarcat font un gros contentieux, et l'égalité des sexes dans le couple est un bien fragile équilibre.

CHAPITRE VII

La transmission du nom, de l'héritage et des pensions

Mariage, divorce, concubinage et nom de famille

Patriarcat pas mort! pourrait-on rétorquer. Comment vous appelez-vous? Du nom de votre père, qui vous a « transmis » le patronyme que lui-même tenait de son père.

Dans la vie quotidienne, l'immense majorité des femmes mariées se font encore appeler du nom de leur mari. Quant à leur vrai nom – leur nom de jeune fille – c'est celui de leur père.

En France, depuis la Révolution, toute femme en effet n'a qu'un nom : celui qu'elle a reçu à sa naissance, celui de son père. « Aucun citoyen ne pourra porter de nom ni de prénom autre que ceux exprimés dans son acte de naissance » dit la loi du 6 fructidor an II qui fonde le droit au nom des citoyens français. Et ne vous avisez pas d'en changer, rien n'est plus difficile. Bon exemple du juridisme français. L'Angleterre, où l'on peut à son gré, et légalement, changer de nom ne s'est pas effrondrée pour autant.

Pour une femme mariée, porter le nom de son mari n'est qu'un usage, mais un usage si répandu que la plupart des administrations y ont un jour ou l'autre cédé, ce qui leur vaut des objurgations du ministère de la Justice. On ne doit jamais mentionner : Nom :... Nom de jeune fille : ..., puisque seul le nom de jeune fille est le véritable nom. Mais il suffit de consulter les papiers d'une femme mariée pour constater que l'usage patriarcal et la loi révolutionnaire se mêlent dans un beau désordre. Sur son permis de conduire, elle figure comme X épouse Y, mais sur sa police d'assurance comme Y née X, ce qui ne facilite pas toujours la rédaction consciencieuse d'un constat à l'amiable...

Mon mari m'ayant un jour adressé un mandat télégraphique libellé seulement « Sullerot », le préposé de la poste a refusé de me le payer, sous le prétexte que ce nom n'était pas le mien et que, sans « Madame » devant, il ne pouvait désigner qu'un être du sexe masculin ayant reçu ce patronyme à sa naissance. Si bien que le postier accepta de payer le montant du mandat entre les mains d'un de mes fils, alors âgé de 10 ans, qui par bonheur avait sur lui sa carte de famille nombreuse... Fort bien. Mais la même administration qui m'avait rappelé la loi du 6 fructidor an II m'avait bel et bien libellé un compte courant postal au nom de Sullerot.

Quand le nom du mari était un bien convoité

Il fut un temps, bien proche encore, où les jeunes filles mouraient d'impatience de s'appeler « Madame » et essayaient sur un coin de papier buvard, le cœur battant, les initiales qui seraient les leurs si Untel les épousait. Elles « entraient » dans la famille de leur mari et trouvaient normal de muer et de prendre une autre identité. Elles se faisaient graver des cartes de visite de « madame » où ne figuraient plus que les prénom et nom de leur mari. Dans les familles bourgeoises, les bonnes disaient couramment Madame Jules, Madame Pierre et Madame Paul, pour désigner la belle-mère et ses belles-filles, qui toutes trois portaient le même nom de mariage.

Une des caractéristiques fondamentales de la famille était de former un groupe d'individus qui répondaient au même nom. L'honneur du nom a fait commettre aux familles les plus belles actions d'éclat et les plus sordides lâchetés. En tout cas, c'était une honte pour des enfants de ne pas porter le nom de leur père, une honte pour la femme abandonnée enceinte de devoir donner son propre nom à son enfant et, ce faisant, de laisser connaître sa situation extra-conjugale...

Porter le nom du mari a été si longtemps ressenti comme une faveur que certaines dispositions réglementent cet usage et en limitent la possibilité. Ainsi, sauf décision du Conseil d'État, une femme mariée ne peut, dans des actes officiels, accoler ses noms de jeune fille et d'épouse en un seul nom. Elle doit signer de son nom de jeune fille seulement. Quant à la femme non mariée, elle ne peut « user » du nom de son concubin : si celui-ci se trouve être marié par ailleurs, l'épouse légitime peut intenter procès à la concubine sous le prétexte que celle-ci a cherché « à se faire passer pour l'épouse de son concubin ».

En cas de divorce, la femme reprend alors son nom de jeune fille. Mais elle peut conserver l'usage du nom de son ex-mari si la rupture de vie commune n'a pas été demandée par elle; ou si, par convention, l'ex-mari l'autorise à continuer d'utiliser son nom. C'est ainsi que les choses se passent le plus souvent dans les divorces par consentement mutuel. Mais il faut savoir qu'il ne s'agit que d'une « autorisation » du mari, toujours révocable, et par conséquent précaire. Le nom du mari est considéré comme un bien qui peut être donné, prêté ou retiré dans des conditions définies avec précision. Certaines femmes désirent conserver après le divorce le nom de leur ex-mari, par exemple parce qu'elle se sont fait connaître dans leur profession sous ce nom; s'il les en empêche, elles peuvent s'adresser au tribunal, en expliquant leurs raisons.

Garder chacun son nom à soi

On peut dire qu'en quelques années la sensibilité publique a complètement changé au sujet du nom. Là encore, on peut constater une évolution très caractéristique de la cellule-famille vers l'individu qui a son identité propre. Les femmes, tout particulièrement, ne se battent plus pour porter le nom d'un mari, mais pour n'avoir pas à le porter du tout, afin de ne pas abdiquer leur « désignation » de naissance pour celle d'un autre. « Le nom fait partie intégrante de la personnalité d'un individu, de la perception qu'il a de lui-même et que les autres en ont », note le préambule d'une récente proposition de loi sur l'égalité de l'homme et de la femme en matière de nom.

La recherche d'individualité de chaque membre d'un couple ne fait plus apprécier comme auparavant la communauté de nom qui proclamait la famille. On ne compte plus les articles, dans la presse destinée aux jeunes, appelant les filles à réfléchir avant de commencer à se servir du nom du mari, ou de laisser les autres les désigner sous le nom de leur mari. User du nom du mari n'est plus considéré comme un privilège, mais comme une aliénation. Pour la vie professionnelle, n'est-ce pas bien préférable et plus simple de garder son nom ? Et si l'on vient à divorcer ? C'est si fréquent... Il faudra expliquer au patron et aux collègues qu'on change de nom, faire un nouveau papier à lettres, une nouvelle enseigne, de nouveaux emballages si on a un commerce... Une femme a une identité intrinsèque : pourquoi irait-elle la subordonner à celle d'un autre, surtout si ce n'est que provisoirement ?

La sensibilité des « Anciennes » et des « Modernes » était remarquablement traduite dans les résultats d'un sondage B.V.A. effectué en 1981 auprès de plus de 1000 femmes de plus de 15 ans : 34 % des personnes interrogées trouvaient « mauvaise » l'habitude de prendre le nom du mari. Ces femmes-là étaient jeunes, habitaient les villes importantes et la région parisienne, avaient un niveau d'éducation moyen et supérieur et une activité professionnelle. Celles qui trouvaient que c'était une

« bonne chose » étaient plus âgées, d'origine surtout rurale, et sans profession.

Déjà on a vu tomber en désuétude sinon en ridicule la coutume de séparer à tout âge les femmes n'ayant jamais été mariées des autres par l'appellation de « Mademoiselle », opposée à « Madame ». A l'origine, elle avait pour fin une valorisation de l'état de mariage pour les femmes, qui n'avait point de symétrique pour les hommes. Ni « Madame » ni « Mademoiselle » n'ont jamais eu la moindre valeur juridique. On n'a donc pas eu à légiférer là-dessus, quand les femmes se sont émues de cette coutume qui visait à les diviser selon un critère d'usage masculin, pourrait-on dire. Mais il a été ordonné aux administrations de cesser d'en user, et de donner du « Madame » à toute femme majeure.

Beaucoup plus tenace est l'habitude prise, dans presque tous les actes et papiers officiels, de faire suivre le nom patronymique de la femme de la mention « épouse X », ou « femme X », ou « veuve X » ou « divorcée X », mention, qu'on ne trouve que dans de rares cas à la suite du nom d'un homme. Le ministre des Droits de la Femme a rappelé, dans une réponse à un sénateur (3 mars 1983) que ces appositions après le nom de la femme sont contraires à la loi et qu'il convient d'en informer l'état civil et les diverses administrations, mais aussi les femmes « qui, devant l'ignorance et la mauvaise foi, en viennent parfois à douter de leur bon droit ». Si ces mentions ont une utilité de « repères » d'état civil, on pourrait également les faire figurer après le nom de l'homme : il deviendrait Monsieur X, époux Y, ou veuf Y ou divorcé Y – ce qui aiderait les généalogistes, les notaires et les journalistes. Mais la seule mention de cette inoffensive réplique et de son utilisation très simple a le pouvoir de déclencher chez la plupart des hommes des rires convulsifs ou des indignations tout aussi disproportionnées. Ces réactions bien exagérées sont la preuve que la déclinaison de son identité est un sujet des plus sensibles. L'homme, célibataire, marié, divorcé ou veuf, a un nom tout seul –

et il en tire, sans en être toujours conscient, une satisfaction intime. Il est un individu identifiable sans référence à la femme de sa vie, et il trouve cela très bien ainsi. Comme il trouve très bien de transmettre son nom à ses enfants – « c'est la coutume »...

Le nom du père

C'est si bien la coutume que le Code civil de 1804 a complètement oublié de mentionner ce fait, tant il semblait à ses rédacteurs qu'il allait de soi : l'enfant légitime porte le nom de son père. Ce n'est stipulé nulle part. « L'acte de naissance doit énoncer les prénoms de l'enfant et les prénoms et noms des parents », dit l'article 57 du Code civil. Dans un livre célèbre [1], Vercors faisait rechercher par un juge anglais, dans le Code civil de l'affreux Bonaparte qui avait pensé à tout, quelle définition il donnait de l'homme – pour le différencier des animaux. Et le pauvre juge britannique ne trouvait pas la définition de l'homme, pour la bonne raison qu'elle n'y figure pas – l'homme étant sans doute une évidence pour les hommes qui ont rédigé le Code civil. De la même manière, ces hommes ont trouvé trop évident que l'enfant porte le nom de son père pour éprouver le besoin de le dire... On ne peut en établir une preuve juridique qu'*a contrario,* à partir des dispositions alambiquées concernant les enfants naturels.

Une chose est sûre : *en aucun cas, une femme mariée ne peut donner son propre nom à sa descendance.*

Cette coutume patriarcale a un effet inattendu : elle tend à raréfier les noms de famille dans une population. A chaque génération, de très nombreux patronymes disparaissent : imaginons 100 personnes (50 hommes et 50 femmes) portant chacun un nom de famille différent; aucune des 50 femmes ne transmettra son nom; restent 50 noms portés par les hommes; certains d'entre ceux-ci

1. Vercors, *Les animaux dénaturés.*

n'auront pas d'enfant, d'autres n'auront que des filles, et leur nom disparaîtra avec eux. Ce ne seront que 35 noms environ qui demeureront. Il suffit pour se persuader des conséquences inéluctables auxquelles conduit la loi salique des patronymes de feuilleter l'annuaire du téléphone de Montréal ou de Québec : on y trouvera des pages de Gagnon, de Tremblay ou de Desjardins qui s'ingénient à donner à leurs enfants les prénoms les plus insolites pour éviter les homonymies.

De même, au Portugal, les homonymies sont devenues très fréquentes et gênantes, en dépit de la coutume d'accoler au nom du père celui de la mère (qui n'est autre que celui qu'elle avait reçu de son père). Si la France échappe mieux à la raréfaction des noms, c'est qu'elle a absorbé un nombre important d'étrangers. Aussi, cet inconvénient du système de transmission patriarcale des noms de famille y est-il moins apparent. Il demeure ignoré de beaucoup de gens.

Cependant, pour des raisons tout autres, des femmes supportent de plus en plus mal ce qu'elles ressentent comme un infériorité qui leur est imposée par le mariage. Elles désirent non seulement conserver leur nom « propre », mais le transmettre à leurs enfants. Une enquête qu'a fait faire la Chancellerie sur ce sujet a révélé que ce désir est moins marginal qu'on aurait pu le penser. S'y ajoute une importante minorité qui estime qu' « on devrait pouvoir librement choisir » quel nom transmettre à ses enfants.

Quel nom pour l'enfant naturel ?

Or, en l'état actuel des choses, le mariage, qui « garantissait » le nom du père comme une sorte d'appellation contrôlée recherchée, devient un carcan qui empêche la femme de nommer son enfant d'après elle. Et certaines, qui choisissent d'avoir un enfant « pour soi seule » ajoutent celui-ci à d'autres arguments : « Ainsi, ce sera tout à fait mon enfant, d'ailleurs, il s'appellera comme moi. »

D'autres, informées des possibilités offertes en cas d'union libre, déclarent avoir préféré ne pas se marier pour pouvoir transmettre leur nom à leur enfant. « Comme cela, plus tard, si notre couple ne marche pas, je resterai avec l'enfant, et on s'appellera pareil, ce sera plus commode. » Le père avait « cédé ».

De tels raisonnements féminins auraient stupéfié les rédacteurs du Code civil qui s'étaient efforcés, persuadés qu'ils étaient de l'inestimable valeur du nom du père qui caractérisait la famille mariée et signait l'enviable légitimité, de ne l'octroyer qu'avec parcimonie, quand le père le voulait bien, quand il contrôlait l'usage de son précieux patronyme.

Le Code dispose que l'enfant naturel porte le nom de celui de ses parents qui l'a reconnu en premier. S'il est reconnu simultanément par ses deux parents, il porte le nom du père – le masculin « l'emporte » sur le féminin comme en grammaire... (art. 334-1)

Si l'enfant porte le nom de sa mère et que son père vient à le reconnaître pendant sa minorité, les parents peuvent conjointement demander au juge des tutelles de donner à l'enfant le nom de son père. Si l'enfant a plus de 15 ans, on lui demande son consentement (art. 334-2).

La chose se complique si l'un des deux parents seulement désire la substitution. La rédaction de l'article 334-3 du Code civil est obscure : « Dans tous les autres cas, par exemple lorsque la déclaration conjointe n'est pas possible. » Quels sont ces autres cas, s'est demandé la Cour de cassation ? Peu éclairée par ce texte sibyllin, la Cour a conclu lors d'un jugement en date du 16 septembre 1982 que le nom de la mère pouvait être substitué au nom du père à la requête d'un des parents ou d'une demande conjointe. La Cour a cependant interdit à l'enfant naturel « d'ajouter les noms l'un à l'autre » (J.C.P. 16 mars 1983) pour la raison que cette possibilité n'étant pas ouverte à l'enfant légitime, il n'était pas logique d'en faire bénéficier l'enfant illégitime.

Mais en permettant aux parents de l'enfant naturel de

demander la substitution du nom de la mère au nom du père, la Cour leur a donné une liberté qui est interdite aux parents mariés.

Assouplir la loi pour les « légitimes »

Même si ce jeu de qui perd gagne à propos des noms apparaît quelque peu secondaire et puéril, il est extrêmement révélateur. Une société qui tenait ses familles par le mariage et les désignait par le nom du père est en train d'éclater. L'individu autonome d'aujourd'hui aime son nom propre d'amour-propre car il symbolise son identité. Il ne veut pas le céder, le voir disparaître, absordé par un autre dans « la famille ». Il – ou plutôt elle, car c'est la femme qui est ici concernée, qui porte la révolte de l'individu contre le groupe institutionnel auquel il lui était demandé de se fondre.

La rigidité du juridisme français en la matière ne risque-t-elle pas de crisper inutilement certaines attitudes et d'aggraver les situations en les bloquant ? N'est-il pas dérisoire que des couples désirant un enfant ne se marient pas, c'est-à-dire choisissent de ne pas prendre les engagements mutuels d'un couple responsable devant la société, simplement parce que la mère désire transmettre son nom à l'enfant et que le père est d'accord ?

En Allemagne fédérale – comme dans bien d'autres pays – il est permis aux parents légitimes de transmettre à leurs enfants celui de leurs deux noms qu'ils ont choisi (le même à tous les enfants). Dans 10 % des cas, les couples allemands choisissent le nom de la mère.

En France, le Médiateur, fréquemment sollicité à ce sujet par le public, a du reste formulé une proposition en 1982 selon laquelle la transmission du nom de la mère serait rendue possible pour les enfants naturels *et légitimes* nés de parents français. En outre, l'usage des deux noms de famille accolés devrait être autorisé, tout au moins pour les enfants de divorcés confiés à leur mère.

Ce n'est pas parce que diverses options « nominales »

seraient ouvertes que la société basculerait vers une société matrilinéaire. Il y a plus important que le patronyme : la présence et la responsabilité du père. Certaines dispositions en matière de filiation hors mariage, ou concernant la dévolution de l'autorité parentale hors mariage ou après le divorce, contribuent plus sérieusement à marginaliser ou à évacuer les pères, et donc à favoriser la multiplication de familles monoparentales mère-enfants.

Héritages et successions des époux

En même temps que les jeunes démodent le mariage et revendiquent leur individu contre la famille dont ils sont issus ou contre la famille qu'ils pourraient former, à l'autre bout de l'âge, les couples vieillissants ont d'autres préoccupations. Ils se soucient de la sécurité matérielle de leurs « vieux jours » et, fortifiés dans leur union par ce que les jeunes appellent la « routine », s'inquiètent de ce qui adviendra à l'autre si l'un vient à mourir. Ils désirent laisser à l'abri du besoin le « conjoint survivant » de leur couple, ils se préoccupent du patrimoine, petit ou gros, qu'ils ont constitué ou préservé, des modalités de sa transmission. Ils commencent, avec la retraite, à parler pension de réversion.

Or ils vivent leur vieillesse dans une société tout à fait différente de celle à laquelle ils étaient appelés à se conformer quand ils étaient jeunes. Alors, le mariage était la règle; le concubinage, beaucoup moins répandu et mal jugé, ne concernait pas les mêmes catégories sociales; le divorce était beaucoup plus rare, plus difficile à obtenir, fondé sur le système « faute appelant sanction »; des tâches ménagères incomparablement plus lourdes occupaient les femmes à qui elles incombaient sans partage; on ne « contrôlait » que bien mal la venue des enfants, on en avait davantage, voulus ou acceptés; c'était la mère qui, dans la majorité des cas, assurait les soins de ces enfants, pour lesquels existaient très peu de crèches et bien moins d'écoles maternelles; la maman restait donc au foyer; le père, travaillant au dehors, avait le devoir explicite d'être le « pourvoyeur » de la famille; il était seul à faire rentrer de l'argent, mais aussi seul à accumuler les trimestres d'activité salariée et les points de retraite.

Comment la société d'aujourd'hui traite-t-elle les mariés d'hier à l'heure de la vieillesse et de la mort? Comment les jeunes couples non mariés peuvent-ils espérer être traités s'ils sont encore unis à la fin de leur vie?

Les réponses à ces questions doivent être cherchées bien sûr au chapitre « social » : Sécurité Sociale, retraites, régime général, régimes complémentaires, etc. Cependant, par plusieurs aspects, elles intéressent le droit civil : les dispositions traitant des successions sont fondées sur les liens de famille, donc les liens matrimoniaux, et varient selon le régime matrimonial choisi par le couple; les pensions de réversion sont un droit lié au mariage, dont l'attribution a récemment été étendue aux divorcées. Il en résulte du reste un inextricable écheveau d'injustices et de justes réparations, d'évidences et de paradoxes, dont certains sont fort tristes, d'autres lugubres, tandis que d'autres frisent l'humour noir.

Nous vivons, paraît-il, une période de transition entre deux sociétés. Demain, peut-être, peut-être? toutes les femmes ou presque auront acquis des droits propres à la retraite – encore que rien ne soit moins sûr... Mais il semble que la caractéristique des périodes de transition est de n'être adaptées ni aux situations d'hier, ni à celles d'aujourd'hui, sans parler de celles de demain. Toujours est-il que successions et pensions de réversion, libéralités, dons, legs, dommages et intérêts en cas de décès – selon qu'on est veuf ou veuve pour la première fois; divorcé(e) – remarié(e) – veuf(ve); concubin(e) célibataire; concubin(e) adultère, etc. tout cela forme un grand fouillis apparemment impénétrable et un magasin de curiosités dont il n'est pas facile de tirer la « philosophie » dominante.

Les enfants priment les époux

Les personnes dites vieilles aujourd'hui doivent faire connaissance, arrivant à la fin de leur vie, avec un droit successoral bien plus antique qu'elles, qui ne correspond plus du tout à leur manière de sentir ni de penser. La tradition historique pèse lourd en droit français dès qu'il s'agit de succession. Elle veut que le mariage, lien « sentimental », soit le temps des cadeaux et des « libéralités » – mais que les transferts de patrimoine et de biens après décès se fassent en faveur de la descendance : c'est la « conception lignagère », qui s'oppose à la « conception ménagère » que tant d'époux aimeraient lui voir substituer. On a eu beau refaire de manière parcellaire telle ou telle disposition pour améliorer autant qu'on l'a pu la part du conjoint survivant, le droit successoral aurait bien besoin d'une réforme de fond, car il ne correspond plus aux mœurs, aux pratiques, à la sensibilité d'aujourd'hui, et il est en contradiction totale avec les aspirations et les souhaits des Français.

A la mort d'un époux, l'autre époux survivant se voit attribuer la moitié seulement des biens de la communauté, l'autre moitié revenant aux enfants. L'époux survivant conserve en outre l'usufruit de la moitié de la part des enfants. Si l'héritage est constitué par une exploitation agricole, un commerce, une entreprise, ou une propriété, il suffit qu'un des enfants souhaite réaliser sa part pour que la mise en vente soit automatique. Le veuf ou la veuve peut ainsi perdre la source de ses revenus, le logement où s'est déroulée sa vie conjugale, où il ou elle habite encore.

Si les époux étaient mariés sous le régime de la séparation de biens, le survivant peut ne rien obtenir, à moins que les époux aient acquis ensemble des biens devenus indivis. Dans le cas le plus courant de la communauté réduite aux acquêts, sauf stipulation particulière dans le contrat de mariage, le partage se fait par moitié.

Reste la possibilité, pour l'époux anxieux du sort de celle ou celui qui lui survivra, de prendre de son vivant des dispositions. Cette appréhension est si forte chez tant d'époux – angoisse à l'idée que leur veuve puisse devenir matériellement dépendante de ses enfants – qu'elle a rendu très courante la pratique de la *donation au dernier survivant* faite devant notaire – ou de l'attribution, dans un simple testament olographe, de « la plus forte quotité disponible au conjoint ».

Les notaires ont bien compris le public et conseillent la donation (ils toucheront des frais d'acte...) qui connaît un succès éclatant. La donation entre époux porte généralement sur l'usufruit en totalité, et retarde donc l'entrée en possession de l'héritage par les enfants au décès du second conjoint. Les données de l'enregistrement à Lyon [2] révèlent que, parmi les successions qui avaient fait l'objet d'une déclaration fiscale, 95 % des cadres moyens; 93,7 % des employés; 89,6 % des ouvriers; 87,5 % des cadres supérieurs et professions libérales avaient fait bénéficier leur conjoint d'une donation à cause de mort. Mais seulement 8,8 % des agriculteurs avaient pris les mêmes dispositions : la terre se transmet toujours aux enfants qui la cultivent... Les patrons de l'industrie et du commerce étaient plus nombreux (68 %) à avoir pris les mêmes dispositions en faveur de leur conjoint, mais tout de même moins que les salariés. Les stratégies économiques des salariés ne sont plus celles de la famille définie par le Code civil, mais celles d'une autre famille, plus « conjugale ».

Des enquêtes sociologiques ont montré cette primauté accordée au couple sur la « lignée », et combien « conjugaux » et « communautaires » sont finalement ceux qui ont survécu ensemble, qui n'ont pas divorcé, qui ne se sont pas séparés – la majorité des Français, faut-il le rappeler... De même qu'ils désiraient plutôt plus de communauté que moins s'agissant des régimes matrimo-

2. *Patrimoines et familles*, C.N.R.S., Lyon, 1981.

niaux; de même que sept sur dix des ménages mariés ont un compte joint bancaire quand rien ne les y oblige; de même une majorité des couples désirerait tout laisser à l'autre.

A 2 542 personnes, la moitié ayant moins de 45 ans et encore leurs parents (donc héritiers en puissance), la moitié ayant plus de 50 ans et des enfants mariés (donc des légataires en puissance), Louis Roussel avait proposé le choix entre plusieurs formules d'héritage, dont la formule légale. La majorité des « enfants » comme la majorité des « parents » ont fait porter leur choix sur la formule qui leur était proposée la plus éloignée de la solution légale en vigueur : ils ont, les uns comme les autres, choisi l'hypothèse la plus radicale, qui attribuerait au conjoint survivant la totalité des biens de la communauté en toute propriété [3].

Ainsi, légataires en puissance et héritiers en puissance ont la même réaction : les droits réciproques des époux devraient passer avant la transmission aux enfants. Les « enfants » qui souhaitent une telle réforme savent qu'elle les condamnerait à n'hériter que vers 55 ans... Ils la préconisent quand même. En fait, ils hériteraient alors à peu près à l'âge où eux-mêmes aident les couples formés par leurs enfants à vivre ou à s'installer.

Et les concubins ? Et les bigames ?

Un article (194) du Code civil le dit encore avec vigueur : « Nul ne peut réclamer les effets civils du mariage s'il ne présente un acte de célébration inscrit sur le registre d'état civil. » Rien, donc, en principe, pour le concubin ou la concubine en cas de décès de l'autre. Ils ne sont pas héritiers l'un de l'autre et les testaments qu'ils font au bénéfice du survivant devraient, en bonne doctri-

3. Louis ROUSSEL, *La famille après le mariage des enfants, études des relations entre générations*, Travaux et Documents de l'I.N.E.D., cahier n° 78, P.U.F.

ne, être annulés – comme « rémunérant des relations immorales ».

Mais les temps de la sévérité et de l'indignation sont révolus. Ceux de la tolérance ont accoutumé les juges à rechercher des formules plus amènes pour caractériser les intentions du légataire favorisant sa concubine : si le don « témoigne d'une affection désintéressée », s'il s'agit « d'un signe de reconnaissance » ou « d'un devoir de conscience » – la cause n'est pas dite immorale, et l'acte est tenu pour valable.

L'appréciation des motifs est laissée, comme on dit avec quelque pompe, « au pouvoir souverain des juges du fond ». Les juges du fond ont compris bien des choses, et, de jurisprudence en jurisprudence, de tolérance en tolérance, on voit se rapprocher les effets civils du concubinage de ceux du mariage. L'assimilation est presque parfaite de l'un à l'autre lorsque le concubinage a pu être prouvé « apparent et stable ».

Pour ne pas payer des droits successoraux exorbitants, les concubins prévoyants (de nombreux petits guides dans le commerce le leur conseillent) peuvent acheter ensemble leur logement en utilisant « la clause de tontine », qui permet qu'au décès de l'un des acheteurs l'autre sera réputé seul propriétaire et ne paiera que 7 % sur la part du défunt. Cette clause toutefois ne peut s'appliquer qu'à l'habitation principale et les deux contractants doivent y résider au moment du décès, sinon, point de tontine.

Les personnes non mariées vivant ensemble peuvent se faire également des donations de leur vivant. Les donations entre concubins sont du reste irrévocables, alors que les donations entre époux sont toujours révocables : comment diable tirer de cette bizarrerie une philosophie sociale implicite ?

Un époux marié peut ainsi faire des dons irrévocables à sa concubine, sa femme ne peut s'y opposer si, pour ce faire, il a disposé de ses revenus professionnels. (J.C.P. 1976.) Le concubinage adultère n'est en effet plus une cause de nullité depuis que la loi de 1975 a cessé de reconnaître l'adultère comme un délit. On ne peut plus invoquer le caractère « illicite » du concubinage.

En cas de décès d'un concubin, la législation en matière de bail a reconnu à la concubine la qualité de « personne à charge » pouvant bénéficier du maintien dans les lieux, et la Loi Quilliot (1982) autorise désormais le concubin survivant à demeurer dans le logement commun, en cas de location, s'il peut prouver qu'il y était déjà six mois avant le décès (la « stabilité » exigée là n'est pas excessive...).

Au cas où un concubin est tué dans un accident, le responsable de cette mort doit-il une indemnité à la concubine pour réparation de préjudice moral et matériel ? La Cour de cassation prétendait que la concubine ne se prévalait pas d'un « intérêt légitime », mais la Cour suprême en a jugé autrement, arguant qu'il fallait tenir compte des *liens de fait* et non des *liens juridiques* existant entre le défunt et la victime. Le Conseil d'État a admis la même solution (3 mars 1978). Il suffit que le défunt ait contribué à l'entretien de la concubine pour qu'un préjudice matériel puisse être invoqué. Si le défunt était marié et entretenait une concubine, le malheureux tiers qui a accidentellement tué ce bigame doit des dédommagements à ses deux femmes « concurremment » (Riom, 9 septembre 1978)!

Le maquis sauvage des pensions de réversion

Les assurances sociales ont été créées en 1930. A l'époque, les épouses au foyer des assurés n'avaient pour vivre que les émoluments de leur mari, et rien s'il venait à mourir. Aussi a-t-on reconnu, à côté des droits propres du travailleur à la retraite, des droits à son conjoint, qu'on appelle « droits dérivés » car ils sont *dérivés du mariage.*

Ces droits peuvent être reconnus du vivant de l'assuré : quand il part à la retraite, sa pension peut être majorée parce qu'il est marié; ou bien sa femme touche une petite pension supplémentaire. Ces droits dérivés se poursuivent après la mort de l'affilié : sa veuve touche une *pension de réversion*. En fait, certains veufs peuvent également toucher une réversion du chef de leur ex-épouse fonctionnaire par exemple, mais les cas sont si rares que souvent, au lieu de pension de réversion, on dit « pension de veuve ».

Régime général, régimes particuliers, il y a toute sorte de pensions de réversion. Certaines sont misérables, d'autres fort rondelettes; certaines peuvent être « cumulées », d'autres pas; certaines ne peuvent être touchées par la veuve que lorsqu'elle atteint 60 ans, d'autres à partir de 22 ou 23 ans – il suffit qu'elle ait été mariée deux ans. On demeure stupéfait quand on pénètre le maquis épais des pensions, de leurs conditions d'attribution, de leurs conditions de retrait [4]...

Bien sûr, il est de très mauvais goût de faire remarquer à quel point certains maris morts sont plus « rentables » que d'autres, mais le langage administratif dont on use dans ce domaine est à peine moins douteux et moins macabre. Ainsi, que se passe-t-il si la veuve pensionnée vient à se remarier ? Dans le régime de base, elle conserve ses droits. Mais la pension d'une veuve S.N.C.F. ou R.A.T.P. qui se remarie est « cristallisée »... ce qui veut dire qu'on continue de la lui verser mais, inflation ou pas, sans la revaloriser, pour la punir d'avoir oublié son cheminot ou traminot d'ex-mari. Mais, attention, si le second mari vient à mourir à son tour, la deux fois veuve retrouve tous ses droits et on dit – c'est le terme consacré – que « la pension revit »... Elle est dé-cristallisée. Les veuves des autres régimes spéciaux sont traitées de manière plus sévère : leur pension est « suspendue » si elles se remarient, mais « rétablie » si il y a re-veuvage.

En principe, la pension peut être également supprimée... pour concubinage de la veuve. Il arrive ainsi, ce

4. *Les pensions de retraite des femmes*, rapport pour le ministère des Droits de la Femme par Colette MEME et Françoise BONNIOL, 1984.

n'est pas rare, des dénonciations appelant l'attention sur la vie scandaleuse de la veuve X qui s'est mise en ménage avec le retraité Y, et qui continue à toucher « indûment » la pension de son cher défunt. Que faire ? Les administrations ont tendance – on les comprend – à classer sans suite, d'autant que les employés qui reçoivent ces missives n'ont pas le temps de faire d'enquêtes et ne sont pas habilités à cela. Alors... Alors des veuves qui auraient bien préféré se remarier concubinent plutôt, pour conserver la précieuse pension.

On a vu aussi, à l'inverse, des mariages avec un moribond dans les maisons de retraite, en vue de toucher sa pension de réversion après son décès. Ces noces « *in extremis* » étaient si fréquentes qu'il a fallu introduire une durée de mariage minimum de deux ans pour ouvrir droit à pension. Pendant deux ans, le « jeune » marié est sûr d'être bien soigné...

Les ex-épouses doivent maintenant partager

Et voilà que la loi sur le divorce de 1975 est venue encore compliquer le triste imbroglio des pensions de veuves. Déjà des régimes spéciaux avaient reconnu droit à pension, du chef de leur ex-mari, à des divorcées « à leur profit », alors que le mort avait eu « tous les torts ». La loi du 11 juillet 1975 a étendu le droit de réversion dans tous les régimes aux conjoints dont le divorce, postérieur à la loi, n'avait pas été prononcé contre eux. On a crié à l'injustice et cité des cas lamentables. Finalement, le 17 juillet 1978, le législateur a étendu le bénéfice de la pension de réversion *à tous les ex-conjoints divorcés, quelles que soient la cause et la date de leur divorce*, et cela, dans l'ensemble des régimes sociaux. Les artisans et commerçants « involontairement oubliés » ont vu cet oubli réparé en juillet 1982.

Voici donc venu le droit de la divorcée survivante, qui vient réclamer sa part au détriment de la seconde femme veuve !

La règle adoptée pour le partage de la pension a été de la diviser au prorata des durées de mariage des « ayants cause », (c'est-à-dire des deux veuves, la divorcée, et la suivante) avec le défunt affilié...

Ce n'est pas tout : si une divorcée d'assuré remariée à un autre se trouve à nouveau divorcée (du second mari) ou veuve (du second mari) « la pension revit », du chef de son premier époux.

Si le défunt a eu ainsi plusieurs femmes qui doivent se partager sa pension, – *en cas de décès de l'une, sa part est reportée sur l'autre ou les autres...* On imagine aisément ce qu'un bon auteur de *thriller* pourrait tirer de la cohabitation des veuves du pauvre X, touchant l'une 726,37 F, l'autre 321,99 F chaque mois, se confiant les joies et les misères qu'elles ont vécues et fait vivre au défunt, se targuant d'avoir été la première, ou la dernière, rêvant des 1 048,36 F qui écherront à celle qui survivra à l'autre, et mijotant tous les moyens d'être celle-là...

Comment en est-on arrivé là ? D'aucuns ont fondé le droit à pension de réversion sur la solidarité financière qu'avait été le mariage, l'un gagnant la vie du ménage, l'autre tenant ce ménage ; l'assuré étant décédé, le revenu de substitution doit revenir à sa veuve pour le temps passé dans cette communauté financière, comme « un acquêt de la communauté ». D'autres estiment que la pension de réversion est la contrepartie des cotisations supportées par le couple, et que chaque conjoint doit bénéficier de la part de pension qu'il a contribué à acquérir quand il faisait partie de ce « couple cotisant ».

On ne voit pas comment ces savants attendus peuvent expliquer que, des deux ou trois femmes successives, la dernière survivante rafle toute la mise, jusques et y compris la part de droits acquis par le défunt du temps où il était célibataire.

Un torrent de protestations a accueilli la loi de 1978, et le contentieux s'entasse : tel époux, dénoncé à la Gestapo par sa première femme, déporté, revenu en bien mauvais état et soigné par une seconde femme dévouée, s'indigne à l'idée que le droit à pension qu'il ouvrira en mourant sera partagé entre sa première femme dont il a divorcé avec horreur, et sa veuve. Tel autre, bafoué, abandonné avec les enfants à charge que sa seconde femme l'a aidé à élever, n'a pas davantage envie de voir cette dernière lésée au profit de la première. De plus, nombre de maris qui avaient divorcé avant 1978, sachant que leur « ex » n'aurait pas de pension de réversion, l'avaient à l'avance dédommagée. Leurs secondes femmes sont furieuses, et eux aussi...

Plaidoyer pour une solution plus digne

Cette utilisation du mort et de son obligation d'entretien posthume de toute femme qu'il a épousée, ce partage *post mortem* des dépouilles cotisées – tout cela semble choquant et porter atteinte tout à la fois à la dignité du mari décédé et à la dignité des épouses survivantes – et à la dignité du mariage. Le mariage est peut-être aussi, entre mille autres choses, une assurance vieillesse, mais dans l'union, dans la réciprocité des soins et des services, pas après des ruptures vécues parfois dans la haine ou la souffrance, pas après des désunions déjà anciennes.

On souhaiterait, surtout si l'on songe à la fréquence des divorces aujourd'hui, que la situation soit apurée une fois pour toutes au moment de la rupture d'union, pour solde de tous comptes. De même qu'une prestation compensatoire est décidée avec le juge au moment du divorce, fixée une fois pour toutes, de même les droits à pension de réversion devraient également être réglés en même temps que le reste, avec le juge. Ainsi on ne verrait plus, au gré des divorces, remariages et veuvages et reveuvages, les « droits dérivés » dériver à l'infini.

D'autant que les concubines réclament déjà beaucoup, elles aussi, leur pension de réversion de concubinage, et que certaines institutions de régime de retraite complémentaire dépendant de l'A.R.R.C.O. commencent à prendre en compte la vie commune sans mariage, si elle a duré dix ans au moins avant le décès du concubin (prière de réunir des preuves *a posteriori*...).

CHAPITRE VIII

Détournement d'un système fiscal bien intentionné

Une réforme pour pères de famille

« Une loi votée à l'unanimité est toujours une mauvaise loi », m'ont confié des esprits éminents qui s'y connaissent. Mettre tout le monde d'accord n'est pas, observent-ils, un brevet d'excellence. On pourrait dire, néanmoins, s'agissant de la législation fiscale familiale, que ce fut un brevet de longévité, car voici quarante ans qu'elle dure! Parce que les mœurs avaient changé, on a modifié, loi après loi, une bonne partie du Code civil. Mais on n'a pas touché aux articles du Code général des Impôts qui concernent les « foyers fiscaux » depuis quarante ans et, en dépit des étranges effets qu'entraîne la combinaison du changement des mœurs et de la fixité de la loi, on ne semble pas près de bouleverser l'édifice. En tout cas, pour des raisons variées, les tenants de l'immobilisme font bonne garde.

C'était le 31 décembre 1945, le dernier jour d'une année fertile en événements, première année qui avait vu la paix revenue dans un pays au territoire enfin libéré. Depuis l'automne, une Assemblée nationale toute neuve et pleine d'ardeur avait siégé sans discontinuer, votant loi après loi, plusieurs par jour parfois, car tout était à refaire. En ce jour ultime, on discuta beaucoup « ravitaillement » – le sujet alors le plus urgent et le plus brûlant qui fût, avec l'« épuration ». Puis le ministre des Finances, René Pleven, proposa une profonde refonte de la fiscalité. Le système fiscal « ancien régime » était devenu, à force de retouches et de rapetassages, si compliqué qu'il estimait « *qu'il n'y avait pas plus de deux personnes à l'Inspection des Finances pour le comprendre dans son entier* ». Ce n'était pas un maquis, c'était « *une forêt vierge* ». Dans cette France qui ressuscitait, on pouvait même oser tailler et émonder rue de Rivoli... Le ministre des Finances chamboulait tout et l'annonçait avec simplicité : « *J'ai essayé de faire le plus possible de neuf et toujours du raisonnable.* »

Christian Pineau, le rapporteur de la commission des Finances, avait tenté de « *planter des poteaux indicateurs* » dans la « *forêt* » afin de tracer un chemin qui aboutisse à « *une plus grande justice fiscale* », particulièrement à l'égard du « *père de famille* » qui n'a pas les mêmes capacités contributives que l'homme célibataire sans enfant. La commission des Finances avait approuvé le projet à l'unanimité. Devant l'Assemblée, le ministre des Finances déclara : « *Nous apportons à l'impôt général sur le revenu une réforme tout à fait fondamentale, celle du quotient familial, qui a été accueillie avec faveur sur tous les bancs* » (applaudissements).

L'Assemblée, à son tour, vota à l'unanimité.

René Pleven était justifié à dire qu'il s'agissait d'une réforme fondamentale. C'était même une petite révolution et on demeure surpris qu'elle ait été adoptée si vite et si aisément, alors qu'elle concernait chaque citoyen et les impôts qu'il paierait... Il est vrai que la France de 1945 était si pauvre et démunie qu'elle pouvait s'offrir le luxe d'assigner à son système fiscal des finalités autres que de faire rentrer l'argent dans les caisses : il fallait qu'il permît de « *soutenir la famille et la natalité* ». On savait, alors, ce qu'il pouvait en coûter à un pays qui laissait s'installer la dénatalité et le vieillissement. On savait, et on osait le dire, que les enfants sont la plus grande richesse de la nation.

Avant la guerre, l'impôt sur le revenu était fondé sur

« l'homme marié ». Le célibataire payait un impôt supplémentaire, « l'impôt des célibataires » – dont les femmes célibataires à revenus modérés étaient exemptées, sous le prétexte plein de compassion que si ces femmes n'étaient pas mariées, ce n'était point leur faute. Elles auraient sûrement bien voulu trouver un mari ; il ne s'en était pas présenté (beaucoup d'hommes avaient été tués à la précédente guerre et on ne comptait plus les vieilles filles par force, qu'on appelait les « veuves blanches »). On ne devait pas ajouter à ce qui était considéré comme une infortune subie une surimposition dont le but était de faire sentir aux célibataires volontaires – les hommes – qu'ils ne remplissaient pas leur devoir envers le pays, lequel était de fonder un foyer. Mais une fois mariés, le fait qu'ils eussent six enfants ou point du tout n'entrait plus en ligne de compte.

La France de la Libération faisait une révolution – sur tous les plans – qui avait l'originalité d'être à la fois sociale et familiale. Elle tendait à établir une plus grande égalité de ressources non seulement « verticalement » entre les foyers où entrait beaucoup d'argent et ceux où il en entrait peu, mais aussi « horizontalement » entre les foyers sans enfant et les foyers comptant plusieurs enfants à charge. Elle a non seulement redistribué les revenus en faveur des familles par un système de prestations sans précédent, mais encore elle a voulu que la fiscalité directe participe de cet effort envers les familles. En effet, la fiscalité indirecte (la part de taxes qu'on paie sur maints produits ou services) est plus lourde pour les familles, qui consomment bien sûr davantage que les personnes seules. On a voulu rétablir quelque justice fiscale au bénéfice des familles dans la fiscalité directe, et ce fut le fameux « quotient familial ».

Intentions pures, effets pervers

Il s'agit jusqu'ici d'une histoire d'une moralité publique exemplaire, même si elle a pour certains quelque parfum vieillot. Mais « en toute chose, il faut considérer la fin ». La fin – le but poursuivi – était de favoriser famille et natalité. La fin de l'histoire – c'est-à-dire la réalité des faits après quarante ans – est tout autre... Actuellement, sans que la législation ait changé, *le système d'imposition sur le revenu des personnes physiques (I.R.P.P.) pénalise dans de nombreux cas les couples mariés en comparaison des couples en union libre, pénalise toujours les parents d'enfants légitimes par rapport aux parents d'enfants naturels, et souvent les parents mariés par rapport aux parents divorcés...*

Toute exonération fiscale se traduit, pour le Trésor public, par une moins-value. Il faut donc qu'elle trouve sa justification dans la finalité que poursuivait le législateur qui l'a instaurée. Les députés qui tous ensemble mêlèrent leurs voix en 1945 eussent été bien surpris et choqués si on leur avait fait apparaître que leurs intentions seraient à ce point contrariées par les mœurs que les effets obtenus par leur loi peuvent être qualifiés d'« effets pervers ». Comment cela a-t-il pu se produire ?

C'est, paradoxalement, parce que ce système qui désirait avantager la famille s'est fondé sur le mariage qu'aujourd'hui il pénalise le mariage, et la famille mariée, par rapport au concubinage et aux familles naturelles ou incomplètes.

La solidarité des époux devant l'impôt

Examinons pour commencer le cas des mariés sans enfants.

Tout d'abord, on a conservé le principe (antérieur à 1945) de la *responsabilité solidaire des époux devant l'impôt* : « Chacun des époux, lorsqu'ils vivent sous le même toit, est solidairement responsable des impositions assises au nom de son conjoint au titre de la taxe d'habitation et de l'impôt sur le revenu » (art. 1685 du Code général des Impôts).

L'article 1685 a beau évoquer la condition de « vivre

sous le même toit », il ne peut en aucun cas s'appliquer à un ou une cohabitant(e) au sens de concubin(e). Il ne s'applique qu'aux époux [1]. L'important, c'est le mariage, « la communauté de vie et d'intérêts résultant du mariage dont *la déclaration de revenus commune est le signe tangible* » – qu'en termes galants voilà décrite l'union conjugale! Pourquoi payez-vous solidairement? Parce que vous êtes mariés. A quoi voit-on que vous êtes mariés? A ce que vous payez solidairement. Et voilà pourquoi votre fille est muette. Le Conseil d'État s'est penché sur le cas d'épouses résidant huit mois par an à la campagne quand les maris restent en ville : ils ne sont pas « dispensés de supporter la solidarité [2] ». En revanche, les concubins qui dorment dans le même lit, puisent dans le même frigidaire, mangent à la même table, regardent la même télévision et lavent leur linge dans la même machine ne sont pas contraints de « supporter leur solidarité » : ils forment deux foyers fiscaux et font deux déclarations séparées.

Cette solidarité des époux se combine avec un système de « parts » spécial à la France, le fameux *quotient familial*. Le revenu imposable de chaque foyer fiscal va être divisé en un certain nombre de parts d'après « la situation et les charges de famille du contribuable ».

Pour les foyers sans enfant le nombre de parts a été fixé ainsi :

– célibataire, veuf, divorcé sans enfant : 1 part
– marié : 2 parts.

C'est le « chef de ménage » qui faisait la déclaration (d'où l'emploi du masculin). Désormais, il n'y a plus de chef de ménage, le conjoint co-signe obligatoirement (depuis 1983) la déclaration mais, non moins obligatoirement, l'un ajoute ses revenus au-dessus de ceux de l'autre avant de calculer la redevance et de diviser par deux.

Dans tous les cas – les plus nombreux naguère – où

1. Répertoire de Jurisprudence fiscale 1934-64, p. 64.
2. Conseil d'État, 9e sous-section, 26 avril 1968.

seul le mari gagnait l'argent du ménage, ce système de « quotient conjugal » était avantageux pour les couples mariés. Il l'est du reste toujours dans les ménages où l'épouse n'a pas de revenus professionnels, puisque la division par deux vient diminuer la redevance que le mari aurait dû payer s'il était célibataire. On peut même observer que, dans ce cas, l'avantage « conjugal » est d'autant plus important que le revenu imposable est élevé. Ce système demeure également avantageux pour les couples mariés quand tous deux travaillent mais que leurs revenus professionnels sont très inégaux – par exemple si le mari gagne 16 000 francs et sa femme 4 000 francs.

Un système défavorable aux couples mariés qui travaillent

Mais aujourd'hui, en comparaison des couples vivant en union libre, *ce système défavorise de plus en plus de couples mariés : ceux où les deux conjoints travaillent* et ont des revenus professionnels point trop contrastés.

– Le plus choquant peut-être est le cas des smicards. Un smicard ne paie pas d'impôt. Une smicarde ne paie pas d'impôt. S'ils se « mettent en ménage » sans se marier, ils réduiront leurs frais en vivant en commun et ils ne paieront toujours pas d'impôt. S'ils régularisent et se marient, ils seront redevables d'environ 3 500 F au Trésor... Quand ils n'étaient pas mariés, à chacun le percepteur appliquait *la décote,* réduction réservée par la loi de finances de 1982 aux revenus inférieurs à un certain plafond... quand le foyer fiscal compte une part ou une part et demie (célibataires, veufs ou divorcés). La décote saute avec le mariage.

– Même chose pour les personnes âgées de plus de 65 ans et disposant de faibles revenus : elles ont droit à un abattement de 5 250 F et, en outre, au calcul de leur impôt, on appliquera la décote. Si elles concubinent, elles bénéficient de 5 250 F + 5 250 F d'abattement et chacune de la décote. Si elles se marient, plus d'abattement, plus de décote...

– Au titre des années 1981, 1982, 1983 les cotisations d'impôt sur le revenu ont fait l'objet d'une majoration calculée sur la fraction de cotisation qui dépasse un certain seuil, *quel que soit le nombre des parts.* Ainsi, un ménage qui a disposé d'un revenu net imposable de 150 000 F a dû ajouter à sa cotisation de 38 442 F une majoration de 2 344 F, alors que deux personnes ayant le même revenu mais vivant en union libre n'ont pas eu à acquitter ce supplément. Cette majoration intervient bien sûr beaucoup plus fréquemment dans les foyers mariés que dans les foyers à un seul revenu.

– Pour les couples à revenus moyens, le rôle des déductions et abattements joue à plein dans les tranches sensibles et vient renforcer la différence au détriment du couple marié. Les concubins peuvent déduire deux fois, une fois pour chacun, 3 000 F d'obligations, 3 000 F de valeurs mobilières (soit 12 000 F au lieu de 6 000 F pour les mariés) et il en va de même pour l'assurance-vie, pour l'acquisition de l'habitation (7 000 F pour les mariés, 14 000 F pour les concubins), pour les économies d'énergie, etc.

– N'oublions pas l'imposition des plus-values immobilières et mobilières : des limites ont été fixées par foyer fiscal, ce qui favorise les personnes vivant en union libre dont la limite pour les gains retirés de cession de valeurs mobilières sera de 428 400 F au lieu de 214 200 F pour des mariés.

Même si, à l'origine, le législateur voulait favoriser le mariage, aujourd'hui *il y a de moins en moins de couples qui fiscalement tirent un avantage du fait qu'ils sont mariés, et de plus en plus de couples qui se trouvent plus fortement taxés mariés que s'ils ne l'étaient pas.*

En effet, le nombre de couples « homme actif-femme au foyer » ne cesse de diminuer (il est passé de 5 424 000 en 1968 à 4 054 000 en 1981 d'après l'I.N.S.E.E.) et le nombre des couples « homme actif-femme active » ne cesse de croître (il est passé de 3 454 000 en 1968 à 5 807 000 en 1981) et dépasse de près de 2 millions le nombre de couples à un seul revenu. Si l'on considère seulement les moins de 40 ans, c'est encore plus frappant : les ménages avec femme au foyer régressent de 2 130 000 à 1 742 000 et ceux où les deux travaillent augmentent de 1 483 000 à 3 148 000, soit + 90 % en 13 ans!

Les statisticiens du service des impôts continuent d'avancer que dans la moitié, ou même 51 % ajoutent-ils, des couples mariés contribuables, la femme n'a pas d'activité professionnelle – et qu'en conséquence ceux qui bénéficient fiscalement du mariage sont plus nombreux que ceux qui sont pénalisés d'être mariés. On aimerait connaître les chiffres absolus à partir desquels est établie cette proportion, mais ils demeurent secrets. En tout cas, il serait logique que ce rapport aille croissant : les jeunes couples travaillant tous deux se marient de moins en moins et entrent toujours moins nombreux dans cette statistique; plus les couples avec deux revenus se rendront compte que se marier équivaut pour eux à payer un peu plus d'impôts, moins ils se marieront; à la fin du siècle, on risque de compter parmi des couples mariés moins nombreux une proportion importante de gens d'âge mûr ou au-delà... et la proportion de femmes inactives y sera de plus en plus importante! Mais les gros bataillons jeunes auront esquivé le mariage.

Un barème nataliste, familial et social

D'autant que tout cela s'aggrave avec les enfants. La loi du 31 décembre 1945 fixait le nombre de « parts » du quotient familial comme suit :

Marié sans enfant avant trois ans de mariage	: 2 parts
Marié sans enfant après trois ans de mariage	: 1,5 part
Célibataire ou divorcé avec un enfant	: 2 parts
Marié ou veuf avec un enfant	: 2,5 parts
Célibataire ou divorcé avec 2 enfants	: 2,5 parts
Marié ou veuf avec 2 enfants	: 3 parts

Célibataire ou divorcé avec 3 enfants : 3 parts
Marié ou veuf avec 3 enfants : 3,5 parts
et ainsi de suite...

Pour apprécier la distribution des parts et demi-parts, il faut d'abord la traduire en nombre de personnes présentes dans le foyer fiscal :

– Célibataire ou divorcé(e) avec un enfant = 2 personnes = 2 parts (donc 1 part pour le parent, *1 part pour l'enfant).*

– Marié avec un enfant = 3 personnes = 2,5 parts (donc, 1 part pour le père, 1 part pour la mère, *une demi-part pour l'enfant).*

– Veuf(ve) avec 1 enfant = 2 personnes = 2,5 parts (donc, 1 part pour le parent, *1 part pour l'enfant*, une demie en plus).

Ensuite, on compte une demi-part supplémentaire par enfant en plus dans les foyers de marié(s), célibataire, divorcé(e) ou veuf(ve).

On remarque que, dans les foyers mariés, même le premier enfant ne procure qu'une demi-part, alors qu'il en procure une entière dans les foyers monoparentaux. Le foyer de veuf(ve) avec enfant(s) se voit attribuer une demi-part supplémentaire, souvent appelée « part du mort ».

Nataliste, familial et social, tel se voulait ce barème. Il s'affichait nataliste, puisque les couples mariés depuis trois ans qui n'avaient pas encore d'enfants étaient « punis » par la perte d'une demi-part. Les couples stériles malgré eux ont trouvé cruel ce traitement, et cette disposition devait disparaître discrètement quelques années plus tard.

Familial, car il prenait en compte le mariage tel qu'il se présentait le plus souvent à l'époque, donc la personne et le rôle de l'épouse et mère au foyer; il cherchait nettement à atténuer la charge contributive selon le nombre d'enfants, ainsi que la perte de ressources qu'entraîne dans un foyer le décès d'un des parents.

Social, car il prenait en considération la situation des

célibataires et divorcé(e)s avec enfant(s), en dépit de la réprobation morale qu'entraînait encore alors leur situation. « Non mariés », ou « plus mariés », ils n'ont pas droit à la demi-part du mort laissée aux veufs(ves). Cependant, ils sont généreusement traités. A l'époque, qui étaient ces familles qu'on appelle aujourd'hui monoparentales ? D'une part des « filles-mères » abandonnées avec un enfant; d'autre part des « divorcées à leur profit » à qui la garde des enfants avait été confiée, la mari ayant « tous les torts ». Le législateur a voulu reconnaître qu'elles étaient « bien courageuses »; pas une d'entre elles ne leur paraissait avoir choisi volontairement sa situation, mais au contraire la subir dans les difficultés. C'est pourquoi il leur a octroyé une demi-part supplémentaire qui, en quelque sorte, était destinée à pallier l'absence du mari. En outre, les « filles-mères » et divorcées avec enfants assez bien nanties pour payer des impôts n'étaient alors guère nombreuses, et cette générosité ne coûtait pas bien cher au Trésor.

Des louanges et des critiques pour le quotient familial

Il se trouva quand même un député (J. Denais), bien que les débats sur ces articles de la loi aient été réduits à leur plus simple expression, pour critiquer ce qu'il appela « l'insuffisance des différences ». Il félicita ceux qui avaient préparé ce barème d'avoir annoncé dans leur présentation qu'il fallait « ne pas défavoriser les ménages réguliers par rapport aux faux ménages », mais il les accusa de s'être, dans leurs propositions concrètes, « arrêtés à mi-chemin ». Il fut le seul à estimer que les concubins allaient se trouver trop favorisés. Personne ne le suivit dans ce qui fut ressenti comme les outrances d'un pur réactionnaire. Qui avait alors l'esprit assez mal tourné pour aller imaginer que des gens, volontairement, auraient des enfants sans se marier tout en vivant ensemble – et de ce fait auraient droit à une demi-part supplémentaire pour le premier enfant, et à une demi-part supplémentaire pour le second si chacun des parents non mariés prenait un enfant sur son « foyer fiscal » ?

Par la suite, tout ceci ne fut guère modifié. Lors de la réforme de 1959, les contribuables mariés sans enfants et les contribuables célibataires et divorcés avec un enfant se verront appliquer les mêmes barèmes : l'épouse est, en quelque sorte, assimilable à l'enfant des célibataires et divorcés. Le Général de Gaulle et Georges Pompidou vont successivement vanter ce système, et le rapport Ortoli de 1968 en relève encore « l'originalité », « la prise en considération d'un souci d'équité » et « d'un objectif démographique ». Après cela, commencèrent les critiques et les assauts, conduits avec plus ou moins de succès.

Ceux qui furent menés avec le plus de force et eurent finalement gain de cause dénoncèrent, surtout depuis 1969, les inégalités sociales qu'introduisait le quotient familial entre riches et moins riches : les familles pauvres n'en tiraient aucun avantage; celles qui payaient un impôt modeste car leurs ressources étaient modestes ne tiraient de la division par X parts qu'un avantage modeste; les familles aisées, un abattement d'autant plus considérable que leurs revenus étaient plus élevés (il y avait bien un plafond, mais vraiment très haut perché...). Dès qu'elle fut au pouvoir, la gauche plafonna à 7 500 F les déductions fiscales possibles pour chaque demi-part par enfant à charge.

La femme mariée active est surimposée

Nombreuses furent les critiques faites à ce système au nom des droits de la femme; elles connurent de plus en plus d'ampleur au fur et à mesure que la situation des femmes se modifia et que de plus en plus de femmes mariées se trouvèrent avoir une activité professionnelle; elles n'ont obtenu jusqu'ici que de très maigres résultats. Depuis peu, aux critiques à but féministe, se sont mêlées ou ajoutées des attaques plus spécialement dirigées contre le mariage ou contre tout ce qui semble favoriser le mariage par rapport aux « autres formes de vie ».

Il faut dire que jusqu'à la loi de finances de 1983 la femme mariée qui travaillait et payait des impôts sur son salaire ou ses gains ne s'était pas vu reconnaître la qualité de contribuable. Alors que le droit civil la laissait disposer de ses revenus, elle devait abandonner à son mari, « chef de ménage », le soin de déclarer ses revenus professionnels. Même aujourd'hui, si elle co-signe la déclaration fiscale, elle ne peut la faire séparément de son mari. Son propre revenu est ajouté à celui de son époux, et le premier franc qu'elle gagne se touve taxé au taux le plus élevé imposé au dernier franc gagné par son mari – donc dans les tranches sensibles de la progressivité du barème. Alors que la célibataire, veuve ou divorcée pouvait déduire de ses revenus une somme pour « frais de garde » de ses jeunes enfants, la femme mariée se le voyait refuser.

Depuis 1982, elle le peut. Mais la co-signature et la déduction des frais de garde sont les deux seules modifications qui aient été obtenues par les féministes. Nombre de femmes actives continuent de dire qu'elles demeurent désavantagées : le travail ménager que fournissent les femmes au foyer est en quelque sorte reconnu par « leur part » de quotient, alors que les femmes actives n'ont aucune contrepartie, et des dépenses supplémentaires. Elles paient des cotisations d'assurance maladie sur leur salaire sans que cela leur apporte une protection supplémentaire puisqu'elles sont déjà garanties du fait de leurs maris : elles se sentent « surimposées ». Elles demandent à tout le moins la possibilité de faire une déclaration fiscale séparée de celle de leurs époux.

Haro sur les veuves

Certaines femmes y ajoutent la dénonciation de la demi-part supplémentaire de quotient accordée aux veuves ayant un ou des enfants. Cette mesure leur semble inéquitable car entraînant « une distorsion entre les parents célibataires et divorcés d'une part et les parents veufs d'autre part ». Elles comprennent le souci d'éviter que le décès d'un époux ne se traduise par une modification du statut fiscal de la famille, mais elles souhaiteraient que cet avantage ne soit que temporaire. Le député Denais est là tout à fait contredit, puisque c'est au nom de « l'équité » que le même traitement est demandé pour des personnes qui ont fondé un foyer et ont souffert la perte de leur conjoint d'une part, et d'autre part des personnes qui ont, bien souvent, choisi de divorcer ou de ne pas se marier mais n'en vivent pas moins avec un partenaire – souvent le père de l'enfant dans le cas des célibataires. (Il est vrai que des veuves peuvent également vivre en concubinage...) Le sentiment d'équité a complètement changé : il se réclame de la « neutralité » que l'État doit respecter devant les « formes de vie », et ne souffre aucun traitement différent pour ceux qui sont ou ont été mariés et pour les autres, pour ceux qui subissent une situation et ceux qui la choisissent.

Il convient de rappeler que sur 731 454 familles monoparentales comptant des enfants de moins de 16 ans, les veuves n'étaient en 1981 que 173 742, soit 23,7 % et en diminution constante, alors que les divorcées (352 289) ont augmenté de + 315,3 % de 1968 à 1981. Les veufs et veuves avec enfants (tous âges) à charge ne représentaient en 1980 que 72 460 contribuables, vu leurs faibles ressources. Si l'on supprimait leur demi-part supplémentaire, il faudrait également retirer des demi-parts supplémentaires à de nombreux autres cas spécifiques intéressant les célibataires et divorcés (avoir un ou des enfants majeurs cotisant de son côté, avoir adopté un enfant, avoir eu un enfant mort avant 16 ans, etc.). En 1982 la suppression de la demi-part des veuves aurait rapporté 150 millions de francs et celle des autres demi-parts : 2,3 milliards...

Avantages aux familles non mariées

Enfin, d'autres critiques s'adressent au système fiscal, qui soulignent, à l'inverse, *combien la famille mariée avec enfants se trouve défavorisée par rapport à la famille non mariée.*

Prenons pour exemple deux familles, l'une mariée, l'autre composée de deux concubins, chacune ayant 2 enfants, et disposant du même revenu : 300 000 F de salaires bruts; 2 000 F de revenus de titres d'emprunt d'État et 6 000 F de revenus d'obligations. La famille mariée dispose de 1 + 1 +1/2 + 1/2 = 3 parts et ne peut effectuer qu'une fois les déductions autorisées. La famille de concubins est composée de deux foyers fiscaux distincts bien que vivant sous le même toit. Chacun des concubins prend un enfant à sa charge dans sa déclaration. Elle dispose donc de : (1 + 1) + (1 + 1) = 4 parts et peut effectuer deux fois les divers abattements et déductions autorisés par la loi. Si les intérêts d'emprunt et les primes d'assurance-vie sont déduits, la famille mariée devra 50 283 F au fisc, et la famille de concubins 34 126 F, *soit un écart de 16 157 F. Les concubins paient 30 % d'impôts de moins que les mariés*[3]. Si aucune déduction n'est effectuée, l'écart est de 12 379 F, soit 22,2 % de moins pour les concubins que ce que paient les mariés. Ces chiffres sont calculés pour le cas où chacun des conjoints ou chacun des concubins a le même revenu. Si les revenus sont inégaux, l'écart tend à diminuer. Dans les deux familles prises pour exemple, si l'un gagne moitié moins que l'autre (1/3 pour l'un, 2/3 pour l'autre), la différence d'impôt dû n'est plus que de 12 136 F en faveur du ménage de concubins s'il y a déductions et abattements, et de 9 773 F sans aucune déduction.

Ces deux familles disposant des « mêmes capacités contributives », l'inéquité est flagrante. Certains s'émeuvent peu de l'irrégularité des familles et n'y voient aucune immoralité; mais les mêmes sont généralement très sensibles aux inégalités économiques, qu'ils ressentent comme immorales : ils ont là sujet à indignation, pour la

3. Barème applicable aux revenus de 1981, abstraction faite de la majoration.

seule injustice financière que contient la situation.

On peut également être préoccupé des effets à terme de telles dispositions quand le frein de la morale sociale joue beaucoup moins son rôle : à coup sûr, les « cohabitants » des années 1970 qui ne se sont pas mariés par méfiance de « l'institution » ne savaient rien des avantages fiscaux consentis aux parents célibataires et ces histoires d'impôts étaient le cadet de leurs soucis. Mais on a vu à quelle vitesse s'est accru récemment le nombre des enfants nés hors mariage. Si les premiers parents naturels ont appris avec surprise leurs « droits » et les ont pris comme une aubaine, il est évident aujourd'hui que les dispositions fiscales avantageant les parents non mariés sont de mieux en mieux connues. On en parle de couple à couple, quand on ne le découvre pas dans la presse, ou dans les revues et guides donnant des renseignements administratifs et juridiques. *Il est devenu tout à fait possible que ces paradoxes jouent dorénavant un rôle incitatif, même s'il ne faut pas l'exagérer, dans la diffusion du concubinage. Sans aucun doute, de nombreux divorcés avec enfants ne se remarient pas mais vivent en concubinage avec un autre partenaire après la rupture de leur mariage pour des raisons économiques – dont fiscales.*

Certains couples mariés du reste commencent à divorcer sans aucun motif de discorde, pour des raisons fiscales. Ils sont peu nombreux encore, mais l'exemple de la Suède nous enseigne que l'habitude peut s'en prendre aisément. Devrons-nous, comme en Suède, en venir à payer des fonctionnaires dont le rôle est de vérifier si les divorcés vivent bien – comme il se doit pour des divorcés – séparément, ou si les coquins grugent le fisc en se permettant de vivre ensemble en bonne intelligence ?

De toute évidence, il est devenu indispensable de revoir un système aussi peu adapté aux évolutions de la société qu'il engendre des iniquités indéfendables que d'aucuns peuvent même qualifier de choquantes.

Améliorer le cas de la femme mariée qui travaille

Certes, les dispositions d'un « machisme » presque inconscient de l'impôt n'ont pas empêché les femmes mariées d'exercer de plus en plus souvent une activité professionnelle. On a cru que cela pouvait jouer comme un frein à l'emploi féminin, et certains, sournoisement, trouvaient là une raison de ne rien changer et de continuer à retenir le ménage pour base et donc à favoriser les couples hommes actifs/femmes au foyer. Ils pensaient disposer là d'une digue permettant de retenir le flot poussant les femmes vers le travail. Ils ont été débordés.

De plus en plus nombreuses, les épouses sont entrées sur le marché du travail, car les raisons qui les y poussaient, et celles ensuite qui les y retenaient étaient autrement puissantes, et se trouvaient en phase avec les évolutions économiques comme avec l'évolution du rôle des sexes. Désir d'un second salaire au foyer : la société de consommation se répandant, presque tous les produits doivent s'acheter dans le commerce et les travaux ménagers ne permettent plus guère d'économies. Désir pour l'épouse elle-même d'une vie plus ouverte sur l'extérieur, moins dépendante économiquement, plus autonome. Extension du secteur tertiaire et, pendant une longue période, du nombre des emplois, etc.

Mais si notre système de taxe conjointe n'a pas rempli le rôle décourageant que certains eussent souhaité lui voir jouer, les femmes mariées actives n'en sont pas moins pénalisées – et légitimement furieuses de l'être.

L'impôt est toujours mal ressenti : l'État vous prend de l'argent, et il faut, soi-même, calculer combien, se séparer de cet argent, l'envoyer... Les retenues à la source, par exemple de l'assurance maladie, sont plus défavorables encore aux femmes mariées, mais elles sont mieux tolérées car moins apparentes.

Mais il n'y a pas que cela. Dans le domaine fiscal, les femmes mariées qui travaillent à l'extérieur ont un double sujet de mécontentement : elles se trouvent pénalisées parce qu'elles travaillent par rapport aux femmes mariées qui restent au foyer, et parce qu'elles sont mariées par rapport aux femmes actives qui vivent en concubinage. Selon les clivages idéologiques, les unes s'indignent qu'on favorise les femmes au foyer, les autres se choquent de l'avantage au concubinage. Beaucoup cumulent les deux rancœurs, sensibles surtout à l'injustice qui leur est faite.

L'imposition séparée serait trop dure aux foyers modestes

Le ministère des Droits de la femme a fait explorer des voies de réforme, et particulièrement celles du « tout séparé »[4]. Il aurait souhaité voir femmes et hommes traités de manière identique, femmes mariées et célibataires également, au nom de la « neutralité devant les choix des formes de la vie privée ». L'imposition séparée généralisée eût rétabli l'équité entre femmes au travail, mariées ou vivant en concubinage. Mais cela eût durement retenti sur les foyers mariés où la femme n'a pas d'activité professionnelle, les privant d'un coup d'une part de quotient. Des simulations ont été demandées à la Direction générale des Impôts, qui a testé huit hypothèses au total, sur l'échantillon national des contribuables.

L'imposition séparée (abandon du quotient conjugal) pénaliserait la totalité des couples à un seul revenu, mais plus particulièrement ceux qui comptent beaucoup d'enfants et ceux à petits revenus. Or il est très difficile à une mère de trois, quatre, cinq enfants ou plus d'avoir une activité professionnelle à l'extérieur. D'autre part, le travail qu'elle fournit pour élever une famille nombreuse et tenir une grosse maisonnée équivaut, en peine prise, à la plupart des emplois salariés, tandis que le service qu'elle rend ainsi à la collectivité est inappréciable : sans

4. Il a confié à cet effet une mission à Ghislaine Toutain, députée, qui a fait à ce sujet un rapport qui doit paraître à l'automne 1984.

les familles nombreuses, l'équilibre démographique serait encore plus compromis, avec, à terme, des conséquences socio-économiques lourdes pour l'ensemble de la population.

En outre, il ne faut pas oublier que c'est proportionnellement dans les catégories sociales à faibles ou modestes revenus que l'on compte le plus de femmes au foyer. Une forte majorité des retraités est également composée de foyers à un seul revenu car du temps où les retraités d'aujourd'hui étaient jeunes la plupart des femmes mariées restaient au foyer – elles ont eu du reste nettement plus d'enfants que les générations nées après 1950. Or l'imposition séparée serait proportionnellement plus dure pour les petits revenus. Ainsi, pour un ménage sans enfant, le supplément d'impôt représenterait + 63,1% pour un revenu de 100 000 F, mais + 153,6% pour un revenu de 40 000 F.

Il n'est donc pas possible de changer de système en abandonnant le quotient conjugal : trop de foyers modestes en pâtiraient et trop de familles nombreuses, quoique le rapport Toutain s'arrête peu à ce dernier aspect, estimant que la fiscalité ne doit se préoccuper que de réduire les inégalités « verticales » (de revenu) pour opérer une redistribution des plus riches vers les plus pauvres, et ne doit pas prendre en compte la réduction des inégalités « horizontales », c'est-à-dire les inégalités de niveau de vie entre foyers sans enfants et foyers avec plusieurs enfants. Ce serait le système social des prestations familiales qui serait seul chargé de réduire ces dernières. Mais, d'une part, les prestations ne couvrent pas, tant s'en faut, les dépenses occasionnées par les enfants – et plus ils sont nombreux, plus le déficit est important, toutes les enquêtes le prouvent; d'autre part les barèmes des redistributions par prestations ne suivent jamais le même rythme que les barèmes des prélèvements fiscaux...

Ghislaine Toutain, convenant qu'il n'est pas possible de supprimer le quotient conjugal, propose toutefois le plafonnement de l'avantage qu'il peut procurer aux ménages à hauts revenus où la femme reste au foyer. Cette mesure est dictée par un souci de justice sociale. On apprécierait que ce souci de justice sociale ne s'exprime pas que lorsque le mariage est en jeu, et qu'il concerne aussi les avantages tirés par les couples à hauts revenus de leur concubinage et de la naissance hors mariage de leurs enfants, par exemple. A ne viser que le mariage, ce plafonnement imposé pourrait dans certains cas provoquer des « divorces fiscaux » à la suédoise...

Pourquoi pas un système optionnel?

A ce point, deux évidences se dégagent :

1 – Seule l'imposition séparée dépénaliserait le travail à l'extérieur de la femme.

2 – L'imposition séparée ne peut être imposée à tous les couples mariés.

Pourquoi alors ne serait-elle pas rendue possible pour certains couples mariés qui la choisiraient, à l'exclusion des autres? Un système optionnel en somme :

– soit la déclaration commune, et le quotient conjugal joue.

– soit l'imposition séparée, les enfants du couple étant déclarés l'un par le mari, l'autre par la femme, ou tous par le mari, ou tous par la femme, au choix.

Les couples pourraient modifier leur option – par exemple si la femme qui travaille désire cesser son activité ou, au contraire, si la femme jusque-là au foyer recommence à travailler. Il serait nécessaire qu'ils annoncent à l'avance leur désir de changer de système.

A l'idée d'une telle possibilité, irréprochable sur le plan de l'équité, les services des impôts ne vibrent pas d'enthousiasme, c'est le moins qu'on puisse dire. Ils font remarquer que les couples choisiraient ce qui les avantage – bien sûr – et que si 15% des couples mariés optaient pour la déclaration séparée, il en coûterait 1 milliard et demi au Trésor (ce qui prouve que le Trésor prélève, grâce au système actuel, 1 milliard et demi sur 15 % des couples où l'épouse travaille du fait de la déclaration obligatoirement conjointe, C.Q.F.D.)

Mais ce n'est pas tout, disent les fiscalistes. Il y a la surcharge de travail que cela représenterait : apparition soudaine d'un nombre considérable de contribuables supplémentaires, donc nécessité de moyens administratifs accrus, de moyens pour financer ces moyens administratifs supplémentaires... On imagine très bien la note préparée pour le ministre des Finances « ...le système optionnel... qui par ailleurs se traduira par une moins-value de quelque 2 milliards... augmentation des frais de gestion... obligation de prévoir *n* fonctionnaires et *x* contractuels pour les seuls services traitant... ». Monsieur le Ministre haussera les sourcils et le système optionnel attendra. Il sera demandé une nouvelle étude.

Il serait intéressant, et satisfaisant pour l'esprit, que les services des impôts évaluent sérieusement ce que la crise du mariage leur a procuré en travail supplémentaire. C'est déjà impressionnant : 900 000 mariages de moins font 1 800 000 célibataires qu'on n'attendait pas, soit 900 000 « foyers fiscaux » de plus que si tout ce jeune monde s'était marié; le recensement de 1982 donne 1 462 000 divorcés. Il faut bien traiter tous ces dossiers supplémentaires aussi.

En fait, c'est peut-être ainsi qu'une partie de l'opinion conçoit le système « optionnel » sur le plan fiscal comme sur les autres : non pas mariage et choix d'un type de déclaration de revenus à l'intérieur du mariage –, mais mariage ou divorce, ou mieux, concubinage...

Donner aux mariés les avantages des concubins...

Parce que c'est bien là *l'inéquité majeure* qu'on ne sait comment corriger : que peut-on faire pour réduire les différences non plus entre ménages où la femme travaille et ménages où la femme ne travaille pas, mais bien *entre ménages mariés* et *ménages non mariés* ?

Pourquoi ne pas consentir aux mariés les avantages des concubins : doubles abattements, doubles déductions? Le Trésor, déjà, n'aimerait pas beaucoup. Mais si l'on parle de compter une part entière pour le premier enfant des couples mariés (à l'instar de ce qui est consenti aux célibataires, veufs ou divorcés) au lieu de la demi-part à laquelle ils ont droit – alors, là, rien ne va plus... Il paraît que cela représenterait un manque à gagner de 7 milliards! Sens interdit. Impossible d'aller plus loin. Il n'est pas question d'offrir aux parents « réguliers » les faveurs consenties aux autres. Les enfants des mariés rapportent beaucoup au Trésor, 7 milliards pour la moitié de part des premiers-nés.

...ou traiter les concubins comme les mariés?

Alors, si on ne peut pas accorder aux mariés les avantages consentis aux célibataires, veufs et divorcés – essayons à l'inverse de traiter les concubins au régime des mariés. Après tout, ils vivent ensemble, tout pareil – on nous le dit assez qu'« il n'y a point de différence » et qu' « on ne doit point en faire. »

Mais voilà : le mariage ne peut se dissimuler. Il y a le fameux « acte » d'où découlent statut et droits civils. Le concubinage, il faut le prouver. Car on ne peut compter sur les contribuables pour venir spontanément déclarer au fisc leur situation. Il leur faudrait une dose de civisme qui pourrait passer pour du masochisme. Monsieur X envoie sa déclaration et Mademoiselle Y la sienne. Qu'ils aient la même adresse ne prouve rien : il peut y avoir des dizaines de personnes logeant dans le même immeuble qui partagent la même adresse.

Faire une enquête? Envoyer – chaque année, car les impôts reviennent chaque année – un fonctionnaire du ministère des Finances interroger la concierge ou le café du coin, inspecter les lieux en vérifiant pantoufles et brosses à dents pour voir s'il y a réellement vie maritale?

L'administration fiscale n'a pas pouvoir pour effectuer de tels contrôles – et félicitons-nous-en! Elle n'en a pas non plus le désir. Indépendamment de toute question d'éthique, elle pense que si un tel contrôle de la vie privée peut se concevoir quand il est effectué en vue d'attribuer une prestation (pour recevoir de l'argent, on ouvre assez volontiers sa porte) – il serait très mal ressenti si le but de cette inquisition était de prélever davantage d'argent. On ne peut que trouver raisonnable cette position. L'immixtion du fisc dans la vie privée des gens doit au moins s'arrêter à la porte du domicile.

Le Parlement a tout de même forcé l'administration des Finances à sortir de cette prudente discrétion et à prévoir un cas où le concubinage peut et doit être pris en compte dans l'établissement des redevances : l'impôt sur les grandes fortunes! La loi qui l'instituait fut sans doute une des plus chargées en signification symbolique que se devait de présenter la gauche arrivée au pouvoir. Elle tendait à satisfaire une sensibilité caractéristique de la gauche devant l'inégalité économique, aspiration à la justice qui dénonce comme immorale la détention d'une grande fortune alors que la collectivité compte tant de personnes en état de grande pauvreté.

A peine cette loi avait-elle été énoncée qu'un député de l'opposition monta à la tribune pour informer l'Assemblée, non sans une emphase ironique, de son prochain divorce... En quelques mots, il fit comprendre aux déposants qui assignaient à leur loi une certaine moralité publique que le moyen le plus simple de la tourner était de divorcer ou de ne pas se marier, et de vivre en couple dans le même château, de partir en croisière sur le même yacht, mais de mettre le château sur la déclaration de Monsieur et le yacht sur celle de Madame... et ainsi de suite, afin qu'aucun des deux n'atteigne pour la déclaration de ses revenus, le seuil fatidique que, dûment mariés, ils eussent dépassé. La démonstration était évidente et, dans des tranches si élevées, le concubinage n'apparut plus aux députés de gauche une forme de vie point immorale du tout à contempler avec une bienveillante neutralité. Aussi une circulaire du ministère de l'Économie, des Finances et du Budget en date du 19 mai 1982 a pris en compte, pour l'I.G.F., « la situation de concubinage notoire pour l'assimiler au mariage ».

Sans enquête personnalisée, il y a fort à parier que l'administration des Finances ne bougera guère pour vérifier, en additionnant les foyers fiscaux distincts des sieurs X et des dames Y, si ainsi le plafond de l'I.G.F. serait bel et bien crevé, et pour aller derechef constater si ces foyers fiscaux font une seule et même vie commune. On peut ajouter à cette fable immorale que ce que le fisc pourrait récupérer en pourchassant le riche concubin ne serait que goutte d'eau en comparaison des milliards lourds que constituent les avantages des concubins toutes tranches sur les mariés dans l'ensemble des contribuables français.

Du reste ces agents du fisc qui ne se voient pas très bien flics demeurent persuadés qu'on tricherait facilement et beaucoup : les concubins qui perdraient à se voir appliquer le régime des couples mariés parviendraient à prouver qu'ils ne sont pas « ensemble ». Quelle « nature » de « vie commune » serait retenue pour être imposée, et à partir de quel « degré » ?

Certains concubins, par contre, se déclareraient spontanément tels : les couples non mariés dont l'un des deux ne travaille pas. Ils seraient ravis de profiter du quotient conjugal, comme déjà ils se déclarent concubins sans barguigner à la Sécurité Sociale en produisant un papier sans valeur juridique.

A écouter les avis autorisés des fiscalistes, nous voici dans une belle impasse :

– on ne peut pas donner aux mariés les avantages concédés aux célibataires et divorcés, cela coûterait trop cher au Trésor.

– on ne peut pas imposer les concubins célibataires ou divorcés comme des mariés car on ne parviendrait pas à établir la preuve de leur vie commune.

Pourquoi inciter les jeunes parents à ne pas se marier?

Il y a tout de même un avantage fiscal bien visible et bien aisé à déceler, et par conséquent à supprimer : c'est la demi-part supplémentaire accordée aux premiers enfants des foyers de célibataires, veufs ou divorcés.

En langage de fiscalistes, ils sont qualifiés de « *contribuables isolés ayant des enfants* ». Effectivement, chacun, avec son ou ses enfants, forme un foyer fiscal où ne figure qu'un seul contribuable. Mais absolument rien ne prouve que ces contribuables « isolés » soient dans la vie des « parents isolés » ou des « personnes isolées ». On est même pratiquement sûr, par le biais de plusieurs enquêtes, que la grosse majorité des moins de 40 ans en tout cas ne sont pas isolés du tout. On trouve chez eux un père et une mère; un père et une autre femme; une mère et un autre homme; et l'enfant ou les enfants. Pourquoi cet enfant donne-t-il droit à un avantage double de celui procuré par l'enfant d'un couple marié?

Bien sûr, parce qu'à l'origine on a considéré que c'était là un cas « social ». C'est du reste vrai souvent, quand la mère est vraiment seule. Mais si c'est un cas social, pourquoi le raisonnement employé contre les familles nombreuses ne s'applique-t-il pas, à savoir que ce n'est pas au système fiscal de corriger cette anomalie, mais au système social – qui, heureusement, s'en préoccupe déjà.

Pour ce qui concerne l'impôt, l'expérience prouve que la demi-part supplémentaire (qui devient 1 part quand il y a deux enfants et que chaque concubin, contribuable isolé, en prend un sur sa déclaration) conduit les parents à ne pas se marier. C'est parfaitement leur droit, mais faut-il les en récompenser? Depuis un an, j'en ai rencontrés par dizaines et qui ne s'en cachent nullement : l'État ne les favorise-t-il pas sans qu'ils aient rien demandé? Alors pourquoi se gêneraient-ils? « C'est le bon truc, et ça ne change rien pour nous et nos enfants, sauf qu'on casque moins, alors... »

Alors on ne se marie pas ou ne se remarie pas. On fait ses comptes : épouser son amie ferait (fiscal + social) baisser le budget de 7 000 F ici, de 12 000 F là, de bien plus encore ailleurs. Et puis, le mieux payé des deux peut prendre l'enfant naturel sur sa déclaration même si ce n'est pas le sien ou même s'il ne l'avait pas reconnu. J'en connais plusieurs exemples : « Pierre gagne plus que moi alors c'est lui qui déclare mon petit garçon. Il signe une déclaration sur l'honneur certifiant que cet enfant est à sa charge. C'est tout. Comme ça mon fils, qui " vaut une part ", procure plus d'abattement que si c'est moi qui le déclarais, parce que mon revenu est moins élevé. » « Fiscalement ? On se partage mes filles : lui en prend une et je prends l'autre pour qu'elles fassent une part chacune. »

Situations subies et choix délibérés

Il faut le dire et le redire : les paradoxes et les effets franchement pervers des dispositions fiscales concernant les contribuables isolés avec enfants sont introduits d'une part par le concubinage ; d'autre part trouvent leur origine dans le fait que lorsqu'elles ont été votées, ces situations étaient toujours ou presque toujours involontaires, alors qu'aujourd'hui elles sont très souvent évitables (contraception et I.V.G. sont là pour permettre aux naissances indésirées de ne pas se produire) et d'autre part, si certaines ont été subies, beaucoup et surtout *de plus en plus, ont été acceptées délibérément ou recherchées volontairement.* Tels ont préféré ne pas se marier. Tels ont jugé bon de divorcer pour convenance personnelle. Tels ne veulent en aucun cas se marier. Autant de *choix* découlant de *libertés qu'il n'est pas question de remettre en cause.* Mais pourquoi favoriser ceux qui font ces choix (dont on ne sait s'ils ne sont pas défavorables à l'enfant) et pourquoi l'État, et par conséquent les autres contribuables, devraient-ils en faire les frais ?

Il faut rappeler la croissance stupéfiante de ces cas :

+ 193 % de célibataires avec enfants de moins de 16 ans; + 315 % de divorcées avec enfants de moins de 16 ans, de 1968 à 1981 (I.N.S.E.E.) et le rythme de cette croissance s'est accéléré depuis 1981. C'est pour les enfants de moins de 3 ans que la croissance a été la plus forte.

Si on tarde à supprimer cet avantage fiscal ou à le réduire, ses effets pervers ne cesseront de croître; la population ainsi avantagée sera de plus en plus nombreuse. Et il deviendra d'année en année plus difficile de le faire diminuer ou disparaître.

Pauvres législateurs unanimes de 1945 : la touche de « social » qu'ils avaient ajoutée à leur projet nuit à son but « familial ». Quant à son objectif démographique, le malheureux, il est bien enterré et d'aucuns s'en réjouissent...

CHAPITRE IX

La protection sociale et les nouvelles formes de la famille

Droits sociaux et statut matrimonial

Situations involontaires – délibérées? Dans quelle mesure? Dans quelles proportions?

La même grave question se pose quand on aborde le domaine de la protection sociale et la manière dont évoluent les effectifs des bénéficiaires de différentes prestations servies.

La Sécurité Sociale est là, comme son nom l'indique, pour apporter à tous et à chacun une sécurité en « socialisant » en partie les risques et aléas de la vie. La prise en charge par la collectivité de tout ou partie des dépenses atténue les difficultés nées de la maladie, des handicaps physiques, de l'âge, des charges de famille, de la solitude. Maladie, famille, vieillesse sont les trois grands départements de ce système de solidarité nationale qui a pour vocation d'aider provisoirement ou définitivement les personnes affaiblies, surchargées, vulnérables ou marginalisées.

Pour financer ce système, des prélèvements obligatoires effectués sur les entreprises et sur les actifs. Pour distribuer les aides, un réseau d'assurés sociaux – ceux qui cotisent – ayant chacun derrière soi son propre petit réseau d'« ayants-droit » : conjoints, enfants, parents à charge.

Toute une population protégée n'a donc pas de droits directs, mais seulement des *droits dérivés*, *dérivés à partir de l'assuré*. Définir les rapports avec l'assuré-tête-de-réseau qui « ouvrent droit à remboursement » a été chose délicate. En refaire l'histoire, c'est un peu refaire l'histoire de ce qui a été, en France, depuis la Libération, considéré comme lien de famille ou assimilé à un lien de famille. Le « chef de famille », assuré social qui en travaillant garantit du coup tous les siens, a disparu. Mais il reste trace de cette construction patriarcale, puisque l'épouse active qui cotise comme son mari ne se voit, de ce fait, reconnu aucun droit nouveau. Elle paye, c'est tout.

Dès l'origine des systèmes de Sécurité Sociale, de prestations familiales et de pensions de vieillesse, le statut matrimonial a joué un très grand rôle et a été pris en compte à plusieurs titres :

– pour les encouragements aux jeunes mariés fondant une famille;

– pour l'ouverture des droits dérivés à l'assurance maladie, à l'assurance maternité, à l'assurance vieillesse, à la réversion des pensions;

– pour les prestations familiales;

– pour certaines allocations particulières : veuves, orphelins, parents isolés, etc.

En somme, la protection sociale s'est assigné deux rôles complémentaires :

– aider, soutenir le couple conjugal au long de sa vie, renforcer l'aide réciproque que s'apportent les époux dans les passes difficiles – maladie, etc. – et compléter l'assistance que les parents assurent à leurs enfants, par la voie des prestations familiales;

– atténuer les difficultés dans lesquelles la mort d'un époux ou d'un parent, ou la défaillance, ou la disparition d'un parent peut plonger une famille, voire même prendre tout à fait en charge les enfants seuls ou abandonnés.

Les concubins sont assimilés aux mariés

Dans ces deux grands rôles sont intervenus des changements très significatifs. Le premier concerne les couples : depuis la loi du 2 janvier 1978, *les couples non mariés vivant maritalement sont assimilés aux couples mariés.* C'est-à-dire que la qualité d'ayant droit a été reconnue à la personne vivant maritalement avec un assuré social et étant à sa charge, d'abord par la Sécurité Sociale, puis par les mutuelles alignées sur les dispositions de la Sécurité Sociale, puis par certains régimes complémentaires. Une telle reconnaissance ouvre donc à la concubine les mêmes droits qu'à l'épouse : assurance maladie, assurance maternité, prestations familiales.

La justification de cette ouverture de la part de la Sécurité Sociale comme des Caisses d'allocations familiales est « la neutralité quasi parfaite que la protection sociale croit devoir adopter devant le statut des couples ». Revoilà la neutralité (et remarquons au passage qu'on est en 1978). Le statut légal ne compte pour rien et le seul critère retenu pour l'ouverture des droits est « la communauté de ressources et de charges ».

En réalité, cette affirmation est tout à fait controuvée par les faits. Ainsi deux amies dont l'une tient le ménage, ou un couple d'homosexuels dont l'un est à la charge de l'autre pourront bien former « une communauté de ressources et de charges », celui qui travaille ne fera pas de l'autre son ayant droit. Il faut qu'il y ait couple hétérosexuel susceptible d'avoir des rapports sexuels et vivant ensemble. Car la Sécurité Sociale spécifie même que pour reconnaître la qualité d'ayant droit de la personne qui « vit maritalement » avec l'assuré, point n'est besoin de savoir si elle participe ou non aux frais de la communauté [1]. Vous pouvez envoyer à la « Sécu » les feuilles de maladie de votre riche maîtresse qui vous a offert logement et voiture comme celles de

1. Circulaire de la S.D.A.M. du 4 octobre 1978.

l'amant qui ne fait rien et qui vous prend vos sous. Ils sont vos ayants droit.

Une généralisation douteuse

Pourquoi ? Parce que « la politique de généralisation de la Sécurité Sociale repose sur des aspirations plus élevées que celles sur lesquelles se fondent les critiques des défenseurs du mariage [2] », paraît-il. On en est bien d'accord. Mais alors pourquoi diable utiliser la semblance du mariage (parler de « vie maritale » est éloquent...) pour généraliser la Sécurité Sociale ? Pourquoi pas tout le monde ? On aurait bien pu passer à la généralisation sans passer par ces subtilités douteuses. C'est, nous dit-on, qu'« il est difficile d'ignorer la situation d'un nombre croissant de personnes » qui vivent en concubinage. Mais c'est pour ajouter ensuite que « cette assimilation touchera finalement assez peu de personnes ». Alors ? Est-ce parce qu'elles sont de plus en plus nombreuses ou parce qu'elles sont rares ? De qui se moque-t-on ?

Je le dis tout net : je suis partisan, tout à fait, de *la vraie généralisation de la Sécurité Sociale*, et prête à plancher pour trouver de nouvelles modalités pour en asseoir le financement, si cette généralisation achoppe sur le système assuré-et-ayants-droits-de-l'assuré. Cela ne reviendra pas plus cher. Mais il est hypocrite, grave et maladroit de chercher par des moyens tarabiscotés à « assimiler » à des mariés des gens qui ne le sont pas.

D'abord, qu'est-ce que la vie maritale pour la Sécurité Sociale ? Il paraît que ce n'est pas le concubinage... Le concubinage, selon l'article 340 du Code civil, impliquerait « communauté de lit » (*cubiculum*) mais pas forcément foyer commun. Si je comprends bien, on couche ensemble mais on n'habite pas forcément ensemble ? La « vie maritale », expression plus élégante et qui respecte les

2. J.-F. LUSSEAU, « Vie maritale et droit de la Sécurité Sociale, » in *Droit Social*, février 1980.

formes, forgée par la Sécurité Sociale, serait « communauté d'existence et communauté de lit ». Dans la réalité, rassurez-vous, personne ne distingue l'un de l'autre, et un certificat de concubinage vous donne droit à la Sécurité Sociale comme un certificat de vie maritale. De toute façon, cette « pièce » ne vaut rien, même si elle permet les remboursements d'hôpitaux ou de maternité de votre maîtresse.

Avec une preuve sans valeur, et sans vérification

Elle n'a en effet aucune valeur juridique. Vous allez à la mairie, et vous demandez un « certificat de concubinage ». Vous présentez votre petite amie, vous donnez une quittance de gaz. Ou bien vous venez avec deux copains qui disent que vous êtes bien qui vous dites et que vous vivez bien tous les deux ensemble. Vous pouvez même aller chercher vos témoins au café d'à côté. Vous pouvez varier les procédures. Le maire, ou son secrétaire, vous refusera avec hauteur un tel papier, ou vous le fera sans difficulté. Il a parfaitement le droit de vous le refuser, car il s'agit d'une pièce sans aucune valeur juridique qu'il n'entre pas dans ses attributions de délivrer. Il peut aussi vous signer un certificat muni d'un tampon. Même sans valeur juridique, cela peut vous valoir beaucoup d'argent.

Prenons l'hypothèse d'une mairie accommodante. Elle délivre le certificat de concubinage : avec cela, les concubins pourront non seulement avoir accès à l'*assurance maladie* et *maternité* et aux *allocations familiales*, mais aussi à l'*aide personnalisée au logement*, à l'*allocation de logement à caractère social*, à un *tarif réduit* à la S.N.C.F. ou sur les lignes d'Air-Inter, etc. Or le maire, lui, ne pourra en aucun cas vérifier l'exactitude des faits : il n'a pas le droit de faire enquête sur votre vie privée... Il a du reste si peu d'illusion sur la valeur du papier qu'il vous a délivré que, la plupart du temps, il n'en tient aucun registre. Vous êtes « assimilés mariés » pour toucher des sous, mais votre statut reste celui d'un célibataire et, comme tel, vous pouvez continuer à profiter des avantages fiscaux des célibataires, ou demander une place prioritaire à la crèche pour votre enfant puisque mère célibataire...

Dépendez-vous alors, pour conquérir les droits de « l'assimilé marié», de la bonne ou mauvaise humeur d'un maire, du respect qu'il a pour le mariage ou de l'indulgence qu'il montre pour les mœurs nouvelles ? Même pas. La loi du 2 janvier 1978 portant généralisation de la Sécurité Sociale reconnaît la qualité d'ayant droit à qui habite maritalement avec l'asssuré à condition d'en « apporter la preuve ». Cette preuve peut être apportée par une « attestation sur l'honneur » faite par l'assimilé(e) marié(e) et signée également par l'assuré avec qui il ou elle vit : « Je déclare sur l'honneur habiter sous le toit de... avec qui je vis maritalement. » Cette déclaration sera renouvelée chaque année. Si l'assuré décède, la personne qui vivait maritalement avec lui conserve pendant un an le bénéfice des prestations comme une épouse. Si les deux concubins se disputent et se séparent, « l'ex » conserve la qualité d'ayant droit pendant trois mois après la « rupture de vie commune », qui, bien sûr, ne sera pas annoncée par l'intéressé(e) qui a tout intérêt à laisser passer un an...

Que fera la caisse de Sécurité Sociale qui a des doutes au sujet de la déclaration sur l'honneur qui lui a été remise ? Si elle refuse de payer, l'intéressé(e) peut faire un recours gracieux. Si, après ce gracieux recours, la caisse ne paie toujours pas, l'assimilé(e) marié(e) peut saisir la commission de première instance de la Sécurité Sociale. Celle-ci doit ordonner un complément d'instruction pour savoir, oui ou non, si la déclaration est véridique ou mensongère, si cette personne vit bien avec leur assuré. Malheureusement, chaque fois que les caisses ont déposé une plainte pour obtenir une enquête de police, l'enquête n'a pas abouti : ce serait une « immixtion dans la vie privée ». Faute de preuves contraires, la commission se voit contrainte de donner gain de cause au demandeur.

Sachant qu'elles n'obtiendront rien de cette procédure et qu'aucune autre ne leur est ouverte, les caisses ne cherchent plus à démêler le vrai du faux, les concubins réels des concubins de circonstance – et elles paient.

La « Sécu » rembourse la femme et la concubine d'un même assuré

Si elles désiraient vérifier, c'est qu'il leur est vite arrivé d'insolites demandes : telle dame demandait la qualité d'ayant droit de tel assuré car vivant maritalement avec lui et à sa charge... mais l'assuré en question, déjà marié, garantissait déjà son épouse légitime. Que faire ? La question a été posée à la Sécurité Sociale de savoir si un assuré marié peut faire bénéficier de l'assurance maladie *à la fois sa femme et la maîtresse avec qui il vit* ? La réponse a été donnée par la circulaire n° 794 78 du 4 octobre 1978 émanant de la Caisse nationale d'assurance maladie des Travailleurs salariés relative aux modalités d'application des dispositions de l'article 13 de la loi. « On doit *légitimement* conclure que *l'assuré peut garantir simultanément son conjoint légitime et la personne avec qui il vit maritalement* », y est-il dit. Et comme il ne faut pas oublier les cas compliqués entraînés par le divorce, cette circulaire ajoute, pour éclairer les caisses : « *La personne divorcée* ayant eu la qualité d'ayant droit d'un assuré social, *et les membres de sa famille qui sont à sa charge, continuent à bénéficier des prestations maladie et maternité sur le compte de l'assuré alors même que celui-ci assure la protection sociale de la personne avec qui il vit en concubinage.* »

Il est donc clair que la Sécurité Sociale rembourse la bigamie – alors même qu'elle est illégale. Aucune obligation de domiciles séparés n'est exigée pour les deux femmes.

Pour une vraie généralisation de la couverture sociale

Désormais, les nouveaux imprimés « Feuilles de maladie » d'une agréable couleur chamois ont ajouté un petit carré à cocher dans l'énumération des « liens avec l'assuré(e) ». Il est libellé : « Personne vivant maritalement avec l'assuré(e). » La circulaire du 1er août 1978 qui avait suivi la loi du 2 janvier de la même année apportait la précision suivante : cette personne doit vivre avec l'assuré « de telle sorte que le couple puisse être regardé comme mari et femme ». En somme, les apparences – les apparences du mariage, sans les engagements. Mais que deviennent les apparences lorsqu'il y a deux femmes, l'une dont on sait qu'elle est mariée – elle ne manquera pas de le faire savoir – et l'autre qui « peut être regardée comme la femme» par qui, au fait ? Ce souci du regard des autres et de la rumeur publique a vraiment quelque chose de dérisoire. La Sécurité Sociale s'intéresse à tout être souffrant, au titre de l'assurance-maladie ; à toute femme enceinte, à tout bébé, au titre de l'assurance-maternité : c'est sa vocation, et on comprendrait très bien que parce que malade, parce que enceinte, tout être souffrant et toute future mère ait droit aux prestations. On comprend moins bien cette ardeur à baptiser mariage ce qui ne l'est pas, à coups de preuves qui n'en sont pas. Le résultat en est assurément un abaissement de l'idée et de l'image du mariage dans l'organisation sociale.

Un sénateur avisé a posé, le 20 décembre 1978, une question fort pertinente au ministre des Affaires sociales : avant cette loi, les cas des concubines sans droits directs et sans droits dérivés ainsi que les cas de leurs enfants étaient bel et bien considérés, mais pas par la Sécurité Sociale. Par les bureaux d'aide sociale des communes. Ils pesaient donc sur les finances communales. Quel soulagement, pour les communes, que de passer tout ce monde aux profits et pertes de la Sécurité Sociale ! Les communes qui comptaient un certain nombre de musulmans polygames en ont été particulièrement soulagées.

En tout état de cause, il est absolument nécessaire de revoir ces dispositions. Les comptes de la Sécurité Sociale sont à nouveau équilibrés. Actuellement 99,9 % des gens sont garantis par elle. C'est le moment ou jamais de passer à 100 %, en abandonnant les mentions plus ou moins humiliantes ou dévalorisantes. Des personnes cotisent sans aucun bénéfice : les femmes mariées qui travaillent. D'autres assurés arrivent à garantir toute une smalah. Les choses ne seraient-elles pas plus claires et plus nettes si tout le monde « avait droit », directement ?

Pour les concubins, l'État n'est pas regardant

Arrivé à ce point, qui ne remarquerait que l'*État fait des manières pour demander de l'argent aux concubins mais point du tout pour leur en donner*? Lorsque les fiscalistes sont interrogés sur la manière dont on pourrait assujettir les concubins au même régime fiscal que les mariés, afin de gommer les avantages qu'ils tirent de leur situation non régularisée – ceux-ci font remarquer qu'il est délicat, voire impossible, d'établir la « vie maritale » des contribuables qui n'ont pas convolé en justes noces. Mais tout devient simple pour la Sécurité Sociale qui demande un papier sans valeur renouvelé chaque année, et qui, faute de pouvoir opérer des vérifications, paie sans faire d'histoires. On croit toujours l'État gourmand et aux aguets pour plumer le contribuable, soupçonneux et tâtillon avant de lui donner des sous. S'agissant des personnes vivant en union libre, c'est l'inverse qui se produit.

D'ailleurs, le certificat de concubinage ou la déclaration sur l'honneur de vie maritale demeurent tout à fait inconnus des percepteurs. Les mariés n'ont qu'un statut, connu, prouvé, vérifiable. Ils ne peuvent y échapper. Les concubins ont plusieurs statuts de rechange, à usages différents. Pas de danger que le service du fisc sache qu'ils sont « regardés comme mari et femme » et, comme tels, garantis à l'instar des vrais époux : pas plus que les certificats de concubinage ne sont enregistrés dans les mairies, les caisses de la « Sécu » ne font de listes à part des ayants droit pour vie maritale.

Même dans le seul domaine des prestations sociales, certaines personnes donnent un « statut » ici, un autre statut dans un autre service. J'ai eu à connaître des cas nombreux de couples qui se servent d'un certificat de concubinage pour les remboursements et les allocations logements, mais la jeune femme excipe de son statut de célibataire et de son revenu nul ou insignifiant pour obtenir d'autres avantages sous conditions de ressources. S'il y avait confrontation dans les différents services sociaux des statuts déclarés par les « intéressés », c'est le cas de le dire, on éliminerait déjà aisément une source de fraude.

Les mutuelles, les concubines, les femmes et les bigames

Continuons la revue des « droits » ouverts par le concubinage. Non seulement la Sécurité Sociale, mais à sa suite toutes les mutuelles reconnaissent la concubine parmi les ayants droit du mutualiste. Cependant, les mutuelles sont plus ou moins strictes ou laxistes, économes ou généreuses devant les cas compliqués que leur posent les mutualistes « bigames ».

La mutuelle des Finances, ou celle du Commerce, de l'Industrie et de l'Artisanat ne veulent pas partager « la couverture » entre l'épouse et la concubine. S'il y a une « légitime », c'est à elle qu'elle va. La Mutuelle générale de l'Éducation nationale, elle, demande au mutualiste, s'il a à la fois femme et concubine, de désigner lui-même à laquelle des deux doit aller la « couverture » – entre la Première Épouse et la Seconde Épouse, pour parler comme dans la vieille Chine des vieux romans de Pearl Buck. Mais la M.G.E.N. est magnanime : quand le mutualiste sans mœurs et sans cœur désigne la maîtresse alors que l'épouse délaissée a de faibles ressources, la M.G.E.N. casque pour les deux. Non seulement la vertu n'est pas récompensée, mais ceux qui s'écartent de ses chemins coûtent plus cher que les autres à la collectivité, c'est bien connu. Les personnes en charge du contentieux dans les mutuelles ont confié que les effets des dispositions sur le concubinage, relativement récentes, sont déjà à l'origine de beaux embrouillaminis.

La Sécurité Sociale admet également que la concubine, à l'instar de l'épouse, puisse prétendre au capital-décès à la mort de l'assuré, aux frais funéraires s'il est mort dans un accident du travail, et toute la suite. Mais elle s'arrête au moment de payer les pensions de réversion du régime général. Non, non! explique l'administration dans son langage remarquable par ses litotes : « *En cas de coexistence avec un ex-conjoint ou en cas de pluralité de concubins, les organismes gestionnaires auraient le plus grand mal à apprécier les situations particulières* » pour partager la pension entre les requérants. Il leur faudrait remonter dans le passé tumultueux des défunts dont ils reversent la pension, comparer des « preuves », évaluer des témoignages...

L'administration et les concubines survivantes

L'administration du fisc ne veut pas se compliquer la vie en franchissant le mur de la vie privée, surtout qu'elle sait que les gens n'apprécieraient guère. L'administration vieillesse de la Sécurité Sociale souhaite maintenir le mur de la vie privée pour la raison inverse : elle redoute d'être envahie par ceux qui voudraient venir raconter leur vie pour pouvoir « toucher » (« et pourquoi il a changé, et on a déménagé ensemble, non madame, il était toujours mon mari, les voisins peuvent le dire, de telle date à telle date, oui, il était peut-être avec elle, mais après Pâques 1963, j'ai des preuves, j'ai été malade, l'assistante sociale m'a vue... »).

Ah! quelle lumineuse simplification nos ancêtres avaient apportée aux bureaucrates par l'invention du mariage civil! Voilà au moins qui est net, clair : date, témoins, tampons, enregistrements, report sur l'état civil – tout y est.

Cependant, certains régimes spéciaux comme l'Association générale des retraites par répartition acceptent que la concubine survivante réunisse les preuves de son ex-concubinage avec le défunt, et le conseil d'administration statue parfois favorablement. Il est intraitable si ladite concubine « veuve » de leur affilié perçoit déjà une pension du fait d'un autre défunt. La Caisse générale interprofessionnelle de retraites pour Salariés, dans certaines conditions précises et courtelinesques de date de divorce et de date de décès, en arrive, piégée par ses propres textes, à payer pour un seul affilié décédé deux pensions *en même temps* pour une ex-divorcée et une ex-concubine du même monsieur.

Somme toute, on apprend, à suivre le difficile combat des concubines pour la retraite : 1°) que, mort, un homme assuré peut « couvrir » deux femmes; 2°) qu'une femme ne peut être pensionnée par deux hommes à la fois. N'allez pas crier au machisme, tout ceci est « réversible » quant au sexe, une femme assurée pourrait (peut-être car les conditions sont plus difficiles) « couvrir » deux hommes qui furent à sa charge, alors qu'un homme ne pourrait en aucun cas être pensionné du fait de deux femmes à la fois. En principe, bien sûr.

Aider les familles « sous plafonds de ressources »

Et quand il y a des enfants? Les différents statuts matrimoniaux jouent peu dans l'attribution des allocations familiales. Celles-ci vont à la personne qui s'occupe des enfants, sans souci de la qualité juridique des enfants ou de qui leur tient lieu de parents. Dès 1946, il était spécifié que l'allocataire pouvait être « l'épouse ou la concubine » et, en cas de divorce, « celui au foyer duquel vivent les enfants ».

Tout s'est compliqué avec les prestations familiales sous conditions de ressources, c'est-à-dire celles qui sont versées à un certain nombre de foyers dont le revenu est inférieur à un plafond fixé par les pouvoirs publics. Ces prestations se sont développées, alors qu'elles auraient dû demeurer l'exception, réservées à des situations exceptionnelles. Ce ne devrait en effet pas être le rôle de la protection sociale de corriger les inégalités de revenus (rôle qui revient aux impôts directs). En fixant des plafonds de ressources pour recevoir des prestations, on crée des effets de seuils toujours injustes; on encourage la frime et la fraude : le travail au noir, les déclarations minorées, etc. L'État, avec quelque hypocrisie, joue la générosité en annonçant à tous les horizons des primes et allocations remarquables – mais en n'annonçant jamais qu'elles ne seront distribuées qu'à 10 ou 20 %, dans le meilleur des cas, des familles, parfois moins.

Attitudes idéologiques devant la fraude par concubinage

Or, pour les prestations sous conditions de ressources, le concubinage est un des moyens de fraude devenus récemment les plus courants. Il y a à cela plusieurs raisons. La première est que le concubinage est mal observé, mal recensé, mal contrôlé; on en mesure mal l'incidence et la fréquence. De ce fait, on peut aisément minimiser le rôle que sa non-déclaration joue dans la fraude. Les partisans acharnés du « sous conditions de ressources » non seulement en sous-estiment l'importance numérique, mais encore, pour des raisons idéologiques, affichent une très grande indulgence pour ce type de fraude. Ils appartiennent au camp qui ne tient pour immoral que l'argent et donc les inégalités de revenus; ils sont très indulgents pour les conduites privées et même ouvertement favorables à celles qui échappent à ce qu'ils jugent avec quelque mépris être « la tradition ». Si un couple marié maquille ses revenus réels pour toucher une prestation, cela leur paraîtra de la fraude. Mais si deux concubins jouissant du même revenu global « oublient » de déclarer qu'ils vivent comme mari et femme économiquement et sexuellement, que par conséquent leur revenu à deux n'est pas celui annoncé par la jeune femme seulement – ils trouvent sur-le-champ vingt manières de nier qu'il y ait fraude ou de jeter le doute : « Qui vous dit que ce couple durera ? Comment pouvez-vous savoir s'ils font bourse commune ? etc. etc. »

Vous vous retrouvez accusé à la fois de refuser de secourir le pauvre monde et de ne pas supporter « les formes alternatives des couples ». En clair, vous êtes doublement réactionnaire, pas partageux, et pas tolérant.

Ces raisonnements spécieux et ces anathèmes vite lancés en sont venus à pervertir complètement la problématique de la protection sociale. Il règne des tabous. On fait des procès d'intention. On n'examine pas à fond les situations créées et toutes leurs conséquences, car on y apporte ce que les jésuites appelaient autrefois des restrictions mentales. *On en arrive à comptabiliser, avec la vraie pauvreté à secourir absolument, une fausse pauvreté* : des gens à qui on donne en outre l'habitude d'être assistés et l'impression que c'est un droit dont ils peuvent se prévaloir, des gens pour qui frauder pour des motifs de vie privée n'est pas moralement condamnable, tout juste une astuce, et encore !

Ces attitudes et préjugés n'ont rien à faire avec la cohérence politique de gauche ou de droite. On en trouverait autant d'exemples avant qu'après 1981.

Quand on est partisan de la justice sociale, on doit être sensible à la fraude opérée au détriment de la collectivité, ne serait-ce que parce que toute allocation sous conditions de ressources est attribuée à un nombre *limité* de foyers : fermer les yeux sur les fraudes fondées sur la non-déclaration du concubinage, c'est priver des foyers plus démunis de recevoir une aide plus nécessaire dans leur cas.

Bien sûr, les cas de concubinage sont prévus : pour le complément familial par exemple, (attribué aux foyers qui ont à leur charge au moins un enfant de moins de

3 ans ou bien trois enfants et plus) il est spécifié que le niveau de ressources retenu est celui du revenu imposable des mariés, l'année considérée, ou le total des revenus imposables perçus par chacun des concubins en union libre. Le problème, c'est de prouver la vie commune... Croit-on vraiment que pour cette prestation, payée chaque mois, un agent vérifie souvent ou même parfois la situation réelle des allocataires ? Pour en avoir vu bien des cas, pour avoir entendu des assistantes sociales me parler de leur pratique, je puis affirmer que non. Tout est possible, même une dénonciation qui sera (ou non) suivie d'enquête – mais dans combien de cas on ne sait rien, et on ne fait rien car on ne sait rien ?

La grave question, pour toutes ces prestations *destinées finalement à des enfants* est l'établissement de la vérité. Il est plus facile de frauder par le concubinage, et c'est le mode de fraude qui rencontre le plus d'indulgence.

Favoriser les familles monoparentales par des avantages sociaux

Le vocabulaire aide à masquer l'éventualité du concubinage : on parle de « femmes seules », de « familles monoparentales » ou de « parents isolés » sans jamais laisser entendre que ces personnes – c'est bien leur droit – pourraient aussi avoir un amant et même vivre à deux.

Ainsi, un groupe interministériel consacré à l'étude des avantages fiscaux et sociaux des parents isolés (1982) est parvenu dans son rapport à escamoter le sujet. Le représentant du ministère des Finances s'est attaché à faire comprendre à ce groupe que « les avantages fiscaux accordés aux parents isolés, s'ils se justifient dans leur principe lorsqu'il y a réellement isolement et donc des charges spécifiques, introduisent des distorsions entre les couples mariés et les couples concubins ». En souvenir de cette allusion sur laquelle on avait glissé sans commentaire, on trouve, en conclusion du rapport : « Le groupe a estimé que les spécificités de cette population justifient le principe d'avantages fiscaux et sociaux. Toutefois (...) il lui est apparu que l'amélioration de la situation des parents isolés devait désormais être cherchée *par la voie des avantages sociaux* de préférence aux avantages fiscaux qui présentent l'inconvénient de favoriser les concubins. »

Qu'est-ce à dire ? Que les avantages sociaux concédés aux « parents isolés » n'introduisent pas de distorsion entre les couples mariés et les couples de concubins ? Mais que si! Tout pareil! Si le parent isolé n'est pas isolé...

Reprenons l'exemple du complément familial. Il est payé aux ménages mariés dont le revenu global ne dépasse pas un certain taux si la femme ne travaille pas (80 660 F au barème 1983) ou un taux plus élevé si les deux travaillent (94 833 F). Le « parent isolé » – une mère généralement – a droit au plafond le plus élevé, comme si elle représentait un couple où les deux conjoints travaillent. C'est bien justifié si elle est seule, mais si elle ne l'est pas, c'est une grosse distorsion par rapport aux ménages mariés à revenus modestes.

Le ménage marié est réputé marié, même s'il vit séparément, jusqu'à ce qu'il entame une procédure de divorce. Le ménage de concubins n'a qu'à annoncer à sa caisse la « rupture de vie commune » ou « fin de vie maritale ». Aucune procédure. Les deux amants ne se voient-ils plus du tout ? Se trouve-t-elle désespérée, sans recours, sans aide, abandonnée, grugée, dans une dèche noire ? Ou le couple a-t-il décidé d'avoir deux domiciliations différentes parce que, comme me disait l'un : « Pour les alloc's, c'est plus rentable que Pierrette soit " isolée ", c'est l'assistante sociale qui nous l'a dit. Alors on a deux adresses, mais de toute façon, on vit ensemble. »

Comment décourager les jeunes de se marier

Il faut savoir, et il faut dire, que multiplier les allocations sous conditions de ressources pour les jeunes parents, ou, pire, transformer des prestations actuellement versées à toute jeune mère, comme par exemple les allocations pré et post-natales, en prestations sous conditions de ressources – *c'est ouvertement encourager le concubinage et décourager les jeunes de prendre l'engagement du mariage.*

S'il faut produire sa déclaration d'impôts et justifier de ressources inférieures à telle somme pour toucher une allocation jeune enfant jusqu'aux trois mois du bébé, inférieure à telle somme pour que cette allocation dure jusqu'aux trois ans de l'enfant – on peut être assuré que le nombre et la proportion des jeunes mères non mariées va croître encore... En se mariant et en additionnant leurs revenus, les jeunes parents pourraient perdre 12 mois d'allocations, voire 48 mois d'allocations. Si seule la jeune femme, célibataire, produit sa feuille d'impôts, elle augmente ses chances dans des proportions d'autant plus importantes que c'est en général le père qui gagne le plus. Comment blâmerait-on les jeunes couples de choisir le célibat et la naissance hors mariage de leur enfant si des avantages sociaux importants viennent s'ajouter aux avantages fiscaux de la famille concubine ? S'ils interprètent bien le sens que la société donne à ses aides, les valeurs qu'elle encourage et soutient – ils n'ont aucune raison de prendre des responsabilités l'un envers l'autre et tous deux envers leur enfant. Ils ont toutes les raisons de choisir, voire d'organiser, la parenté hors mariage, et la « monoparenté », à tout le moins sur le papier.

Les mères seules avec enfants

Il est légitime, il est en morale sociale nécessaire de se soucier des situations de carence familiale et de tenter d'atténuer les difficultés nées du décès ou de la disparition d'un des parents. De plus, les parents qui demeurent seuls auprès du ou des enfants sont huit fois sur dix des femmes. Elles ont de ce fait toutes les difficultés qu'on imagine à trouver du travail, puis à conduire de front vie de travail et éducation des enfants. C'est pourquoi on a prévu pour elles également des aides spécifiques : assurance veuvage, allocation de parent isolé, allocation orphelin.

En 1981, l'I.N.S.E.E. évaluait à 731 454 les femmes seules avec enfants de moins de 25 ans, soit une augmentation de + 25 % en six ans. Cette augmentation moyenne cache de grandes disparités qui montrent l'accroissement des situations entraînées par la précarité du mariage et l'alternative au mariage : en effet les mères veuves, durant ces six années, ont proportionnellement diminué ainsi que les mères séparées judiciairement. En revanche, dans le même laps de temps, *les mères célibataires ont augmenté de + 84 % et les mères divorcées de + 140 %* (353 289 en 1981). L'âge moyen des mères seules avec enfants est de 45 ans, mais les catégories en accroissement, célibataires et divorcées, sont plus jeunes et rajeunissent de plus en plus l'ensemble.

Cette même année 1981, une enquête approfondie a été effectuée sur toutes les « femmes seules avec enfants » répertoriées à la Caisse d'allocations familiales de Bourges-Nord. Sur 619 femmes : 17,5 % de veuves, presque toutes âgées de plus de 45 ans; 24,8 % de célibataires âgées surtout de 15 à 25 ans; et 57,7 % de divorcées et séparées en instance de divorce, presque toutes entre 25 et 45 ans [3].

La solitude des veuves est à l'évidence involontaire. Pour les autres, les propos qu'elles ont tenus aux enquêteurs montrent à quel point il est difficile de déterminer si leur situation résulte d'un choix délibéré ou si elle leur a été imposée. Telle vit dans la souffrance un abandon qui lui donne un profond sentiment d'injustice. Telle autre, qui a provoqué la rupture, avoue s'être sentie un moment désemparée mais se dit maintenant soulagée. Telle autre se dit fière « *d'avoir eu le courage* » de rompre et enviée

3. D. Le Gall et C. Martin, *Mouvances de la famille, réponses de l'action sociale,* Université de Caen, 1983.

par des amies « *qui n'osent pas* ». Certaines ont du mal à retrouver une insertion sociale satisfaisante, se sentent observées de façon malveillante, se replient sur elles-mêmes. D'autres vivent leur indépendance conquise comme une libération : « *Je commence à vivre.* » Si toutes les divorcées ou divorçantes parlent des enfants, aucune n'évoque l'intérêt de ceux-ci : c'est pour elles qu'elles ont divorcé, pas pour les enfants. Les mères célibataires, elles, parlent souvent de l'enfant comme d'un choix qu'elles ont fait, toutes seules. « *Je me suis dit : eh! bien, je le garde!* » Ou celle-ci : « *On se fréquentait. Puis j'ai jugé, vu son caractère... J'ai même pas fait savoir que j'étais enceinte. J'ai jugé que je préférais assumer seule mes charges.* »

Cette attitude, crâne assurément, force l'admiration des enquêteurs. Ils ne relèvent même pas que cette décision autonome a été prise sans que le père ait été mis au courant (« *J'ai jugé que...* ») et qu'un enfant a été privé de son père et un père de son enfant par une jeune femme, seule « décidante ».

Leurs commentaires soulignent du reste à plaisir le caractère « alternatif » de « la famille monoparentale à mère célibataire », « nouvelle forme de vie qui va tendre probablement à s'imposer et gagner une certaine légitimité », ce qui « risque à terme de constituer une brèche dans un social quelque peu figé en ce domaine ». Bien d'accord sur la nouvelle forme qui va tendre à s'imposer, mais le « social » apparaît en mouvance accélérée plutôt que figé!

Cette perspective pose un grave problème : *si ces « nouvelles formes de vie familiale » s'imposent et gagnent leur « légitimité », ce qui est de plus en plus probable si ce n'est déjà fait, devra-t-on continuer à les aider tout particulièrement parce que « pas comme les autres »?*

Des assistées à part?

Sur les 619 femmes de Bourges objets de cette étude, 9 seulement n'avaient touché aucune aide durant les trois mois précédant l'enquête; 131 avaient touché une ou deux prestations; 238 avaient touché trois ou quatre prestations; 182 avaient touché cinq ou six prestations; 59 avaient touché plus de sept prestations (2 en avaient touché neuf chacune).

La majorité de ces femmes, on ne le découvre qu'à la faveur d'une enquête, cumulent au moins quatre allocations. Quelle complexité et quelle inflation, même s'il y a diversité des situations! En aidant de manière aussi parcellisée et additive ces mères, n'en fait-on pas des « assistées à part » qui se vivent comme des ayants droit à diverses aides dont la dénomination même les étiquette et les conditionne? Veuvage, parent isolé, orphelin...

L'assurance veuvage, créée en 1980, touche actuellement 20 000 bénéficiaires environ. Destinée aux femmes avec enfant(s) qui perdent leur mari avant l'âge où arrive la pension de réversion du régime général et qui n'ont pas ou que peu de ressources, elle a pour but de les aider à faire face à leur nouvelle situation et à se réinsérer professionnellement. C'est une allocation relativement importante la première année, mais temporaire et dégressive : elle diminue dès la deuxième année et est supprimée trois ans après le deuil.

L'Allocation de Parent Isolé (A.P.I.) a été instituée en 1976. Son but est d'assurer *un minimum vital* « quand le soutien de famille fait défaut et avec lui les revenus professionnels qu'il apportait » aux mères isolées, et aux jeunes femmes enceintes isolées. C'est une allocation d'un montant élevé dont le tarif varie selon la situation de la femme [4]. Pour une mère isolée avec deux enfants, l'A.P.I. est un peu plus élevée que le S.M.I.C. Certes, on ne peut guère vivre avec cela, mais c'est tout de même plus qu'une aide : un petit revenu de substitution, destiné à des femmes qui n'ont pas ou très peu de ressources propres. Mais l'A.P.I. pose une série de problèmes, car elle repose sur le concept d'« isolement ».

4. Barème 1983 = 2 958 F par mois pour 1 enfant; 3 697,50 F pour 2 enfants. A la même date, le S.M.I.C. net était de 3 186,67 F.

Qu'est-ce que l'« isolement »? Comment le prouver?

Il apparaît que l'isolement qui permet de toucher l'allocation se définit par l'absence de partenaire sexuel au domicile d'un parent dont un enfant au moins a moins de 3 ans (il s'agit, dans 99 % des cas, de femmes) ou au domicile d'une jeune femme enceinte. Ainsi, des jeunes filles enceintes, sans ressources propres mais vivant confortablement chez Papa-Maman, lesquels les dorlotent et préparent la layette, peuvent prétendre à l'A.P.I. Il est fréquent que des assistantes sociales la leur proposent alors même qu'elles ne demandaient rien. Pour celles qui sont déjà mères, l'isolement part du jour où cesse la vie conjugale ou la vie maritale. Mais comment définit-on la fin de la vie maritale, encore une fois?

La preuve de l'isolement est une déclaration sur l'honneur. Comme les sommes versées sont importantes, les gestionnaires de cette allocation ont prévu un système de contrôle qui comporte d'une part l'obligation, de la part du « parent isolé », de renouveler assez fréquemment sa déclaration [5]; d'autre part, des visites à domicile pour vérification. On imagine bien que quand on touche une allocation d'un montant assez élevé, on ne se précipite pas à la Caisse pour signaler que l'ami disparu a reparu, encore moins pour expliquer qu'on a trouvé un remplaçant (sait-on si ça va durer?) à celui qui était parti ou qu'on avait quitté. Il est donc prévu un contrôle à domicile. Dans certains cas, ce contrôle est effectué ponctuellement et même sévèrement. Dans d'autres Caisses, il n'y a aucun contrôle. Des travailleurs sociaux récusent ce « rôle de flic », ne veulent pas aller chercher dans un logement vêtements qui traînent et blagues à tabac oubliées, et ils ne font pas les vérifications. On comprend très bien leur répugnance à tenir compte des

5. Des agents des Caisses s'étonnent, s'amusent ou s'indignent de voir ainsi les prostituées signer chaque mois une déclaration sur l'honneur affirmant qu'elles sont seules et n'ont aucuns revenus...

dénonciations, car il en arrive aux Caisses... Leur gêne d'aller « contrôler » l'absence de concubin auprès d'une jeune femme provoque également la sympathie. Et on finit par admettre l'indulgence manifestée par leurs supérieurs pour ces manquements.

Il faut savoir cependant que les mêmes pressent les mêmes d'aller contrôler à domicile les handicapés dont l'état nécessite les services d'une tierce personne « afin de disposer d'indications précises » sur l'aide que reçoivent ces handicapés, et de « limiter », ou « moduler », ou « refuser » leurs allocations selon les résultats de « l'enquête sur place ». Certes les allocations pour handicapés sont importantes, donc attractives, mais l'A.P.I. encore davantage. Il est déjà assez choquant de comparer une liaison rompue ou un divorce recherché à un handicap physique grave, médicalement constaté – mais on souhaiterait que la même fermeté anime les gestionnaires des allocations, qu'il s'agisse de femmes isolées ou de handicapés, ou la même indulgence...

Un droit ambigu

Le « droit » qui est à l'origine de l'A.P.I. est très ambigu : l'absence de partenaire sexuel régulier auprès d'une mère peut-elle établir un droit ? On le croirait puisque la présence d'un amant au domicile de l'allocataire fait cesser l'A.P.I. alors qu'elle continuera à la toucher si elle est aidée par ses parents. Il faut s'entendre sur le sens de ce « droit » : bien entendu, tout adulte est libre, « *a le droit de* » vivre avec ou sans partenaire sexuel. Mais c'est le « droit à » une allocation payée par la collectivité pour absence de partenaire sexuel qui rend perplexe. L'aide sociale, non soumise à cette condition, adaptée aux situations particulières réelles, conviendrait mieux que cette fiction.

De plus, les femmes qui touchent l'A.P.I. n'aiment pas être désignées comme « isolées ». En 1983 et 1984, des stages de formation professionnelle ont été organisés pour elles. Ils se sont révélés très utiles à des femmes très défavorisées en voie de désinsertion sociale. Au cours des semaines et des mois qu'ont duré ces stages, les allocataires de l'A.P.I. ont parlé : de leurs confidences, il est ressorti que la très grande majorité d'entre elles n'étaient pas « isolées » au sens où le veut l'A.P.I. et se défendaient de l'être : « *On n'est pas isolées! Pour qui on nous prend!* » Défavorisées, certes, elles l'étaient, et il était tout à fait utile de les aider – mais pas sous cette rubrique.

Maintenir les bénéficiaires dans un isolement oisif

D'autant qu'on peut se demander si ce type d'aide permet ou retarde une nécessaire réinsertion sociale. Certes l'A.P.I. n'est versée que jusqu'à ce que le dernier enfant ait 3 ans, mais, en fin de droits, certaines femmes parlent de se faire faire un autre enfant... Les inspecteurs généraux des Affaires sociales rapportent que, bien souvent, les A.N.P.E. conseillent aux femmes allocataires de ne pas s'inscrire comme demandeurs d'emploi puisqu'elles touchent l'A.P.I. : « Les directeurs de Caisses même les plus convaincus à l'origine de l'utilité de cette allocation sont nombreux à souligner ces effets paradoxaux qui tendent à maintenir les bénéficiaires dans un isolement oisif aux frais de la collectivité. »

Comment seraient-elles encouragées à travailler, quand, pour 39 heures de travail par semaine, elles gagneraient 1 900 F de plus que ce que, restant chez elles, elles touchent de l'A.P.I. ? Et, de surcroît, avec ces 1 900 F de plus, il leur faudrait payer la garde de leur enfant... L'A.P.I. n'encourage guère à travailler, mais comme ses montants ne sont pas suffisants pour vivre, la « mère isolée » ou bien recherche une protection supplémentaire dans les bureaux d'aide sociale; ou bien fait un peu de travail au noir; ou bien a un ou des amis clandestins.

Trois fois plus de bénéficiaires en cinq ans

Il y a cependant des partisans de ce type d'aide et, avant tout, ceux qui veulent soutenir les « formes alternatives de la famille ». En 1983, la Caisse nationale d'allocations familiales poussait vivement ses agents à distribuer des A.P.I. Dans une de ses directives, elle leur enjoignait de « procéder dans les plus brefs délais au ratissage *(sic)* de tous les allocataires susceptibles potentiellement de bénéficier des avantages liés à cette situation monoparentale », afin de faire apparaître les familles monoparentales comme un phénomène de société à forte croissance « qui nécessite d'être inscrit prioritairement dans le programme gouvernemental de lutte contre la pauvreté ».

Mais ce désir de pousser le bouchon le plus loin possible peut se retourner à terme contre les familles monoparentales. En 1978, il y avait 37 850 bénéficiaires de l'A.P.I. En 1983, on a *triplé* ce chiffre. Il est impossible de continuer à tripler tous les cinq ans... D'autant que les célibataires, minoritaires au début, sont aujourd'hui très largement majoritaires et que beaucoup d'entre elles ont *choisi* de faire leur enfant dans leur situation. L'A.P.I. est plus qu'une allocation puisqu'elle cherche à être un minimum vital; il faut donc la revaloriser constamment. Les dépenses qu'elle occasionne ont augmenté dans des proportions alarmantes : + 40 % de 1978 à 1979; + 37,6 % de 1979 à 1980; + 37,3 % de 1980 à 1981, etc. En masse, les sommes deviennent critiques, pour un service qui peut avoir des effets paradoxaux : encourager l'oisiveté, déresponsabiliser les pères, pousser à ne pas se marier...

J'ai vu ainsi la petite note qu'une assistante sociale du Centre avait, en toute candeur, remise à une jeune fille qui se retrouvait enceinte et s'apprêtait à se marier, à la va-vite peut-être, mais sans réticence du côté du jeune homme. Cette note était composée de trois colonnes : 1) Si vous vous mariez, vous touchez tant... 2) Si vous ne vous mariez pas et que Monsieur reconnaît l'enfant, vous avez droit à tant... 3) Si vous ne vous mariez pas et que

Monsieur ne reconnaît pas l'enfant, vous avez droit à tant... Ce dernier total était souligné et ainsi commenté : « C'est le plus profitable. »

Ainsi sont compris aujourd'hui les intérêts de la femme... Pauvre Olympe de Gouges qui, dès 1789, dans la Déclaration des droits de la femme dont elle était l'auteur et « qu'elle vendait sur les trottoirs », avait inscrit, tout en tête, la recherche en paternité pour les femmes abandonnées enceintes! Maintenant on leur conseille que « Monsieur » ne reconnaisse pas son enfant parce que cela rapporte plus... Mais où sont là les intérêts de l'enfant?

Multiplication des « assimilés orphelins »

Est-ce pour cela que, bien que la mortalité ait régressé comme on sait, le nombre des « orphelins » ne cesse de s'accroître? Je veux parler des enfants ouvrant droit à *l'Allocation Orphelin* (A.O.). Cette allocation, sans condition de ressources, créée en 1970, est maintenant donnée aux personnes qui élèvent seules un (ou des enfants) de moins de 16 ans remplissant les conditions suivantes : ou les deux parents sont décédés; ou un des parents est décédé; ou le père ne l'a pas reconnu; ou le père l'a « manifestement abandonné », par exemple si, divorcé, le père ne paie pas les pensions qu'il a été condamné à verser. Quand cette allocation a été créée, elle ne visait que les véritables orphelins, qui n'avaient plus de père. *Peu à peu, on a assimilé l'abandon du père à la mort du père.* Avec un double effet contradictoire : d'une part, des femmes qui auraient droit à l'A.O. ne la demandent pas parce que ce mot d'« orphelin » les abuse, et, de ce fait, les travailleurs sociaux pensent que l'A.O. ne touche pas tous ses bénéficiaires potentiels. D'autre part, l'allocation « orphelin » ne cesse d'augmenter son public (587 000 enfants en 1981) et, au sein de cette nombreuse population d'enfants... *les orphelins sont maintenant minoritaires,* et largement! Les orphelins du fait de la mort d'un parent ou des deux parents n'augmentent pas en nombre. En revanche les « *assimilés orphelins* », enfants non reconnus par le père et enfants de divorcés dont le père ne remplit pas ses devoirs, *ne cessent, année après année, d'être plus nombreux.* Leur proportion va encore s'accroître maintenant que les Caisses d'allocations familiales vont pouvoir poursuivre les pères mauvais payeurs et verser à la mère l'A.O. D'ici peu, on approchera, ainsi comptés, les 700 000 orphelins et il n'y a pas de raison que cette progression s'arrête.

Que cette allocation soit nécessaire ne fait pas de doute. Mais l'augmentation si vive des enfants « considérés comme orphelins » devrait suffire à alerter : comment, notre société a remporté des victoires sur la mort que nos ancêtres ne pouvaient imaginer ; le nombre des enfants qui perdent un parent avant 16 ans n'a cessé de diminuer... et nous fabriquons des orphelins artificiels, dont le père est toujours en vie !

Les dépenses publiques au titre de l'allocation d'orphelin elles aussi ne cessent d'augmenter, de 20 % par an environ, et il faut s'attendre à un saut plus important maintenant que davantage de cas d'enfants de divorcés vont passer sous ce titre. Jusques à quand et jusqu'où pourrons-nous payer le prix de l'irresponsabilité des pères ?

Je n'insisterai pas sur les cas aberrants (j'en connais...) de couples vivant ensemble où le père n'a pas reconnu son enfant pour que la mère puisse toucher l'allocation orphelin et d'autres avantages qui tombent dans le budget commun...

Mais on doit se demander si les aides du type de celles que je viens d'évoquer ne jouent pas un rôle dans la déresponsabilisation des pères, qui laissent l'État les remplacer pauvrement ; dans la déresponsabilisation des mères également, qui semblent parfois accepter très vite, voire choisir que leur enfant n'ait pratiquement pas de père.

Toutes les grandes et belles phrases sur les « nouvelles formes familiales » et toutes les aides de l'État ne pourront jamais masquer le fait que *tout enfant a un père et une mère* et a, à tout le moins, besoin de connaître les deux. Sinon, il recherchera le père inconnu, le père gommé, le père qui a fui. Non pour sauvegarder la famille « traditionnelle », mais bien parce que la Nature lui a donné deux parents.

Conclusion

Et les enfants, dans tout cela ?

Ils n'y sont assurément pour rien, sans pour cela avoir leur mot à dire. Comment pourraient-ils s'exprimer ? A qui pourraient-ils s'en prendre ?

On peut rire ou s'affliger des histoires courtelinesques et parfois macabres qu'on vient de lire ; s'indigner des inéquités de dispositions qui favorisent ceux qui fraudent ou ne prennent pas leurs responsabilités au détriment de ceux qui les prennent ; s'inquiéter des effets pervers, contraires au but recherché, qu'entraînent inéluctablement la combinaison d'allégements d'impôts et d'avantages sociaux pour des cas qui n'inspirent pas la pitié quand ils sont volontairement recherchés ; se déclarer pour la liberté des conduites privées mais contre l'absurdité qui veut que la liberté vécue par les uns coûte cher, de plus en plus cher aux autres – il faut bien comprendre que ces bizarreries, ces injustices et ces dangers ne sont à proprement parler, « la faute à personne ». On ne peut les imputer ni aux seuls politiques, ni aux seuls juristes, ni aux seuls fiscalistes, ni aux seuls sociaux, encore moins nommément à tel ou tel. Tout le monde a été rempli de bonnes intentions.

Ces étrangetés, ces inégalités fabriquées, ces absurdités, il est aisé de le démontrer, sont nées d'un manque de coordination permanent et entêté entre le juridique, le fiscal et le social, entre la législation civile et sa pratique, la législation fiscale et son application, la législation sociale et son action sur le terrain.

Vous êtes « séparée » ? Fort bien, mais pour qui ? Pour les tribunaux et donc l'état civil ? La définition retenue par les Caisses d'allocations familiales est tout autre. Si vous êtes « séparée » pour les C.A.F., il y a de fortes chances que vous soyez encore mariée pour les impôts, etc. Vous pouvez vous permettre d'être célibataire fiscale, pour payer moins, et concubine assimilée mariée, pour avoir la Sécurité Sociale. Ou d'être au contraire mariée pour le fisc et isolée pour les prestations. Ou d'être divorcé à l'état civil, et concubin pour le logement. De ne pas reconnaître votre enfant pour laisser la mère avec qui vous vivez toucher l'allocation orphelin mais de déclarer cet enfant à votre charge sur vos impôts parce que de vous deux, c'est vous qui gagnez le plus, et qu'un enfant naturel en vaut deux, etc., etc.

Pourquoi tout cela est-il possible ? Parce qu'il n'y a pas eu concertation et qu'il n'y a pas confrontation. Il n'y a pas eu concertation entre les systèmes juridique, fiscal et social qui prennent en compte les unités que forment les couples, la nature de leurs liens, les conséquences de ces liens sur eux-mêmes et leurs enfants, les ruptures de ces liens et les conséquences de ces ruptures. Il n'y a pas eu concertation alors que tout bougeait.

Le droit civil a finalement renié tout à fait son père Napoléon Bonaparte ; il a opéré une mutation profonde et fait peau neuve en dix ans pour donner sa place à la femme et être en résonance avec les mœurs. De fait, la femme a pu déloger l'homme de la plupart des bastions qu'il tenait, mais les mœurs, elles, ont rapidement débordé le droit civil. Cependant, les juristes réformateurs n'osent mettre à bas leur œuvre et recommencer un nouveau code... Aussi, en droit civil, malgré l' « aggiornamento » des années 70 – concubins ? Connais toujours pas.

Le droit fiscal n'a pas bronché, comme coulé dans le

bronze par ses pères de famille fondateurs de la Libération, lesquels n'avaient apparemment pas prévu que leurs petits-fils et leurs petites-filles se libéreraient de la famille et ne se marieraient plus guère. Si bien que ces affranchis, involontairement, ont tiré bénéfice de l'innocence de leurs grands-pères législateurs, ont apprécié et, désormais, recherchent sciemment de plus en plus souvent, puisque, en droit fiscal – concubins? Veux pas savoir!

Le droit social a eu les mêmes pères fondateurs que le droit fiscal. Mais, plus souple, plus attentif aux cas particuliers, plus près des gens qu'il doit aider, plus soumis aux vents de la mode et aux humeurs du moment – le droit social, après une génération, a trahi leurs intentions premières. La famille traditionnelle ennuie les successeurs et exécuteurs des fondateurs du système de prestations familiales en son temps le plus perfectionné du monde; quant aux familles nombreuses, nombreux parmi les « sociaux » se réjouissent qu'elles soient moins nombreuses... Ce qui les intéresse, ce sont les situations changeantes, les segments de famille, les civilement seuls et les fiscalement seuls, tous ceux et celles qui sont « alternativement autres » : la société doit leur tenir lieu d'un succédané d'époux ou d'épouse même s'ils se sont trouvé des partenaires, de parent manquant même si ce parent existe. Alors, en droit social – concubinage vaut mariage pour assurer contre les risques! tandis que, hors droit mais impunément, le concubinage aide à passer sous les plafonds de ressources et s'accommode de l'isolement requis pour certaines prestations.

Faute de concertation permettant de prévoir les effets combinés des trois systèmes et de leurs dispositions diverses, on pourrait – on devrait – au moins repérer les possibles combinatoires et opérer des confrontations qui permettraient de déceler les combines. Que des amoureux vivent tranquillement ensemble sans rien demander à personne, ce doit être leur droit le plus absolu, et, surtout, qu'on ne les dérange pas! Mais qu'on ne se marie pas, *pour* récolter une addition de bénéfices indus qui deviennent des « droits à »; que se répande la chasse aux avantages sociaux et fiscaux coordonnés quitte à faire çà et là une déclaration mensongère qui ne sera jamais vérifiée – ce devrait être rendu impossible par la confrontation des situations de famille données par le même couple à différentes administrations. On pourrait déjà dresser une liste des avantages incompatibles entre eux puisque devant revenir à des situations distinctes que ne peut cumuler une même personne. Il va devenir indispensable d'enregistrer les déclarations sur l'honneur des requérants de tel ou tel avantage ou de telle ou telle ristourne. Créer un état civil parallèle? Pour ceux qui excipent d'une situation matrimoniale ou familiale hors normes pour requérir – oui. Ceux qui ne mentent pas n'en seront pas lésés.

De toute façon, un jour ou l'autre, l'état civil devra tenir compte de davantage de situations. Il faudra bien en venir aussi à confronter plus souvent les déclarations faites au fisc et les déclarations faites aux organismes sociaux – ce qui se pratique déjà en « coups de sonde ». La multiplication des bénéficiaires et allocataires des situations extra-matrimoniales conduira nécessairement à élargir le champ des confrontations et à en systématiser la pratique. On doit être libre de se marier ou de ne pas se marier, de vivre seul ou de ne pas vivre seul, mais pas de tricher aux dépens de la collectivité, d'autant que, ce faisant, on diminue les aides qui pourraient être distribuées à ceux qui en ont très réellement besoin.

Les historiens de notre société, plus tard, parleront des années 1965-1985 comme des vingt glorieuses de la libération des mœurs. Serons-nous encore là, le souvenir assez sincère et l'esprit assez gaillard pour oser dire alors combien cela nous sembla bon? Ou bien nous tairons-nous, dans la crainte confuse d'être accusés par l'ordre nouveau d'avoir contribué au désordre? Ou nos enfants parleront-ils de nous comme nous avons parlé des Incroyables et des Merveilleuses, ou des Années folles, avec la nostalgie amère de ceux qui savent que les lendemains de ces temps-là ne chantent pas? Ou bien nos petits-enfants s'amuseront-ils de nos souvenirs : de ton temps, on se mariait encore? Pourquoi? A quoi ça servait? Comment as-tu pu le supporter?

A vouloir être l'extra-lucide de l'avenir, on se trompe toujours. Mieux vaudrait se contenter d'être lucide à propos du présent. Ces vingt années qui viennent de s'écouler ont initié une révolution civile. Comme dans toutes les révolutions, on s'est disputé le pouvoir. Les plus forts ont gagné, les plus faibles ont perdu. Sont forts ceux qui disposent de la liberté de décision, des moyens d'agir pour la faire prévaloir, des possibilités de s'exprimer et de diffuser leurs idées et points de vue, d'une certaine sécurité matérielle et affective et de la force qu'ils en tirent, ou du pouvoir d'en priver autrui, ou de la capacité de s'en passer. Sont faibles ceux qui n'ont que des moyens de défense dérisoires, qui ne peuvent compter ni sur les lois ni sur l'opinion publique pour les écouter et les défendre.

Dans toute révolution, le pouvoir change de mains, et souvent plusieurs fois. Les premiers gagnants, souvent, tirent les marrons du feu, en se brûlant les doigts, pour d'autres qui s'en régaleront, lesquels à leur tour seront évincés. S'arrêtant à ce jour, on peut dire que, peu ou prou, cette révolution a profité aux individus au détriment des familles; aux mères au détriment des pères; aux moins aimants et aux plus malins au détriment des plus amoureux et des plus confiants; aux plus riches au détriment des plus pauvres; aux adultes jeunes au détriment des plus vieux; enfin, largement, aux adultes qui l'ont faite au détriment des enfants qui l'ont subie.

L'individu a gagné contre la famille. Pas seulement contre la lignée, contre la communauté de sang et de nom, contre cette rude et forte famille archaïque qui produisait et consommait en autarcie, contre la famille hiérarchisée, patriarcale à laquelle nos aïeux avaient dû se soumettre. Mais aussi contre la famille restreinte, père-mère-enfant (s), dont la tendresse seule fonde la solidarité.

L'individu a gagné ou est en train de gagner contre la famille nucléaire, cellule de base de la société, en principe non fissile sans que la société subisse des réactions en chaîne aux conséquences imprévisibles pour les individus qui la composent. Peut-on, comme on parle de société « post-industrielle », parler de « famille post-nucléaire » ? Cela a-t-il encore un sens ?

Pour l'individu désormais, la sexualité s'est détachée de la fécondité et la fécondité n'est plus forcément liée au mariage. Le couple n'est fondé que sur lui-même dans son immédiateté. Il est sa propre fin, dans la recherche d'un état de plaisir réciproque, sexuel, affectif et parfois intellectuel qui lui est intime et particulier, n'obéit à aucun modèle, et satisfait les deux individus l'un par l'autre. Même pour ses protagonistes, il demeure un mystère fragile. Il est – réussi – portant sa plénitude en soi. Ou il n'est pas – l'échec le dissolvant. Il ne se vit pas lui-même comme un prélude à la famille. Il peut donner naissance à un ou des enfants, mais l'enfant n'est pas son projet, même si l'enfant est voulu par l'un, ou par les deux membres du couple. L'enfant ne cimentera pas ce couple. Il est encore moins cimenté par le devoir de participer, en tant que famille, à l'édification de la société – sentiment qui lui est tout à fait étranger.

Que se passerait-il alors, si Hegel avait raison, lui qui disait, à propos du mariage justement : « La stabilité n'est assurée que si l'universel est aussi l'affaire de chacun comme individu particulier. Ce qui est de la plus haute importance, c'est que la loi de la raison et celle de la liberté particulière se pénètrent mutuellement, et que mon but particulier soit identique au but universel, sans quoi l'État n'est bâti que sur du sable [1]. » Il faut prendre ici *État* au sens de « société organisée ».

1. HEGEL, *Principes de la Philosophie du Droit*, cité par Bruno HUISMAN « Le concubinage, fin de l'État ou renouveau de la morale ? » in *Oui la philosophie, masculin, féminin*, n° 1, novembre 1983, pp. 51-56.

Cependant l'individu, aujourd'hui, joue et gagne aussi contre l'État des lois, contre l'État qui permet ou défend, donne ou prend. L'individu gagne en refusant à l'État de franchir le mur de la vie privée – et comme on le comprend! Mais la vie privée est une notion individualiste. Ce ne sont pas les familles qui s'abritent derrière ce mur-là, ce sont les individus qui entendent être aidés tout en préservant leurs libertés, au sein même des familles qu'ils font éclater comme hors des familles.

Chaque individu n'a-t-il pas des droits imprescriptibles à la libre disposition de ses sens et de ses sentiments dans la mesure où il ne lèse personne et ne prend la responsabilité de personne? Mais, par un saut subtil de sens, on en est venu à considérer que la sphère privée recouvre également les engagements ou absences d'engagements *sociaux* entre les êtres, c'est-à-dire que l'État, comme si de rien n'était, doit considérer du même œil les couples individus et les couples familles et même compenser les différences qui peuvent naître de l'absence d'engagement ou de la rupture d'engagement en assurant l'individu seul d'une particulière sollicitude. Effectivement, si le mariage n'a plus de sens aux yeux de l'État, pourquoi nous marierions-nous? Ou plutôt, *ego*, pourquoi me marierais-je?

Et l'enfant dans tout cela?

Portant son patronyme et attendant son patrimoine, il fut longtemps propriété du père, d'un père qui parfois l'oubliait, le laissant à charge à la seule mère, comme était à charge de la seule mère l'enfant que le père ne reconnaissait même pas. Tant de situations lamentables ont fini par révolter, et un heureux retournement s'est fait au profit de la mère, et qui s'est traduit dans les lois. Coïncidence, ces justes faveurs juridiques et leurs compléments sociaux sont intervenus comme les progrès médicaux et la libéralisation des mœurs permettaient à la femme de disposer de la contraception et de l'avortement. En sorte que la souveraineté de la mère se trouve si assurée qu'on peut s'inquiéter de savoir si tout enfant aura droit aussi à un père et si tout père pourra jouer son rôle auprès de son enfant – ou s'il en sera empêché ou découragé.

On a tellement pris l'habitude de considérer (c'est encore vrai dans bien des cas) la femme comme victime de la maternité, en tout cas vulnérabilisée – par la maternité qui la contraint, l'immobilise, la charge de devoirs, l'empêche de disposer de la liberté d'esprit, de temps et de mouvement nécessaire pour réaliser toutes ses chances professionnelles – qu'on en a oublié que la maternité est aussi une création et un pouvoir envié. La femme est puissante par la maternité dans la famille unie, mais elle l'est devenue également dans tous les cas de figure de couples où l'enfant est un enjeu : enfant désiré ou refusé, enfant convoité, disputé, enlevé « pour soi ». La position de la femme est aujourd'hui si forte dans ce domaine qu'on peut douter qu'elle conserve longtemps entre les mains tous ces atouts, comme on peut se demander quelles sont et seront pour les enfants les conséquences de ce matriarcat de la décision doublé d'un début de matriarcat de l'éducation.

La femme dispose de moyens de contraception efficaces dont elle peut user ou non à l'insu de son partenaire, ce qui lui permet de refuser un enfant à un homme qui en désire un, ou d'en faire malgré lui à un homme qui la croyait protégée par la contraception. Elle peut interrompre sa grossesse sans que le mari ou le père naturel de l'enfant puisse s'y opposer. Il ne peut pas davantage refuser l'obligation alimentaire qu'il a vis-à-vis d'un enfant sous le prétexte que cet enfant a été fait à son insu et contre sa volonté. La femme peut engendrer seule avec des paillettes de sperme anonyme un enfant sans père pourvu que les médecins s'y prêtent – ou un enfant d'un père déjà mort, et donc enfant naturel à l'avance orphelin, comme un jugement célèbre d'août 1984 lui en a donné l'autorisation.

Il y a contradiction entre ces facultés laissées à la

femme et *le droit fondamental de l'enfant* reconnu par la Convention européenne sur la situation juridique des personnes nées hors mariage (1975) d'*avoir juridiquement une mère et un père.* « Aux termes de cette convention (art. 3) l'enfant né hors mariage pourra rechercher son père en toutes circonstances et par toutes voies de droit. L'enfant né d'une insémination artificielle pratiquée sur une femme seule se verra irrémédiablement interdire la recherche de paternité [2]. »

C'est ce souci de défendre le droit de l'enfant à avoir un père et une mère qui a conduit des parlementaires à déposer une proposition de loi visant à n'autoriser l'insémination artificielle avec donneur (I.A.D.) que « dans le cas d'un couple marié... ou en concubinage notoire ». Le concubinage n'étant toujours pas un statut juridique et étant établi par des preuves bien aléatoires, on se demande pourquoi cet ajout ? Ne sera-ce pas une manière de rendre service à une célibataire qui veut un enfant pour elle seule que de passer pour son concubin le temps qu'elle obtienne l'I.A.D. et que l'enfant s'annonce ? Par la suite, il suffira au dit concubin de prouver que biologiquement il n'est pas le père pour se dégager de cette parternité. A tant faire que de légiférer sur cette délicate question, mieux vaudrait que l'autorisation signée à sa femme ou à sa concubine de se faire inséminer par I.A.D. engage juridiquement l'homme à reconnaître l'enfant comme sien, sans pouvoir exciper de la preuve biologique pour se dérober.

L'enfant a droit à un père et – il ne devrait pas être besoin de l'écrire – il a droit à son père biologique chaque fois que cela est possible. Est-ce à la mère de juger si tel homme dont elle attend un enfant est digne ou non d'en être le père ? En tout cas, la réciproque n'est pas possible

2. M.-T. MEULDERS-KLEIN, « Les droits du père en matière de procréation, de filiation et d'autorité parentale au travers des législations récentes », communication au colloque international « Être père aujourd'hui », février 1981, Paris.

et l'homme ne peut pas dérober sa maternité à une femme.

En outre, combien d'enfants du divorce qui ne voient pas leur père ou le voient à peine ? Combien vivent avec l'ami de leur mère alors que leur père parvient à grand-peine à les voir un jour par mois ? Lorsque le vrai père, par lâcheté, indifférence ou lassitude accepte cette situation, c'est déjà dramatique pour l'enfant. Lorsqu'il ne l'accepte pas, qu'il souffre, se débat, et que l'enfant devient un enjeu qu'on s'arrache – c'est dramatique pour l'enfant, pour le père et bientôt pour la mère. Aussi faudrait-il prendre conscience de l'addition impressionnante des mesures juridiques et sociales qui, peu à peu, aux fins d'aider la mère seule, de lui donner le pouvoir d'agir seule, et les moyens de vivre seule, tendent à déresponsabiliser les pères, à les mettre sur la touche, à les remplacer. Certes, on les oblige à payer – surtout s'ils ont été mariés du reste – et c'est fort bien qu'on les oblige encore plus et mieux. Mais ce n'est pas seulement d'argent envoyé par son père à sa mère que l'enfant a besoin. Il a besoin de connaître bien son père, de sa présence, de sa tendresse, de son autorité protectrice. Sinon, il le recherchera, ou fantasmera à son sujet.

De plus en plus d'enfants naissent de couples non mariés dont chacun des partenaires « reconnaît » l'enfant. Le père, nous l'avons vu, ne partage pas l'autorité parentale. Quel est le seul lien qui juridiquement le relie à son enfant ? La reconnaissance à l'état civil. Autant la manière dont le droit français s'attache au nom du père et à sa transmission paraît dépassée, autant il semble nécessaire de faire de la reconnaissance d'un enfant, en l'absence de mariage, un acte plus solennel qu'une inscription à l'état civil. Ne pourrait-on, à cette occasion, faire signer un *engagement* d'assurer à cet enfant aide, assistance et éducation dans toute la mesure du possible ?

Ce dont un enfant a besoin, c'est d'avoir un père et une

mère qui l'aiment et lui procurent sécurité affective et stabilité. Pour cela, il faut qu'ils voient au-delà d'eux-mêmes, qu'ils aient conscience que leur unité est un but qui dépasse leur propre satisfaction. Mais, au nom de la libéralisation des mœurs, l'« adultocentrisme » a gagné sur tous les tableaux. Presque toutes les mesures récentes qui ont été relevées dans ce livre ont été prises en faveur des adultes, de leur liberté de s'unir ou de ne pas s'unir ou de se désunir au gré de leurs désirs, sans guère de considération pour l'enfant à naître, non plus que pour l'enfant déjà né. « Je ne vais pas organiser ma vie pour que mon gosse n'ait pas de problèmes. De toute façon, il en aura... Moi, j'en ai eu aussi ma dose, et je m'en suis débrouillée. Eh bien, lui aussi, il se débrouillera... Ce truc de culpabilisation des mères avec le doigt vengeur de la psychanalyse, c'est intolérable, débilitant, angoissant... » Ainsi s'exprime une des interviewées de Sabine Chalvon-Demersay [3]. Ainsi s'expriment également des milliers de jeunes gens et de jeunes femmes sans que s'en émeuvent beaucoup ceux qui font l'opinion.

« Comment savez-vous ce qui est meilleur pour l'enfant ? » me demande-t-on souvent ironiquement, en manière de réponse. Je reconnais que je n'en sais rien. J'irai même jusqu'à avouer que je ne fais pas confiance les yeux fermés à tous les psychologues pour le déterminer. Mais sociologue, je me contenterai de faire remarquer qu'en ces temps saturés d'études, d'enquêtes, de statistique et de recherche-action, on n'en entreprend aucune sur ce thème. Aucune étude ne permet de savoir, même approximativement, combien d'enfants, entre la naissance et 16 ans, vivent une partie de leur enfance dans un foyer monoparental. On ne dispose d'aucune étude d'envergure comparant la vie des enfants de familles stables et celles des enfants de foyers dissociés. Ce sont là, depuis une quinzaine d'années, sujets tabous.

« Curieusement, peu de travaux ont été consacrés aux

3. *Op. cit.*

effets sociaux de la séparation des parents », note Michel Villac [4]. S'il savait comme ce serait mal vu! Lui-même s'est intéressé aux « familles monoparentales », sujet à la mode. C'est seulement par la suite qu'il s'est étonné de la maigreur des données sociales qu'il a pu réunir ayant trait aux effets sur les enfants : deux petites études, l'une sur 13 écoles maternelles parisiennes, effectuée à l'aide de questionnaires passés aux enseignants. L'autre à partir de 305 dossiers d'enfants passés par un centre médico-psychopédagogique (C.M.P.P.) parisien.

Dans l'enquête sur les maternelles, une majorité des 212 institutrices interrogées considèrent que parmi leurs élèves les enfants de familles dissociées sont plus souvent des enfants « à problèmes » (27 % d'entre eux) que les enfants de familles complètes (5 % de ceux-là). La proportion d'enfants « à problèmes » est d'autant plus forte que le statut socioprofessionnel de la mère-gardienne est plus bas. En outre, 56 % des enfants des familles dissociées fréquentant ces écoles maternelles mangent à la cantine, restent à la garderie et viennent au centre de loisirs. Si la mère-gardienne est employée, ouvrière ou personnel de service, ce pourcentage monte à 67 %... Or les données *nationales* sur la fréquentation des centres de loisirs donnent des proportions de l'ordre de 5 % seulement des enfants, même plus âgés. C'est dire le peu de prise en charge par la famille que connaissent ces petits, qui vivent quasiment à l'école. L'enquête faite à partir des dossiers des C.M.P.P. donnait des résultats du même ordre : les enfants qui vivent avec une mère seule font un usage cumulé important des équipements collectifs, et ceci plus encore quand cette mère seule appartient aux catégories « ouvrière » ou « personnel de service ». De même, la dissociation familiale apparaît comme un facteur aggravant des difficultés scolaires, lesquelles sont

4. M. VILLAC « Les familles monoparentales » in *Données sociales 1984*, I.N.S.E.E. pp. 447-452.

déjà liées au milieu social et culturel dont l'enfant est originaire [5].

La timidité de ces études – qui ont le mérite d'exister – frappe, ainsi que leur souci de mettre en avant la primauté des facteurs socioéconomiques sur les facteurs familiaux. Aucune étude sur l'instabilité des logements, sur les vacances, sur les personnes qui se succèdent auprès de ces enfants. Pourquoi si peu d'études alors que les enfants des foyers dissociés sont à l'évidence de plus en plus nombreux ?

Depuis dix ans que le mariage est éludé ou éclaté, on n'a pas voulu étudier les retombées sur l'enfant ni même prendre une conscience exacte du nombre d'enfants concernés désormais. Combien n'ont pas ou plus une famille comme les autres ? Environ 150 000 de plus par an, pourtant. Pourquoi ce silence ? Parce que l'avancée caractéristique de ces vingt dernières années a été et demeure la prise en compte des libertés des adultes dans la vie privée. Parler des enfants, c'est, en quelque sorte, trahir le temps présent, rappeler un passé révolu. Mais se taire sur les enfants, c'est aussi trahir l'avenir.

Doit-on rappeler que l'enfant ne peut exprimer son droit ? Tout enfant a deux parents et devrait avoir le droit, chaque fois que c'est possible, de les connaître et d'être élevé par eux, d'autant qu'il a, comme se voit obligé de le répéter avec vigueur le ministre des Affaires sociales et de la Solidarité, « besoin d'un modèle masculin et d'un modèle féminin ». Doit-on rappeler que si l'égalité des sexes est un objectif important, c'est pour assurer la réconciliation des sexes, laquelle doit se faire autour de l'enfant avant tout autre terrain ?

Une société libérale ne peut obliger les particuliers à adhérer à une morale imposée touchant à leur vie privée. Mais elle peut et doit réfléchir aux effets que les obligations, droits et aides qu'elle instaure produisent –

5. E. BURGUIÈRE « Dissociation familiale et difficultés scolaires », in *Recherches pédagogiques,* n° 96, I.N.R.P., 1978.

car ces effets combinés créent bel et bien une morale implicite. Une société libérale et juste peut assumer pleinement les charges qui doivent demeurer l'affaire de la collectivité, mais renvoyer aux personnes privées les responsabilités qui doivent demeurer leurs, et qui sont l'autre face de leurs libertés. Seule l'habitude de prendre ses responsabilités privées dans l'intérêt général peut asseoir et sauver les libertés particulières.

Table des matières

Avertissement 7

CHAPITRE I : L'enjeu 9
Les couples, trame de la société civile, 10 – *Une société moins rude aux marginaux du mariage,* 12 – *Le tissu de la société craque,* 14 – *Le ménage, boîte noire des transferts économiques,* 16 – *Les marginaux volontaires et l'aide publique,* 18 – *Des individus sans engagements,* 19 – *Dépendants de l'État, peut-être du Tout-État,* 20 – *Familles, vieux totalitarismes et nouveaux totalitarismes,* 21

CHAPITRE II : Les faits à travers les chiffres 25
Tous les chiffres bougent en même temps, 25 – *Le mariage était une donnée stable,* 26 – *Depuis 1972, une chute drastique,* 28 – *Est-ce un accident rattrapable?,* 30 – *« Ancien modèle » et « nouveau modèle » du célibat,* 32 – *Les unions de fait : cohabitants, etc.,* 35 – *Impossibilité d'en chiffrer le nombre exact,* 37 – *Montée en flèche des divorces,* 39 – *Où divorce-t-on le plus? Qui divorce le plus?,* 42 – *Les divorcés se remarient de moins en moins,* 44 – *L'union libre gagne sur tous les tableaux,* 46 –

De plus en plus d'enfants hors mariage, 47 – *Quatre phases en vingt-cinq ans ont changé les mœurs,* 49 – *« Vieux modèle » et « nouveau modèle » de parents naturels,* 53 – *De plus en plus de familles éclatées et segmentaires,* 56 – *De plus en plus de personnes vivent seules,* 58

CHAPITRE III : Pourquoi ? Comment ? 61

On vitupérait le mariage mais on se mariait, 63 – *De « Vivre sa vie » à « Travail, Famille, Patrie »,* 64 – *Les facteurs économiques,* 66 – *Le chômage a bien peu à y voir,* 68 – *Changement radical de la vie des femmes,* 70 – *La maîtrise de la fécondité par les femmes elles-mêmes,* 72 – *Une société très indulgente,* 74 – *Parents et grands-parents devant le fait accompli,* 75 – *« Je n'ai pas à juger la vie privée des autres »,* 77 – *Le mariage, mal aimé des médias,* 79 – *Les médias amplifient, simplifient, symbolisent,* 81 – *La religion s'arrête au seuil de la vie privée,* 83 – *Ancienne morale et récents combats des laïques,* 84 – *Les protestants, aux avant-postes, s'interrogent,* 84 – *Les catholiques, en toute bonne foi, n'appliquent pas la doctrine,* 86 – *Les jeunes, passionnés pour l'avortement, indifférents pour le divorce,* 88 – *Le mariage est une simple formalité,* 89 – *Un nouveau système cohérent de valeurs,* 91 – *Est-ce le monde qui change trop vite ?,* 95

CHAPITRE IV : De l'évolution prodigieuse du droit du mariage 99

De la Révolution naît le mariage civil, 99 – *Comment et pourquoi le mariage était devenu, tardivement, un sacrement,* 100 – *Régularité des mœurs bourgeoises, irrégularité des mœurs prolétaires,* 102 – *Le mariage pour l'individu et non l'individu pour le mariage,* 103 – *Une cascade de lois nouvelles, libérales et égalitaires,* 104 – *Entrée de la preuve biologique pour l'attribution de paternité,* 106 – *Mariage : juges, avocats, comparutions, complications ?,* 107 – *Des homosexuels veulent se marier, des mères ne veulent pas de pères!* 109 – *Les concubins pourront-ils rester hors la loi ?,* 112

CHAPITRE V : L'argent dans le mariage, le divorce, le concubinage et le déconcubinage 115

Droits et devoirs respectifs des époux : ni fidélité, ni perpétuité, 115 – *Pour l'argent, les Français mariés sont devenus très « communautaires »,* 118 – *Des époux bancarisés « fusionnels »,* 120 – *Moins de contrats, finies les dots,* 122 – *De plus en plus de concubins vont voir les notaires,* 123 – *Le divorce-libération pour la femme ?,* 125 – *Les procédures de divorce selon les catégories sociales et les sexes,* 126 – *Une nouvelle manière de dissoudre la communauté financière des époux,* 128 – *Le déconcubinage fait des victimes, que les tribunaux dédommagent parfois,* 130 – *L'épineux dossier des pensions alimentaires impayées,* 131 – *Statut matrimonial et travail professionnel,* 134 – *Le mariage, support « positif » ou « négatif » de la carrière,* 137

CHAPITRE VI : Et les enfants ? 139

La filiation, 139 – *Il n'y a plus d'enfants illégitimes,* 140 – *Défendre le mariage ou défendre l'enfant adultérin ?,* 142 – *Père sera si la mère le veut,* 143 – *L'autorité parentale dans les couples mariés,* 146 – *L'autorité parentale dans les couples non mariés,* 147 – *D'un féminisme à l'autre,* 149 – *« Reconnaître » le père naturel ?,* 150 – *Défendre le mariage ou fortifier la paren-*

té?, 151 – *L'autorité parentale et les couples divorcés*, 153 – *L'inégalité organisée des parents divorcés*, 155 – *Vers la garde conjointe?* 157

CHAPITRE VII : La transmission du nom, de l'héritage et des pensions 161

Mariage, divorce, union libre et nom de famille, 161 – *Quand le nom du mari était un bien convoité*, 162 – *Garder chacun son nom à soi*, 163 – *Le nom du père*, 166 – *Quel nom pour l'enfant naturel?*, 167 – *Assouplir la loi pour les « légitimes »*, 169 – *Héritages et successions des époux*, 170 – *Les enfants priment les époux*, 172 – *Et les concubins? Et les bigames?*, 174 – *Le maquis sauvage des pensions de réversion*, 176 – *Les ex-épouses doivent maintenant partager*, 178 – *Plaidoyer pour une solution plus digne*, 180

CHAPITRE VIII : Détournement d'un système fiscal bien intentionné 183

Une réforme pour pères de famille, 183 – *Intentions pures, effets pervers*, 185 – *La solidarité des époux devant l'impôt*, 186 – *Un système défavorable aux couples mariés qui travaillent*, 188 – *Un barème nataliste, familial et social*, 190 – *Des louanges et des critiques pour le quotient familial*, 192 – *La femme mariée active est surimposée*, 193 – *Haro sur les veuves*, 194 – *Avantages aux familles non mariées*, 195 – *Améliorer le cas de la femme mariée qui travaille*, 198 – *L'imposition séparée serait trop dure aux foyers modestes*, 199 – *Pourquoi pas un système optionnel?*, 201 – *Donner aux mariés les avantages des concubins...*, 202 – *... ou traiter les concubins comme des mariés?*, 203 – *Pourquoi inciter les jeunes parents à ne pas se marier?*, 206 – *Situations subies et choix délibérés*, 207

CHAPITRE IX : La protection sociale et les nouvelles formes de la famille 209

Droits sociaux et statut matrimonial, 209 – *Les concubins sont assimilés aux mariés,* 211 – *Une généralisation douteuse,* 212 – *Avec une preuve sans valeur, et sans vérification,* 213 – *La « Sécu » rembourse la femme et la concubine d'un même assuré,* 215 – *Pour une vraie généralisation de la couverture sociale,* 216 – *Pour les concubins, l'État n'est pas regardant,* 217 – *Les mutuelles, les concubines, les femmes et les bigames,* 218 – *L'administration et les concubines survivantes,* 219 – *Aider les familles « sous plafonds de ressources »,* 220 – *Attitudes idéologiques devant la fraude par concubinage,* 221 – *Favoriser les familles monoparentales par des avantages sociaux,* 223 – *Comment décourager les jeunes de se marier,* 224 – *Les mères seules avec enfants,* 225 – *Des assistées à part ?,* 227 – *Qu'est-ce que l' « isolement » ? Comment le prouver ?,* 229 – *Un droit ambigu,* 230 – *Maintenir les bénéficiaires dans un isolement oisif,* 231 – *Trois fois plus de bénéficiaires en cinq ans,* 232 – *Multiplication des « assimilés orphelins »,* 233

Conclusion 237

Cet ouvrage a été réalisé sur
Système Cameron
par la SOCIÉTÉ NOUVELLE FIRMIN-DIDOT
Mesnil-sur-l'Estrée
pour le compte des Éditions Fayard
le 27 février 1987

35-10-7237-7
ISBN 2-213-01460-4

Dépôt légal : février 1987
N° d'édition : 4180 – N° d'impression : 6385

Imprimé en France

35-7237-7